语言学的适用研究

王振华 王品 主编

Linguistics and
Its Appliability

北京大学出版社
PEKING UNIVERSITY PRESS

图书在版编目(CIP)数据

语言学的适用研究 / 王振华，王品主编 . —北京：北京大学出版社，2022.10
ISBN 978-7-301-33462-1

Ⅰ.①语… Ⅱ.①王… ②王… Ⅲ.①语言学–研究 Ⅳ.① H0

中国版本图书馆 CIP 数据核字(2022)第 185974 号

书　　　名	语言学的适用研究 YUYANXUE DE SHIYONG YANJIU
著作责任者	王振华　王　品　主编
责任编辑	张　冰　吴宇森
标准书号	ISBN 978-7-301-33462-1
出版发行	北京大学出版社
地　　　址	北京市海淀区成府路 205 号　100871
网　　　址	http://www.pup.cn　新浪微博：@北京大学出版社
电子信箱	wuyusen@pup.cn
电　　　话	邮购部 010-62752015　发行部 010-62750672　编辑部 010-62759634
印　刷　者	大厂回族自治县彩虹印刷有限公司
经　销　者	新华书店
	650 毫米 ×980 毫米　16 开本　23.5 印张　390 千字 2022 年 10 月第 1 版　2022 年 10 月第 1 次印刷
定　　　价	98.00 元

未经许可，不得以任何方式复制或抄袭本书之部分或全部内容。
版权所有，侵权必究
举报电话：010-62752024　电子信箱：fd@pup.pku.edu.cn
图书如有印装质量问题，请与出版部联系，电话：010-62756370

序

　　2020年,全国人民奋勇战斗,在抵御新冠肺炎疫情的同时,保持工农业生产和经济的健康发展。教育界和学术界也不例外,多种形式的线上教育和线上会议应运而生,教学、科研两不误。令人钦佩的是,上海交通大学马丁适用语言学研究中心也为我们做出了榜样,在2020年7—9月间先后召开了5期"适用语言学云端论坛",其主题包括汉语研究、话语研究、多模态研究、司法语言研究和教育语言研究,均属语言学界和外语界重视的与国计民生密切相关的课题。谨在此向论坛组织者上海交通大学马丁适用语言学研究中心和王振华主任表示赞扬和祝贺。

　　我本人年事已高,对上述专题均已生疏。感谢王振华教授的理解和鼓励,仍然邀请我参加主题为"话语研究"的第二期论坛,也同意我选用《语用学和隐喻研究——西方古典隐喻中的语用学思维》一文线上发言。在完成宣讲任务前后,我有幸在线上目睹和听到国内外著名学者宣讲论文和网上讨论的直播,受益匪浅。不料,刚进入2021年,振华教授也许认为我这个退休老汉已没有教学任务的牵挂,时间空余,又给我交办了为上述云端论坛整理的论文集《语言学的适用研究》写序的任务。在阅读文稿过程中,我再次感到振华教授又为我提供了进一步学习的机会,毕竟倾听线上会议的发言只能抓住大意,如今逐篇阅读下载的文稿能反复欣赏和品味,对出现的疑难问题能耐心分析和思考。考虑到各位读者行将一书在手,我在此序主要汇报自己的感受,期待与读者通过不同途径相互交流。

　　不论是论坛开始前的网上预告,还是眼前即将正式出版的文稿,我的第一个感受是本次论坛首先由"汉语研究"开道。这反映于第一部分的选题涉及今后汉语研究的走向、中文国际知识的供给、中文的动词和形容词的研究这些选题。令我双眼顿时睁大的是，主讲者在汉语界都享有崇高声誉，如陆俭明曾是中国语言学会会长、北京大学中国语言学研究中心主任；李宇明曾任教育部语言文字应用研究所所长和北京语言大学党委书记；刘美君曾是香港城市大学翻译及语言学系主任；苏新春是厦门大学嘉庚学院人文与传播学院院长，并在国家语言资源监测与研究教育教材中心兼职。我过去曾经认为在语言学研究方面，外语语言学界和汉语语言学界均有各自的指导理论和任务，各走各的路，互不干扰。如今才意识到我国汉语界学者对国外语言学理论非常熟悉，又对外语界学术活动大力支持，值得自己学习。

在中国特色社会主义制度下，教学和科研要为党和国家战略和政策服务，这一点是清楚的，但就语言学界和教育界具体如何为建立"人类命运共同体"和贯彻"一带一路"倡议服务，这需要我们认真思考，发现和解决实践中涌现出的诸多问题。我发现这期论坛的论文都能介绍颇有价值的经验和建议。从国家语言战略和政策来说，李宇明先生提示汉语已成为仅次于英语的第二国际通用语。他提出要增加中文的科技含量，如中文必须负载有人类先进的科技文化知识；中文自身要提高一定的规范性；中文要具有先进的中文教育理念和教育教学方法，等等。我深表同意。

本次论坛在讨论国家语言战略和政策时，表现出另一个新意，那就是不仅自上而下，也能自下往上发现问题、讨论问题。论文集第五部分"教育语言研究"的论文均来自云南地区教育部门的领导和教师，如云南民族大学的李强，昆明理工大学的王庆奖和许炳梁，云南师范大学的彭庆华、原一川、冯智文、夏百川老师等。我注意到，这一部分中的三篇论文没有泛泛而谈，而是集中讨论边境地区、少数民族地区的外语教学。他们熟悉和了解基层，特别是少数民族地区的问题，具体讨论汉语、少数民族语言和外语这三个语种如何和谐共生。虽然这些论文目前更多地停留在揭示现实中的各种问题，如对外语教育的重视不够，师资力量缺乏、水平不高，课程设置、规划标准、教育质量检测等缺乏明确规定等，但这毕竟是一个良好的开端，为从事教育语言学、生态语言学、文化语言学、比较语言学的学者和教师指明前进的方向。语言理论的价值就是为了指引方向，提供方法，解决实际问题，也只有通过实践才能获得理论上的完善和提高。正如陆俭明先生所总结的，教育语言学除了研究语言教学，也要深入研究"教育语言"本身。

　　语言研究也要结合当前国内外的重大事件进行研究，如自2020年年初出现的新冠肺炎对人类的袭击。我注意到，本论文集既有中国传媒大学赵雪和牛良彤的论文《"战疫"报道中的概念隐喻》，也有利物浦大学的 Gautam Pal 等学者的英文论文"Persistence and Decay of Trends: Dynamics of News and Social Media as COVID-19 Emerged and Spreads"。后者还分析了非洲黑人人权运动的语言。考虑到美国国内对少数民族和亚裔民族的迫害，这些论文具有现实意义、启示意义。同样，本论文集第四部分的主题为"司法语言研究"，论文作者均为这方面的领导或专家，如中国政法大学张法连关于提升法律语言应用能力的研究，南京师范大学董晓波对我国司法领域的语言问题和规划的研究，华东政法大学余素青和朱铭雪对庭审叙事语言的研究。压阵的是上海交通大学王振华和李佳音根据评价性语言的心理特征，探讨高危话语和极端活动的表现和实质。

　　如果说上述论文是话语分析的典范，本论文集也收录了更多文章研讨在新时代、新技术背景下语篇分析的新思维、新技术。最具代表性的是同济大学张德禄和赵静对多模态话语语法的探讨，香港理工大学王伊蕾和冯德正对多模态与跨文化交际的研究，西南大学 Xiaoqin Wu 和新南威尔士大学 Louise Ravelli 对中国国内一所大学图书馆的空间话语分析。当我读到陆俭明先生介绍国外开始研究"宇宙语言学"或"外星语言学"（Xenolinguistics）时再次感到我们外语界远远落后于汉语界了。陆俭明先生对外星语言学做了这样的解释：由于科技界正在加强空间研究或宇宙研究，不时谈到外星人可能已经访问过地球的信息，也谈到人类的宇航员在太空飞行中很有可能会接触到外星人，因此人类如何与外星人交际正在成为语言学研究的一个重要课题。它将涉及多个学科，如语言学、数学、天文学、符号学、逻辑学、心理学和音乐等。

　　最后，有必要就本论文集的主题，即"语言学的适用研究"，以及本论文集的编者所在的上海交通大学马丁适用语言学研究中心，谈谈自己对"适用语言学"的认识。"适用语言学"（appliable linguistics）是由已故系统功能语言学创始人韩礼德(M. A. K. Halliday)先生在 21 世纪初提出的,但"适用语言学"不等于"系统功能语言学"。我认为韩礼德先生在晚年的确考虑过系统功能语言学的未来发展方向,也亲历了其他语言学理论的发展,因此他提出了"适用语言学"的理论概念,引导我们在选用和评价语言理论时,要考虑各种理论的基本概念和构建,所要研究课题的目标和要求,进行研究的人员、时间、条件、方法、效果等因素,然后决定评价和选用某一理论或采用若干理论的融合。基于这个认识,我非常赞同本次论坛的组织者和本论文集的编者王振华和王品老师的主导思想,在本次论坛上为不同语言学理论提供相互借鉴和融合的平台。有相当多汉语学界的语言学者参加了这次论坛,也采用功能语言学的理论和方法研究问题,如祝克懿对"语录体"语境的功能分析,Jonathan J. Webster 对高校语言学的探索,Xiaoqin Wu 和 Louise Ravelli 对图书馆空间话语的研究,张德禄、冯德正采用元功能的范畴探讨多模态和跨文化的语篇。即使汉语界的陆俭明先生和李宇明先生在讨论汉语话题时,也会提到韩礼德的系统功能语言学和适用语言学思想。尽管如此,我们还是看到了会议组织者也支持采用其他语言学理论的学者参加会议、发表论文,如苏新春和我本人的研究都离不开语用学的理论,特别是语境理论。用陆俭明先生所概括的一句话,"句子表示的意义≠句子所传递的信息"。又如,刘美君和赵雪的论文涉及认知语言学和心理语言学,如概念隐喻;王庆奖的论文采用了语言动力学;董晓波的论文基于认知语言学和语用学的融合。至于张德禄的论文可谓系统功能语言学、形式语言学、认知语言学、心理语言学和符号学的大融合!

我坚信本论文集会给各位专家、教师和同学带来无穷收益!

北京大学外国语学院
2021 年 3 月 31 日米寿

目 录

第一部分　汉语研究

今后汉语研究的走向刍议 ·· 陆俭明(3)
   1. 汉语研究既古老又年轻 ·· (3)
   2. 汉语研究要走与别的学科融合交叉之路 ······················· (5)
   3. 今后汉语研究要走数字化之路 ····································· (6)
   4. 要重视语言信息结构研究 ·· (9)
   5. 结束语——寄希望于年青一代 ··································· (10)

中文的国际知识供给问题 ·· 李宇明(13)
   1. 推进中文成为世界公共产品 ······································· (13)
   2. 中文的外语角色 ··· (14)
   3. 增加中文的科技含量 ·· (16)
   4. 全面增强中文的功能 ·· (19)

中文动词语义研究
   ——"安慰"的跨类现象与构式语义 ············ 刘美君　薛时蓉(27)
   1. 中文动词语义研究 ·· (27)
   2. 跨类动词之一——汉语致使－置放类动词
      (caused-position verbs)研究概述 ·································· (31)
   3. 汉语心理动词"安慰"的跨类现象 ······························· (34)
   4. 结论 ·· (48)

教材话语体系中的人物形象与形容词使用
　　——以新中国首套中小学语文教材为例 ………… 苏新春(51)
　　1. 引言 ……………………………………………………… (51)
　　2. 形容词话语功能的分析模式 …………………………… (52)
　　3. 形容词与话语体系中人物形象的塑造 ………………… (54)
　　4. 结语 ……………………………………………………… (66)

第二部分　话语研究

语用学和隐喻研究
　　——西方古典隐喻中的语用学思维 …………… 胡壮麟(71)
　　1. 引言 ……………………………………………………… (71)
　　2. 荷马 ……………………………………………………… (72)
　　3. 苏格拉底 ………………………………………………… (73)
　　4. 柏拉图 …………………………………………………… (74)
　　5. 亚里士多德 ……………………………………………… (76)
　　6. 西塞罗 …………………………………………………… (78)
　　7. 昆体良 …………………………………………………… (79)
　　8. 结束语 …………………………………………………… (80)

"语录体"的源起、分化与融合考论 …………… 祝克懿(84)
　　1. "语录"与"语录体" ……………………………………… (84)
　　2. "语录体"的互文路径与语体特征 ……………………… (89)
　　3. "语录体"的源起与系统生成 …………………………… (95)
　　4. "语录体"的语体分化 …………………………………… (97)
　　5. "语录体"的语体融合 …………………………………… (104)
　　6. 结语 ……………………………………………………… (110)

The Influences behind "Discovering How Language Works in a University Setting" …………… Jonathan J. Webster(114)
　　1. Introduction ……………………………………………… (114)

   2. Raising Grammatical Awareness with the SLATE Rubric
　………………………………………………………………（116）
   3. Construing Experience as Process-Participant-Circumstance
　………………………………………………………………（118）
   4. Choosing How to Begin the Message ……………（120）
   5. Grammatical Metaphor ……………………………（122）
   6. Teaching Learning Cycle — Deconstruction ……（124）
   7. Writing Intentionally ………………………………（124）
   8. Teaching and Learning Cycle: Joint Construction …（127）
   9. Writing Persuasively ………………………………（127）
   10. Teaching Learning Cycle: Individual Construction ……（129）
   11. Conclusion …………………………………………（130）

"战疫"报道中的概念隐喻 ………………… 赵 雪 牛良彤（135）
   1. 引言 …………………………………………………（135）
   2. 语料来源及研究方法 ………………………………（137）
   3. "战疫"报道中概念隐喻的识别 ……………………（138）
   4. "战疫"报道中概念隐喻的分析 ……………………（139）
   5. "战疫"报道中概念隐喻的动因 ……………………（146）
   6. 余论 …………………………………………………（148）

第三部分　多模态研究

多模态话语分析是否需要分析多模态语法 ……… 张德禄　赵　静（153）
   1. 引言 …………………………………………………（153）
   2. 什么是语法 …………………………………………（156）
   3. 是否需要分析多模态语法的决定因素 ……………（157）
   4. 结语 …………………………………………………（168）

多模态与跨文化交际研究 ………………… 王伊蕾　冯德正（170）
   1. 引言 …………………………………………………（170）

2. 跨文化交际研究的三个视角 ……………………………… (171)
3. 视觉语法理论与跨文化交际研究 ………………………… (173)
4. 超文化传播的多模态分析 ………………………………… (175)
5. 结语 …………………………………………………………… (180)

Persistence and Decay of Trends: Dynamics of News and Social Media as COVID-19 Emerged and Spreads …………………………………
………………… Gautam Pal, Kay L. O'Halloran, Minhao Jin(183)
1. Introduction ………………………………………………… (183)
2. State of the Art Social Media Analysis Platform ……… (185)
3. Feature of the Proposed MAP Platform ………………… (187)
4. Information Discovery and Data Collection from Social and News Media ……………………………………………… (188)
5. Indexing and Semantic Annotation ……………………… (190)
6. Search and Interactive Report …………………………… (192)
7. Motivating Case Study …………………………………… (193)
8. Growth Dynamics …………………………………………… (193)
9. Experimental Evaluation ………………………………… (197)
10. Discussion ………………………………………………… (208)
11. Conclusion ………………………………………………… (209)

Introducing Spatial Discourse Analysis: A Multimodal Case Study of a University Library in China …………………………………
……………………………… Xiaoqin Wu, Louise Ravelli(214)
1. Introducing Spatial Discourse Analysis ………………… (214)
2. Contextualizing the Research: Library History and Higher Education in China …………………………………… (218)
3. Data and Method ………………………………………… (221)
4. Description and Metafunctional Analyses ……………… (227)
5. Conclusion ………………………………………………… (245)

第四部分　司法语言研究

提升法律语言应用能力，推进语言应急法制建设 …………… 张法连(255)
    1. 应急语言能力建设中需强调法律语言应用能力 ………… (255)
    2. 应急语言的法律语言标准 …………………………………… (257)
    3. 关于建设语言应急法制的建议 …………………………… (259)

法治国家视域下我国司法领域语言问题及其规划 …… 董晓波(263)
    1. 引言 ……………………………………………………………… (263)
    2. 语言规划的理论基础 ……………………………………… (264)
    3. 司法领域语言规划的内容 ………………………………… (267)
    4. 司法领域语言规划的研究分析框架 …………………… (273)
    5. 结语 ……………………………………………………………… (280)

庭审叙事中的认知语境因素分析 …………… 余素青　朱铭雪(284)
    1. 引言 ……………………………………………………………… (284)
    2. 庭审语境的制度性特征 …………………………………… (284)
    3. 庭审的传统语境因素 ……………………………………… (285)
    4. 庭审的认知语境因素 ……………………………………… (285)
    5. 问卷分析 ……………………………………………………… (291)
    6. 结论 ……………………………………………………………… (297)

高危话语与极端活动：基于评价性语言的心理实现性讨论
  …………………………………………………… 王振华　李佳音(299)
    1. 引言 ……………………………………………………………… (299)
    2. 评价性语言的心理现实性 ………………………………… (300)
    3. 评价理论与行为预警 ……………………………………… (304)
    4. 案例分析 ……………………………………………………… (307)
    5. 结语 ……………………………………………………………… (311)

第五部分　教育语言研究

云南中缅边境地区跨境民族多语接触共生关系 …………… 李　强（317）
  1. 引子 ……………………………………………………（317）
  2. 独特的地缘空间 ………………………………………（317）
  3. 多语接触共生 …………………………………………（319）
  4. 和谐生态的语言生活 …………………………………（320）
  5. 结语 ……………………………………………………（323）

语言动力学中的经典文本误读问题研究 ………… 王庆奖　许炳梁（324）
  1. 引言 ……………………………………………………（324）
  2. 另一种语言动力学 ……………………………………（325）
  3. 误读再认识 ……………………………………………（326）
  4. 经典文本误读中的"编"与"变" ……………………（332）
  5. 结语 ……………………………………………………（337）

三语教育生态条件下的云南藏族聚居区外语教育政策研究
  ………………………… 彭庆华　原一川　冯智文　夏百川（339）
  1. 引言 ……………………………………………………（339）
  2. 研究方法 ………………………………………………（340）
  3. 云南藏族聚居区三语教育生态 ………………………（341）
  4. 藏族聚居区外语教育质量寓于科学合理的语言教育政策 ………
    …………………………………………………………（344）
  5. 结语 ……………………………………………………（350）

云南少数民族地区中小学英语教学现状与对策研究
  ………………………… 原　源　万向兴　冯智文　原一川（353）
  1. 本研究国内外发展概况和发展趋势 …………………（353）
  2. 存在的问题及现状分析 ………………………………（355）
  3. 关于加强少数民族地区中小学英语师资队伍建设的建议 ……（359）

第一部分
汉语研究

今后汉语研究的走向刍议

陆俭明

北京大学

1. 汉语研究既古老又年轻

我们知道,语言学既是一门古老的学科,又是一个年轻的学科。说它古老,因为从世界上来说,语言学已经有两千来年的历史。大家知道,在世界上,有四个语言学传统:一是古代中国语言学传统;二是古希腊—罗马语言学传统;三是古代阿拉伯语言学传统;四是古印度语言学传统。每个语言学传统都有两千来年的历史,这能说语言学不是一门古老的学科吗?那为什么又说语言学是一个年轻的学科呢?那是因为语言学真正为大家所了解,为社会所重视,是20世纪后半叶的事,这跟人类社会逐步进入信息科技时代密切相关。

古代中国语言学传统,主要创造了辉煌的文字学、音韵学、训诂学;这也就是说,在中国,文字研究、语音研究、语义研究都有悠久的历史,并留下了丰硕的研究成果;更值得注意的是这三方面研究是互动的,是相辅相成的。

每个语言学传统都有自己的特点[①],但是无论哪个语言学传统,开始

[①] 古代中国语言学传统,主要从事文字、音韵、训诂方面的研究;古希腊—罗马语言学传统,主要是从逻辑、哲学方面来研究语言问题,确立了西方句法研究的基本模式;古代阿拉伯语言学传统,是作为研究阿拉伯文化的一部分来开展语言研究的,主要研究语法,已经注意到书面语与口语的不同,词汇意义与语法意义的不同,重视构词的研究,"词根"这一术语就是从阿拉伯语法学中来的;古印度语言学传统,主要是用经验的方法来研究语言现象,注重研究词的意义。

研究语言都是为了应用——"解经",即为了解释古代经典。大家知道,语言是随着社会的发展而不断发展变化的,后人阅读前人的著作,或会感到有某些困难,或会产生某些困惑。为了使今人能读懂并理解古代经典,就需要有人来研究语言,用今语来解释古语,并解释说明今人难以理解或感到困惑的字词语句,其中包括语音。就我国古代语言学传统来说,我国古代研究汉语就是为了解释古代经典,所以注重音、义和相关的文字的研究。早在先秦两汉时代,就出现了语言文字研究的专著,那就是《尔雅》《方言》《说文解字》和《释名》。后来,研究语言又增加了一个目的,那就是为了写作,即为了帮助人把文章写好,从而出现了词章学/文章学①。

如今随着语言学地位的提高,对语言的研究已大大超出先前的研究目的。当今语言研究的目的主要有这样四个:

第一个目的是,考察、分析、描写清楚语言的共时状况与历史发展,以解决"是什么"的问题。

第二个目的是,对种种语言现象作出尽可能合理、科学的解释,以解决"为什么"的问题。

第三个目的是,为语言应用服务。科学研究最终目的都是为了应用,语言研究也不例外。

第四个目的是,无论是解决"语言是什么"的问题,还是解决"语言为什么是这样"的问题,还是实施语言应用服务,都需要不断在研究中注意思考、提炼、概括各种理念、思想,并升华为理论,形成科学的理论方法,构建语言本体研究、语言理论研究、语言应用研究的理论方法系统,从而构建完整的语言学学科体系。

进入21世纪后,可以预测,随着人类社会进入信息科技时代,进入数字经济时代,进入世界经济一体化时代,整个语言学的地位将会越来越高,社会对汉语语言学的需求将会越来越大。

对于汉语,前人已经做了许多研究,留下了丰富的研究成果。但是应该看到,从20世纪下半叶开始,特别是进入21世纪后,人类社会发生了

---

① 词章学和文章学都是研究怎么写文章的。"词章学"为古之说法,五四运动后逐渐改用"作文学"。

巨大的变化,时代发展太快了。我们知道,渔猎农耕采集社会经历了上万年,到18世纪中叶经蒸汽革命即第一次工业革命,才进到了工业社会。而从那时到现在,19世纪中叶的电力革命即第二次工业革命和20世纪中叶的电子计算机信息化革命即第三次工业革命,各次工业革命之间都只百来年,加起来也只三百多年。而现在正经历着第四次工业革命——由使用计算机、实现互联网,建起遍及全球的"信息高速公路"进到人工智能时代,这只经历了近30年。现在人工智能正向传统产业全面进军,又向"人工智能+量子计算"的高智能化新时代前进;从目前的发展趋势看,估计不会超过50年。总之,时代的发展比我们想象的要快得多。汉语研究今后该怎么走,如何跟上时代的步伐,顺应时代发展的趋势与需要,这是每个汉语语言学学人都要考虑的。

2. 汉语研究要走与别的学科融合交叉之路

人工智能已成为当今社会的"大明星"。现在许多发达国家和发展中国家都已经制订或正在制订人工智能发展计划,都把发展人工智能作为提升国家竞争力、维护国家安全的重大战略。而人工智能事业得依靠众多学科的合作,这是谁都承认的。不知大家注意到没有,目前众多谈论人工智能的,无论是各级领导人员还是有关专家,都谈到人工智能研究与事业需要由众多学科参与和支持,提了有十来个学科,唯独没有提及语言学。事实也是如此,目前的语言研究成果对人工智能似没有太大的贡献。目前唯一能挤进人工智能的是语音处理(包括识别与合成)和语义理解,然而其有效性靠的也还是计算机自身的"深度学习+计算",而非我们给出的所谓语音、语义规则。哈尔滨工业大学计算机科学与技术学院刘挺教授专门从事自然语言处理研究,他在谈到今后自然语言处理的发展趋势时指出,今后语义表示将"从符号表示到分布表示"(趋势之一),语言知识表示将"从人工构建到自动构建"(趋势之四),文本理解与推理则"从浅层分析向深度理解迈进"(趋势之六)。(刘挺2017)这完全不是走我们汉语学界那种孜孜不倦从事规则探究的路子。显然,在人工智能研究与发展中,语言学有被边缘化的趋势。这不能不引起我们反思与自问:"为什么?"

要回答"为什么",这需要了解科技发展的大趋势!科技发展的事实表明,如今各个学科的发展,不再仅仅是单纯的本学科知识的发展,而是要逐步形成你中有我,我中有你的发展局面。换句话说,各种学科的研究不再局限于单纯的本领域的研究,而需要跨学科、跨领域的研究,而且是要跨多个学科、跨多个领域。"问题导向、应用导向引领多学科、跨学科合作,渐趋成为当代大学和研究机构的主流模式。"(陈平 2020:13)人工智能研究走的就是跨学科研究的路子。可是回过头来看看我们的汉语研究,虽然近三十年来有较大的发展,也有所开拓,但研究基本还是局限于本领域。应该看到,国外已走在我们前面。据我自己在网上搜索,国外已有将近四十多种交叉性语言学科。国外甚至提出了宇宙语言学,又名"外星语言学"(Xeno-linguistics),主要研究外星族群的宇宙语言(周海中 1999,2003);它将涉及许多其他学科,诸如语言学、数学、天文学、符号学、逻辑学、心理学、音乐,等等。

我们国家虽也开始注意了,譬如上海交通大学就成立了"上海交通大学语言、智能与神经科学研究基地",但总体来看,还比较落后!我们汉语研究也得走与别的学科融合交叉之路。走什么样的融合交叉之路?这当然还需探究。现在亟需思考、探究语言学与其他不同学科间的关联性和相互作用,要找到语言学与其他学科交叉融合的切入点、支撑点和着力点。我初步设想是分两步走——第一步,逐步走上"语言学+"之路;第二步,希望能出现"+语言学"的可喜情况。所谓"语言学+",是说以语言学为母体,吸收、运用其他学科对推进语言研究有效的理论方法。诸如现在已有的神经语言学、计算语言学、病理语言学等。所谓"+语言学",是说能吸引别的学科对语言学研究成果的注意,能运用语言研究的理论方法,或运用语言研究的成果,来推进其本学科的发展。具体情况我现在还难以设想。真走到了那一步,语言学会让人刮目相看了。

3. 今后汉语研究要走数字化之路

语言学真要走上融合交叉之路,其前提是语言研究本身还需深化。

很重要的一个方面是语言研究要逐步走上数字化之路。我们汉语研究也不例外。数字化,简单地说就是,将信息内容用数字形式表示;复杂地说就是,将任何复杂多变的信息,包括物体形象、影像、语言、文字、声音、色彩、热量、速度或气味等我们所能感觉到的、意识到的信息/信号,转化为一串分离的单元,然后将其引入计算机内部,运用模数转换器转换成以 0 和 1 表示的一系列可量度的二进制数值(包括数字、数据),再以这些数字、数据建立起适当的数字化模型,进行统一计算处理。这可以说是信息数字化及其应用的基本过程。这一过程将运用到多种高新技术,譬如计算机软件技术、微电子技术、光纤技术、光电技术、超大规模数据库技术、网络技术、分布式处理技术,等等。如今,数字化不仅是计算机的基础,不仅是软件技术的基础,不仅是多媒体技术、智能技术的基础,也不仅是信息社会各种自动化技术的基础,而且各行各业都在实施数字化;数字化特别关系到技术创新、应用开发和商业、金融模式创新等。因此,如今整个世界,特别是发达国家和一些发展中国家,诸如美国、欧盟各国、英国、加拿大、澳大利亚、以色列、日本、俄罗斯、韩国、印度等,都在向数字化方向转型。我国也比较早地重视数字化问题。特别是,2017 年 12 月 8 日下午中共中央政治局专门就实施国家大数据战略进行集体学习,习近平在发言中强调,大数据是信息化发展的新阶段,我们要推动大数据技术产业创新发展,要构建以数据为关键要素的数字经济,要运用大数据提升国家治理现代化水平,要运用大数据促进保障和改善民生。总之,"要实施国家大数据战略加快建设数字中国"(《人民日报》2017)。2018 年 12 月召开的中央经济工作会议上提出一个新词语"新基建",即"新型基础设施建设"的简称。2019 年 7 月 30 日中央再次强调,要加快推进信息网络等新型基础设施建设。2020 年,国务院常务会议、中央深改委会议、中央政治局会议等顶层会议先后提及"新基建"。"新基建"主要指 5G 网络、人工智能、工业互联网、物联网、数据中心等信息基础设施建设。十三届全国人大三次会议上的 2020 年国务院政府工作报告也写入了"新型基础设施建设"。显然,如今"数字经济"已成为继农业经济、工业经济之后的新型经济形态。数字技术的发展和应用显然已经成为驱动当今社会经济和文化发展的新动能。数字化将引发一场范围更为广泛的产品革命、生活革命。目前,央行数字货币已在苏州、深圳、雄安新区、成都试点。

这种时代变化要求各个学科领域的学者、研究者都要有"跟上数字化时代"的思想准备,否则很难在学术研究上产出重大研究成果。语言学,汉语研究,也不例外。目前,广大语言研究者和语言教学工作者虽然不一定都已经明确树立起了"数字化"这一概念和意识,但实际上也已经起步。这表现在——(a)电脑、手机这些数字化工具人人离不开手了,都已成为语言研究必不可少的工具;(b)无论哪一方面的语言研究,都不同程度地建立了相关的语料库(包括少数民族语言或方言的语音音档)、资源库、为适应某种需要而建的不同类型的数据库及其相应的检索系统;(c)已有海量的图书、报纸、期刊、照片、绘本、乐曲、视频等人文语言资料加以数字化,并已经在网络上提供给大众获取和使用;(d)成立了规模不等、用途不一的语言数字化研究机构,建设各种可供语言研究的资源库①;(e)语言教学,特别是汉语二语教学与外语教学的广大教师,更是针对学生学习特点的变化(习惯于"碎片化"学习,习惯于从网上找学习资源)大多运用数字化教学手段,而在这次新冠疫情情况下,更是积极开展远程网上(线上)教学。这一切无不是通过数字化手段实施的。值得注意的是,跑在前头的大多是语言应用研究方面。汉语本体研究呢?大多还只是运用和借助于语料库、语言资源库来开展语言研究。

现在看来,汉语本体研究离"融合交叉"、离"数字化"距离还很大。这有主观因素,也有客观因素。主观因素是,汉语语言学人对"融合交叉"、对"数字化"还没树立起必要的意识与理念。这也反映了汉语语言学人乃至中国语言学学人,在语言研究上虽然努力了、尽力了,但还缺乏世界眼

---

① 如教育部语言文字信息管理司牵头并指导成立的国家语言资源监测与研究中心,下又分设平面媒体中心(北京语言大学)、有声媒体中心(中国传媒大学)、网络媒体中心(华中师范大学)、教育教材中心(厦门大学)、少数民族语言中心(中央民族大学)和海外华语研究中心(暨南大学)。其他各高校或机构,也先后分别成立了一些研究中心,如数字人文研究中心(武汉大学)、中国语情与社会发展研究中心(武汉大学)、人工智能与人类语言重点实验室(北京外国语大学)、中国外语战略研究中心(上海外国语大学)、中国语言资源开发应用中心(商务印书馆)、山东省级"数字人文与外语研究创新团队"(曲阜师范大学)、人工智能研究院自然语言处理与社会人文计算研究中心(清华大学)、中国语言智能研究中心(首都师范大学)、语言智能联合研究中心(上海交通大学)、新疆多语种信息技术研究中心(新疆大学),等等。

光、国际视野。这里所说的"世界眼光、国际视野"还不是指当代前沿语言学,而是指对时代的发展、对人类社会的发展及其对语言研究的需求,还缺乏全面、足够的认识。就客观因素而言,语言学在中国至今并未真正受到重视,也缺乏有效机制!在中国,语言学至今未能上升为一级学科。而这对语言学的发展,对汉语研究跨学科融合交叉——无论是"语言学+"还是"+语言学",对汉语研究走上"数字化"之路,都是一个极大的负能量影响。为此,我们必须向两方面进行呼吁——一方面是向语言学学人呼吁:尽快树立"融合交叉"和"数字化"的意识与理念,为了国家,为了人类;另一方面是向中央有关部门呼吁:要重视语言学,重视汉语研究,尽快将语言学升格为一级学科,为了国家,为了人类。

4. 要重视语言信息结构研究

无论韩礼德原先提出的"系统功能语言学"还是后来2006年提出的"适用语言学",都提到了语言信息结构的问题。就汉语语法研究来说,真正需要"摆脱印欧语的干扰,用朴素的眼光看汉语"①(朱德熙1999:265),真要将汉语语法研究大大向前推进一步,使汉语研究走上"融合交叉"之路、走上"数字化"之路,还必须结合汉语加强语言信息结构的研究。所谓"语言信息结构"是指:在人与人之间进行言语交际时,凭借语言这一载体传递信息所形成的、由不在一个层面上的种种信息元素所组合成的、以信息流形态呈现的一种信息结构。在汉语语法研究中,最早注意到信息结构问题的,是吕叔湘先生(1946);而第一次较为具体地谈论这个问题的,是张伯江、方梅(1996),他们在韩礼德"主位结构理论"影响下对汉语的信息结构作了一定的具体说明。关于语言信息结构问题,我已发表多篇文章(陆俭明2014,2016,2017,2018)。这里只想再强调以下几点:

第一,语言最本质的功能是传递信息,其他方面的功能都是这一本质功能的延伸。

第二,信息传递得遵守以下四个原则:一是清晰性原则;二是连贯性

---

① 朱德熙先生1984年道。

原则;三是顺畅性原则;四是稳定性原则。

第三,汉语是注重"意合"的语言,其句子的词语序列乃至篇章的安排,更多地直接受信息传递的规则的制约。

第四,目前有关语言信息结构的研究大都还停留在新旧信息、信息焦点、焦点标记、主次话题等方面的研究,现在亟需如适用语言学所说的深入进行语义发生系统和多模态信息分析方面的研究,进行信息结构与句法结构接口的研究。

第五,最后需要提醒大家注意的是:

> 句子表示的意义≠句子所传递的信息

5. 结束语——寄希望于年青一代

我毕竟已是耄耋之人,已心有余而力不足了。汉语研究真要从原有的窠臼中走出来而有较大的创新,得寄希望于年青一代。我在《顺应科技发展的大趋势 语言研究必须逐步走上数字化之路》中曾寄语于年轻语言学人,在这里不避重复,不妨再说一遍:

> ……年青一代的语言学工作者,必须要有两种思考:一是开拓性思考,二是深层次思考;必须要树立两种意识:一是"问题意识",二是面向未来的创新意识。
>
> 所谓开拓性思考,就是既要在本学科领域不断思考和开拓新的分支领域,同时要跨学科不断思考和开拓新的交叉性的新型学科。所谓深层次思考,就是不要满足于已有的认识与结论,要不断追究,不断探索,特别是要不断思考"怎么样""行不行""是否有例外""研究已到了头了吗""语言学如何能跟上时代发展的步伐""语言研究怎么更好地为中国、为世界、为人类服务"等问题。
>
> 所谓"要有问题意识",就是我们要不断地发现问题,探究问题,提出新问题——"发现问题"是我们在科学研究上能获得成果的起点;"探究问题"是科学研究能获得成果的唯一途径;"提出新问题"是确保一个学科的理论方法对该学科知识的增长能做出持久的贡献。

所谓"要有面向未来的创新意识",也就是"前瞻意识＋创新意识",就是要求我们一定要看到学科研究的发展趋势,要有预见性,要超前谋划,同时要培养自己创新性思维能力。有创新才有发展!(陆俭明2020:10—11)

我们坚信,年青一代一定会勇于挑起这副重担,为了事业,为了国家,为了人类!

参考文献

陈平:《理论语言学、语言交叉学科与应用研究:观察与思考》,载《当代修辞学》,2020年第5期,第1—18页。

刘挺:《自然语言处理的十个发展趋势》,在由中国人工智能学会、阿里巴巴集团和蚂蚁金服主办,由CSDN、中国科学院自动化研究所承办的"第三届中国人工智能大会"(2017年7月22—23日,杭州)上所做的报告。

陆俭明:《试说语言信息结构》,载《学术交流》,2014年第6期,第5—12页。

陆俭明:《从语言信息结构视角重新认识"把"字句》,载《语言教学与研究》,2016第1期,第1—13页。

陆俭明:《重视语言信息结构研究 开拓语言研究的新视野》,载《当代修辞学》,2017年第4期,第1—17页。

陆俭明:《再谈语言信息结构理论》,载《外语教学与研究》,2018年第2期,第163—172、319页。

陆俭明:《顺应科技发展的大趋势 语言研究必须逐步走上数字化之路》,载《外国语》,2020年第4期,第2—11页。

吕叔湘:《从主语、宾语的分别谈国语句子的分析》(1946年),引自《吕叔湘文集》(第二卷),北京:商务印书馆,1990年。

张伯江、方梅:《汉语功能语法研究》,南昌:江西教育出版社,1996年。

周海中:《宇宙语言学——一门新兴的边缘学科》,载《科学》,1999年第5期,第47—50页。

周海中:《宇宙语言:设计、发送与监听》,载《中华学术论坛》,2003年第1期。

朱德熙:《〈语法答问〉日文译本序》,引自《朱德熙文集》(第1卷),北京:商务印书馆,1999年。

《人民日报》,2017年12月10日,第1版。

* 本文是根据2020年7月18日在上海交通大学外国语学院马丁适用语言学研究中心举办的"适用语言学云端论坛(第一期):汉语研究"上的报告整理修改而成。本文研究属于2015年度教育部人文社科重点研究基地重大项目"构式的语义分析及其在语料库中的标注"(15JJD740002)的一部分。

中文的国际知识供给问题

李宇明

北京语言大学

1. 推进中文成为世界公共产品

中国提出的构建人类命运共同体的主张，得到了联合国等国际社会的认可。人类命运共同体必须有一些公共产品，中文有可能成为这样的公共产品（李宇明 2015）。中国向世界传播中文，是中国在为人类命运共同体贡献一个公共产品；外国朋友学习中文，是要掌握未来世界的一个重要公共产品。

中文是世界的什么公共产品？就当前的情况看，中文很可能成为世界的第二语言。中文在世界旅游、购物等场域的标牌上处在醒目位置，这不是个别现象。国际上很多机场、旅游场所和商贸中心的指示牌，都标写有中文，中文一般列在第三行。第一行一般是本国语言；第二行一般是国际通用语的位置，多是英文；第三行一般就是中文，是国际第二大语言的位置。比如泰国素万那普国际机场、法国戴高乐国际机场。而在有些地方，中文甚至排在第二行的位置，如韩国仁川国际机场、澳大利亚墨尔本国际机场、新西兰奥克兰国际机场等。

英文是世界多国的第一外语，也是世界第一通用语言；中文在多数国家语言景观中的位置表明，中文正在成为世界第二通用语言。我认为，世界只有一种通用语是不够的，也需要来自不同文化背景的其他语言。它们都是世界的公共产品。

2．中文的外语角色

外语对一个国家来说十分重要。国家开设某种外语的动机,在很大程度上反映着某种外语在这个国家所主要发挥的作用。这种作用就构成了"外语角色"。我曾在《海外汉语学习者低龄化的思考》(《世界汉语教学》2018年第3期)一文中提出了外语角色的概念,并根据世界范围内外语学习和使用的情况,把外语角色分为六大类(图2-1,李宇明 2018a):

1. 外事外语。一般情况下,不管一个国家的国力如何,总是有人来学习它的语言。这是为了满足外交的需求,有时还兼及学术研究的需求。凡是作为国家官方语言的语言,都有成为"外事外语"的可能。

2. 领域外语。一个国家在某个方面比较突出,某个相关领域的人就会去学习它的语言。比如:学美声唱法的人要学习意大利文;对中医感兴趣的人要学习中文等。

3. 泛领域外语。一个国家在经济、文化等领域有了快速发展,会有许多人来学习它的语言。此时的学习者一般还都是成年人,也可以称为"成人外语"。

4. 基础教育外语。一个国家的发展水平,可以明显地有助于他国发展,其语言就会进入其他国家的基础教育。我国有六门基础教育外语:英文、日文、俄文、法文、德文、西班牙文。

5. 重要外语。一个国家的经济、政治和综合国力居于世界前列,它的语言就会作为世界众多国家的重要外语,甚至是第一外语。

6. 第一语言。一个国家长期居于世界或某一地区的领先地位,一些外国人就可能将其语言作为儿童的第一语言。这是一种"超外语"角色,扮演着"准母语"的角色。一种外语能成为准第一语言或第一语言,有特殊的历史渊源,一般源于军事占领或者军事殖民的特殊背景,现代社会已不大能发生,也要避免发生这种情况。

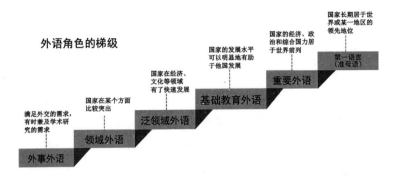

图 2-1　外语角色梯级图

外语角色有三大特点:第一,不同的外语角色具有不同的外语功能,外语功能有强弱之分。第二,不同的外语角色具有"迭代性",即不同的外语角色可以共存,比如"外事外语"与"领域外语"可以共存,"基础教育外语"可以与"泛领域外语、领域外语、外事外语"共存。第三,外语充当什么角色,与"本土国"对"对象国"的影响力成正比。本土国是指某种语言的母国,对象国是把某种语言作为外语的国家。本土国对对象国的影响力,取决于本土国的综合国力,也取决于对象国对本土国国力的感知。(李宇明 2020a,b)

外国人学习中文,中文就是他们的外语。汉学传到西方已经有几百年的历史。就 20 世纪以来的情况而论,中文首先是外事外语,也是领域外语。早年到中国来学习中文者,多是出于外交需求,或者来学习中国独有的领域学问,如中国语言文字、中国文学、中医、中国功夫、中国传统曲艺、中国古典哲学等。在周恩来总理亲自过问下,清华大学"东欧交换生中国语文专修班"(现在北京语言大学的前身)于 1951 年正式开课,这是一个标志性的事件。

进入 21 世纪,中国的发展举世瞩目,学习中文的人愈来愈多,学习的专业科目也逐渐超越中国传统学问,中文发展为"泛领域外语"。现在每年约有 50 万人来华学习;国外也开办各种中文教学,到 2017 年,世界上已经有 170 多个国家开始了中文教学。

中文进入外国的基础教育,开始承担"基础教育外语"的角色,是从

1955年韩国把汉语纳入基础教育开始的,但是一直进展缓慢,到2000年才有7个国家,到2010年增至17个国家,2014年31个国家,2017年67个国家,2019年70个国家。(李宇明、唐培兰2020)从数据上看,2014年是中文国际传播的一个关键点,总体上开始扮演"基础教育外语"的角色。中国已成为世界第二大经济体。此外,据商务部2018年的数据,中国服务贸易总额世界第二,吸引外资世界第二,对外投资世界第三。中国的经济发展是促进中文的外语角色上梯级的重要因素。

中文登上新的外语角色台阶,要认识到其重大意义:

第一,全球中文学习者的低龄化。据估计,全球未成年人中文学习者已经占到海外全体中文学习者的50%,一些国家甚至达到了60%。(李宇明2018a)孩子在中小学阶段学习了中文,无论学习成果如何,他们这一生将与中国产生某种联系,或来中国留学,或来中国旅游,或从事与中国相关的工作。成人学习外语多是为了眼前利益,是为了工作;儿童学习外语是为了未来利益,更多的是文化价值观的学习。(李宇明1993,2014)而我们以前的教师、教材等,都是为成人准备的。这需要进行及时的战略调整。

第二,中文国际教育的发展方向,就是促进已经把中文列入基础教育外语的国家,进一步把中文置于主要外语的地位,特别是第二外语甚至第一外语的地位;同时促进其他国家把中文列入基础教育。

第三,中文迈出了成为世界第二语言的重要一步。只有进入基础教育的外语,才有可能成为世界人民经常使用的语言。中文的下一步就是发展为"重要外语"的角色。在世界语言生活里,中文已经具有成为第二大语言的发展趋势,中文国际教育为此打下了坚实的基础。

3. 增加中文的科技含量

中文要成为世界的公共产品,特别是要成为世界第二语言,必须要有三个方面的条件:第一,中文必须负载人类先进的科技文化知识;第二,中文自身要高度的丰富且具有一定的规范性;第三,要具有先进的中文教育理念和教育教学方法。这样才能够让外国人较快地学好中文,并且掌握了中文有助于获取先进的文化知识,得到各方面的"人生红利"。这里只谈中文的科技含量问题。

3.1 中文在世界三大索引中的地位

目前世界有著名的三大索引:"科学引文索引"(Science Citation Index,SCI)、"社会科学引文索引"(Social Science Citation Index,SSCI)和"艺术与人文引文索引"(Art & Humanities Citation Index,A&HCI)。"科学引文索引"是规模最大的科研成果数据集,主要收录自然科学和应用科学领域的专业期刊和论文集,涉及数学、物理、化学、地质、机械、机器人、计算机、材料等106个学术方向。"社会科学引文索引"主要收录了社会科学领域的专业期刊和论文集,涉及语言、社会、心理、地理、政治、区域研究、传播等25个学术方向;"艺术与人文引文索引"则涵盖了艺术、哲学、文学、建筑、历史、神学等14个学术方向的专业期刊和论文集。

饶高琦等青年学者,对这三大索引2010—2019年这10年的语言文本分布情况进行了统计分析(饶高琦、夏恩赏、李琪2020),得出的结果是:

在自然科学领域(SCI)中,英文文本占了98.05%。这说明全世界最重要的科学成果都在用英文表达,全世界另外7000多种语言加起来还不到2%。科技领域内的"语言单一化"现象已经十分严重。从第二名的德文到第六名的葡萄牙文形成第二方阵,排名第七的波兰文到排名第十六的克罗地亚文形成第三方阵。从科技文献上来看,最重要的语言不到20种。中文位居第四,但占比只有0.28%。

社会科学领域(SSCI)中,英文仍然是"一枝独秀",占比为96.2%。德文、西班牙文、法文、葡萄牙文和俄文形成第二集团。从排名第七的捷克文到排名第二十的日文构成第三集团。中文名落第二十二位,原因是多方面的,也是颇值得玩味的。

在艺术和人文学科领域(A&HCI)中,英文文本占75.3%,仍占第一。法文、德文、西班牙文、意大利文、俄文等形成第二集团。从排名第七的葡萄牙文到排名第十六的立陶宛文,形成第三集团。中文排第十位。

3.2 语言的"三世界"说

语言的"三世界"说,是指语言能够帮助人类发现世界、为人类描绘世界、帮助人类适应世界。

当今,只有前沿科学家(包括人文科学家和社会科学家)才能发现新的世界,这些科学家研究科学时所使用的语言,研究成果发表时所使用的语言,就是帮助人类发现新世界的语言。现在看来,帮助人类发现新世界的语言,也就是上面三大数据库最常用的那20来种语言。人类的每种语言都在描绘着世界图景(洪堡特2008),但是只有帮助人类发现新世界的语言,才有资格首先描绘新的世界图景,其他语言要么是保存旧日世界的老图景,要么是通过翻译获得世界新图景;但是这种图景"译绘",时间上会"延迟",图景也可能失真。每种语言都能够帮助人适应世界,但是只有那些帮助人类发现新世界、为人类"首绘"世界图景的语言,才能帮助更多的人更好地适应世界。

英文是全世界的公共产品,是发现新世界、描绘世界、帮助人适应世界最重要的语言。对英文要有一个客观的态度,英文是英国、美国、澳大利亚等国的语言,但也不完全属于这些国家,现今已是世界的公共产品,是构建人类命运共同体的一种文化产品。

在世界语言生活中,中文也愈发重要起来,很有可能成为第二大语言。在国际教育领域,中文已经扮演基础教育外语的角色。(李宇明、王春辉2018)但在世界三大科技索引库中,中文基本上处在第二方阵,自然科学领域中文排第4,艺术人文领域中文排第10,但在社会科学领域落于20名之外。如果不采取措施,尽快增加中文文本的科技含量,在争取国际科技话语权的同时,争取中文的国际科技话语权(李宇明2020b),中文就很难成为世界公共产品,中文的国际教育也不可能具有持续发展的力量。

3.3 增加中文的国际知识供给

争取中文的国际科技话语权,需要我国科学技术的发展,但更需要有合适的科学评价制度。当前我国的科技评价标准,特别器重在外文刊物上发表论文,而相对轻视中文期刊。在"科学引文索引"(SCI)中,英文文本占比为98.05%,但进一步分析会发现,这98.05%的成就,美国学者的贡献率是28%,是最高的;中国学者的贡献率是17%,仅次于美国。中国的科学工作者为英文的国际知识供给作出了大贡献,但是并没有为中文的国际知识供给作同样的贡献。

2018年1月,中国科学技术协会在其发布的《中国科技期刊发展蓝皮书(2017)》中,统计了世界上14个论文产出大国SCI论文的流入和流出情况。将各国所拥有的SCI期刊数以及期刊本国作者所发表的论文做对比,发现只有荷兰、英国、美国3个国家属于"论文流入"国,其他11个国家都属于"论文流出"国,中国是这11个国家中论文流失最严重的国家之一。

争取"两个话语权"(在争取国际科技话语权的同时,争取中文的国际科技话语权),是需要智慧的。比如,可以试验"中文首发"或"中外文并发"的制度,重要科技成果应先在国内中文刊物上发表,之后或同时在外文期刊上发表。要鼓励教授、研究员、博士生等科研人员"两条腿"走路,既用外文发表成果,也用中文发表成果。甚至也要鼓励国际学者用中文发表科技成果,特别是中国领先的学术领域。(李宇明、王春辉 2020) 2019年12月26日,著名国际医学期刊 *The Lancet*(中文也称《柳叶刀》)在其官网上,以中文的形式发表了中国学者的文章,这或许是一个信号。

把论文写在中国大地上,不是一句口号,而是关乎科学发现能否及时地转化为中国生产力,最终也关系到中国的国际地位和中文的国际知识供给。

4. 全面增强中文的功能

语言是人类用于交际和思维的最为重要的符号系统;语言也是文化的重要组成部分,也是文化最为重要的承载者、阐释者和建构者;语言还像是民族的图腾,常常具有承载民族认同、民族情感的作用。

语言的定义有百余种,语言的功能也有很多,有工具功能、思维功能、文化功能等。但是衡量语言功能的指标,必须可以方便观察,方便获取数

据。下面,我们从工具功能、文化功能两个方面来建立衡量语言功能的指标体系。(李宇明、王春辉 2019)

4.1 工具功能指标:5+1

语言的工具功能主要体现在沟通域、沟通力上,其评价指标可采用A-F六个指标,其中F为参考项(图 2-2)。

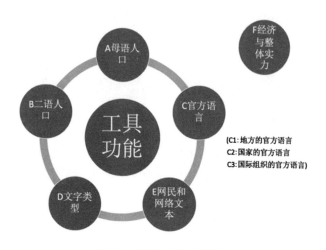

图 2-2　语言工具功能指标

A. 母语人口:母语是与民族属性相关联的概念,一般人的母语都是第一语言,特殊情况下是第二语言。语言得以传承,基本的交际功能得以发挥,首先依赖母语和母语人。母语人口是一个语言的底盘,是工具功能需要关注的重要指标。

B. 第二语言人口。二语人口数量是语言传播力的最为重要的表现。语言学习是个"势利眼",作为第二语言使用人口越多的语言,人们越去争相学习,这种语言的第二语言使用人口就会飞速增长。

C. 官方语言。"官方语言"是个较为宽泛的概念,它包括国语和官方语言,也包括国家内部的"地方"和国际组织使用的官方语言和工作语言等。充当官方语言的语言,是语言地位规划的结果,有一定的政治地位,能够在一定法律、规章的维护下在一定的范围内稳定地发挥交际作用,应成为语言功能的一个评价指标。

D. 文字类型。在当今主要的文字系统中,拉丁字母的使用区域是最广的,其次是基里尔字母,再次是阿拉伯字母,第四是汉字。当今,使用拉丁字母的语言在国际传播和计算机键盘上是占优势的。

E. 网民数量及互联网文本量。互联网构筑了人类一个新的活动空间,可称为虚拟空间或信息空间。这一空间的语言生活快速发展,新词语、新文体、新的传播方式不断产生,并正在对现实空间的语言生活起到引领作用。互联网语言传播力越来越显著,迅速成长为语言功能评价的一个重要指标。

F. 语言的经济实力。当今的语言传播背后几乎都有经济因素的推力。经济本来是语言工具功能的间接参项,但就某种意义而言,当今世界语言格局几乎是世界经济格局的附属产物,每种语言的地位及其工具功能的强弱,与其国家的经济地位密切相关。

4.2 文化功能指标:3+2

语言的文化职能,可以从三个基本指标和两个参考项来衡量(图2-3)。

图2-3 语言文化功能指标

G. 书面语的有无。根据"民族语言志"网(www.ethnologue.com)的统计,在当代世界7000来种语言中,只有约53%的语言有书面文本。

H. 文献量。有些民族也有书面语,但是没有多少人用这种书面语写作且发表成果。文献量的多少决定这个国家是不是语言强国。

I. 翻译量。文献翻译是跨语言发生文化影响的活动,是文献声望的一种表现,也是语言文化功能的一种重要表现。

J. 突出领域。如果要学习地理,最好学德文;学航空航天知识,最好学英文和俄文。一个民族在哪个领域做贡献最多,哪方面的文献会被翻译得最多。

K. 名人/名物。名人(如亚里士多德、柏拉图、孔子、老子等)名物(如人类文化遗产等),对一种语言、一种文化的提升作用是强大的。

4.3 世界语言的功能分类

根据衡量语言功能的"8+3"指标体系,可以把世界的语言分成图 2-4 所示的六大方阵(李宇明、王春辉 2019)。

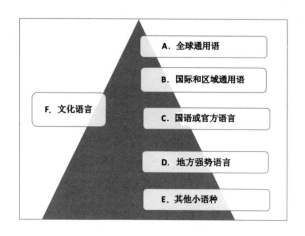

图 2-4 功能视角下的世界语言分类

第一方阵,是功能最为强大的"全球通用语"。当前只有英文具备这一功能。

第二方阵,是"国际和区域通用语"。这类语言在国际社会或某一区域通用,数量有 20 来种。具体哪 20 来种,还需要通过多个指标、多种数据来确定。但这 20 来种语言是国家必备的语言能力。中文在这个方阵中排前几名。

第三方阵,是所有具有国家官方语言身份的语言,包括国语、官方语言等(当然需除去第一、第二方阵的语言)。世界上有 200 多个国家和地区,官方语言大约有 100 多种。

第四方阵,是地方的官方语言,亦即地方强势语言。如英国除了英文之外,还有威尔士、苏格兰的语言;我国的地方重要语言有蒙古族、藏族、维吾尔族、哈萨克族、朝鲜族、彝族、壮族等的民族语言,还有粤方言、客家方言、闽南方言、吴方言等。前四个方阵的语言有200种左右。

第五方阵,是除去前四个方阵的"其他小语种"。数量较大,远离功能高地,容易进入濒危状态。

第六方阵,是"文化语言",比如古希腊文、拉丁文、梵文、古叙利亚文、古埃及文字、玛雅文字、甲骨文等。这是为语言、文字的特殊文化价值而特意设计的,使用的是另外的评价标准。

了解这一分类,就具有了世界语言的总体格局。一个国家的外语教育规划,应当以此为参考;一个国家的语言能力提升,应当以此为依据。

4.4 增强中文功能的八大方略

中文的语言功能,应当根据衡量语言功能的"8+3"指标体系全面提升。概括起来有八个方面。

一、加强海外华人的认同,保持中文的母语人口。

100多年前,华人到了南洋、欧美和世界其他一些地方。现在,新华人的足迹更是遍及世界各地。这些华人的母语传统上称为华语/华文,也属中文。要特别重视华语文教育,将其纳入中文国际教育的领域。要开办国际中文学校,使海外中国公民的子女能够接受中文教育。

二、加强国际教育,扩大中文的第二语言人口。

中文母语人口世界第一,但是第二语言人口还不是最多的。二语人口最多的是英文,其次是法文、德文和西班牙文。这是中文亟待提升的方面。

三、努力扩大中文在国际组织中的作用。

中文是联合国和许多国际组织的官方语言或工作语言,但是其真正的功能还需要提升。截至2018年,国际组织约有6.2万个,中文在这些组织中的作用还较为有限。增强中文在国际组织中的语言地位和实际发挥作用,是值得思考的大问题。

中国在国际组织中的作用越来越重要;在许多国际组织中,所交会费所占比重靠前,国际公务员也越来越多;以中国为主导的国际组织也逐渐有了一些。此种情况下,扩大汉语在国际组织中的作用是具备条件的。第一,在汉语已经成为官方语言或工作语言的国际组织中,要尽量发挥汉语的工作价值,巩固乃至扩大汉语在此类国际组织中的作用;第二,在其他国际组织中,要根据语言多样化的原则,争取汉语的官方语言或工作语言地位;第三,在筹建的国际组织中,特别是中国主导或研究中国问题为主的国际组织中,要重视设置汉语为官方语言或工作语言的重要意义。通过不懈的努力,使汉语在国际组织中的地位不断巩固,作用不断扩大。

四、打造科技、文化精品,加强中文文献的声望。

努力发展科学和教育,创造出领先于人的精神产品,发明出惠及人类的技术产品,并用中文作为成果报告载体,增加中文文本的科技、文化含量,增强中文的文献声望。(李宇明、王春辉 2018)

五、重视虚拟空间的语言生活,扩大网络高质量文本数量。

中国是世界上网民最多的国家,根据第 47 次《中国互联网络发展状况统计报告》,截至 2020 年 12 月,我国网民规模达 9.89 亿。中国的网络文本也是世界第二,仅次于英文,比第三名的西班牙文高出一倍多。但是,中文的网络文本质量还不够高,对世界舆论的影响还比较有限。(李宇明 2018b)中国庞大的网民群体,应能通过网络让世界了解中国,通过网络来描绘世界图景。未来世界的贡献与竞争,不仅在现实空间,更在虚拟的网络世界。(李宇明 2010)

六、加大翻译的力度,重视中文文献的译出,也不要忽视外文文献译入。

要加强中文的译入,应将世界上的优秀文化成果及时译为汉语,"向中国讲好世界故事"。中国的发展是建立在集成人类优秀文化成果基础上的,不能造成中国与世界的文化隔膜。不能只是译入英文文献,应当重视从世界第一、第二方阵的 20 来种语言的译入问题。同时,更要科学地、有成效地组织译出,让中华文化走向世界,"向世界讲好中国故事"(李宇明 2018c)。译入是过去翻译的常态,而译出是翻译的新走向,需要科学探索,用心尝试,积累经验,形成模式。

七、利用中华名人名物,增加中文的文化含量。

中国历史悠久,文化深厚,古代的名人、名物、思想观念等,用得好可以增加中文的"文化含量",增加中文的文化声望。中国的科技、教育也在发展,新成果、新名人、新思想会不断产出,更易转化为"语言之力"。

八、发展经济,增加中文的经济实力。

语言能否传播到新的地区和其他文化中,具有跨国的交际功能和文化功能,并不取决于语言历史的悠久或是结构的美妙,而是取决于语言背后的综合国力。不同时代,综合国力的形成因素会有不同,今天决定综合国力的是经济实力和科教文化(郭熙 2017)。

中国是世界第二大经济体,这是以地区计算的。若以语言经济体计算,中文经济体的实力比中国经济体的实力还要大,与英文经济体的实力更为接近。近些年,中国和世界学者一起提出了"大华语"的概念,"大华语"是以普通话为基础的全世界华人的共同语。仔细斟酌,"大华语"不仅是语言概念,也是"大华语地区"的概念,是大华语区的经济、文化、科技、教育等综合实力的概念。(李宇明 2017)只有经济发展好了,只有中文背后的综合力量强大了,中文才更有资格成为世界的公共产品。

中文国际教育是国人十分关注的时代课题,但是,不能只关注多少外国人在学中文,更要关注中文外语角色发生的重大变化,更要关注多少外国人在用中文,在怎样用中文。在中文使用的过程中,逐渐增强中文的国际功能,使其成为世界重要的公共产品,成为世界通用的第二语言。

中文要成为世界通用的第二语言,需要具备什么条件?怎样创造这些条件?这些问题还需要继续研究。

参考文献

郭熙:《汉语热该如何延续》,载《光明日报》,2017 年 6 月 18 日,第 12 版。

洪堡特:《论人类语言结构的差异及其对人类精神发展的影响》,Peter Heath 译,北京:世界图书出版公司,2008[1836]年。

李宇明:《语言学习异同论》,载《世界汉语教学》,1993 年第 1 期,第 4—10 页。

李宇明:《中国语言规划论》,北京:商务印书馆,2010 年。

李宇明:《孔子学院语言教育一议》,载《语言教学与研究》,2014 年第 4 期,第 1—8 页。

李宇明:《中国语言规划三论》,北京:商务印书馆,2015 年。

李宇明:《大华语:全球华人的共同语》,载《语言文字应用》,2017 年第 1 期,第 2—13 页。

李宇明:《海外汉语学习者低龄化的思考》,载《世界汉语教学》,2018 年 a,第 3 期,第 291—301 页。

李宇明:《用中文表达世界知识》,载《中国社会科学报》,2018 年 b,9 月 14 日,第 4 版。

李宇明:《李宇明语言传播与规划文集》,北京:北京语言大学出版社,2018 年 c。

李宇明:《中文怎样才能成为世界通用第二语言》,载《光明日报》,2020 年 a,1 月 4 日,第 10 版。

李宇明:《语言学研究:问题的"问题化"》,载《东北师大学报》(哲学社会科学版),2020 年 b,第 5 期,第 21—29 页。

李宇明、唐培兰:《论汉语的外语角色》,载《语言教学与研究》,2020 年第 5 期,第 17—30 页。

李宇明、王春辉:《全球视域中的汉语功能》,载《云南师范大学学报》(哲学社会科学版),2018 年第 5 期,第 17—26 页。

李宇明、王春辉:《论语言的功能分类》,载《当代语言学》,2019 年第 1 期,第 1—22 页。

李宇明、王春辉:《光明时评:中文发论文利于及时转化科研生产力》,载《光明日报》手机客户端,2020 年 2 月 1 日。

饶高琦、夏恩赏、李琪:《近 10 年国际学术论文中的语言选择和中文使用情况分析研究》,载《语言文字应用》,2020 年第 2 期,第 37—51 页。

中文动词语义研究
——"安慰"的跨类现象与构式语义

刘美君　薛时蓉

香港城市大学

1. 中文动词语义研究

　　动词是语言的核心成分,动词语义更是直接体现在语句的组成结构和语义特征上。动词语义研究也成为语言学、适用语言学及计算语言学等领域的一大课题。近年中文动词语义研究对语言学理论提供了一些新的启发。(Liu & Hu 2013；Liu & Chang 2015, 2019；Liu 2016, 2020；刘美君、万明瑜 2019)特别是中文跨类动词的特殊表现,往往促成构式语义及语义引申的新发现,例如中文放置动词所展现的语义语法范畴揭露了事件因果链(causal chain)的延伸关系,由致使移动到位置改变再到空间配置,各有独特的构式表现(Liu & Chang 2019),促使研究者针对构式语法理论提出新的构式分析,明确指出致使—移动(caused motion)与致使—置放(caused position)间语法语义的差别(Joo & Liu 2020)。本文旨在从中文动词语义研究的需要出发,介绍"框架为本、构式为用"的研究方法如何应用在跨类和多义动词的分析上；并进一步演示如何从形义互动搭配的角度,基于语料分布,对心理动词"安慰"进行深入剖析。借由剖析情绪动词与言谈动词间的互动关系,本文实现了理论方法与实证分析的结合,提出一个新兴跨类动词案例,即"安慰"的构式变化及语义引申路径。

1.1 中文动词语意网概况

个别动词的研究可凸显中文在词汇化及动词语义范畴上的区分,其结果可回馈到动词语义类型的研究。全面而有系统的动词语义类型分析又可促进语言学及相关学科的精进(如 Levin 1993)。但中文动词类型较缺乏大量有系统的整理,基于这一需要,我们过去一直致力于不同动词的语义语法分析,并将成果用于建构"中文动词语意网"(Mandarin VerbNet,以下简称 MVN)。这个项目旨在基于"框架为本、构式为用"的研究方法(详见第 1.2 节),建立一个表征清楚,有语言学理论基础,有认知解释性,又有计算可用性,并兼顾汉语特性的动词词汇语义数据库。

如上文所述,MVN 具有四个特点:认知驱动,经语言学验证,计算方面可行,且适用于汉语。首先,MVN 对各主要语义范畴中的高频动词进行语法语义剖析及分类。其次,援用认知语义学的视角,采取混合式的语言学分析方法,结合了框架语义学(Fillmore 1982,1985)与构式语法(Goldberg 1995)的基本概念,建立构式和框架间形义搭配的原则,找出具有形式区别的语义特征,作为分类标准。再次,MVN 提取语料库语料并标注,目前提供两种检索模式,使用者可根据动词或动词所属框架进行检索。最后,MVN 反映汉语动词独特的语义与句法表现。(Liu 2020)

MVN 中动词框架的表征架构是层级式的,根据由高至低排列,包含四个表征层级如下:

源框架(Archi-frame)＞主轴框架(Primary-frame)＞基本框架(Basic-frame)＞微框架(Micro-frame)。

目前,MVN 已完成 14 大类的动词分析与标注。简要概述其进程如下:

· 已标注、上传 14 个可供检索的源框架;

· 已定义 95 个基本框架,分析约 1900 个动词;

· 已分析 1700 个动词并标注语义特征(其中每个动词均带有 50－200 句语料)。

1.2 研究方法：框架为本，构式为用

Fillmore 提出"言语会创造或启动认知情景，而语义研究就是对认知情景的研究"(1977:73)。换言之，是背景框架，或者说认知情景，决定了语义的内在结构。Fillmore 和 Atkins 指出："只有参照结构化的经验、信念或实践的背景，才能理解词义。这些背景构成理解词义的一种概念前提"(1992:76—77)，框架是根据一组框架中的角色(框架元素)定义的。

以商业事件框架为例。对商业事件的完整描写需指出买方、卖方、钱、货物。当说话人使用动词 sell, buy, spend, charge, cost 时，不同动词分别带入不同的框架元素，凸显事件中不同的参与者。同时，商业事件的整个认知场景也被激活了。如例(1)中，动词 bought 凸显了买方与货物，例(2)动词 paid 凸显了买方、卖方与钱。同时，两者激活的认知场景中具有一样的参与角色，因此说话人可通过句法手段如介词引入未凸显的框架元素。如例(3)中，以 bought 为主要动词的句子允许卖方、钱作为非核心成分出现，两者分别由介词 from, for 引入。(Fillmore 1977:73)

(1) [I]买方 bought [a dozen roses]货物.

(2) [I]买方 paid [Harry]卖方 [five dollars]钱.

(3) [I]买方 bought [a dozen roses]货物 from [Harry]卖方 for [five dollars]钱.

之后，Fillmore(1982,1985)基于框架语义学提出以框架为本的研究方法。框架语义学以认知为驱动，根据语义角色定义框架，再将语义相似的动词归类到同一框架中。

然而，语言事实表明，框架元素不足以作为框架划分的标准。以例(4)为例(Goldberg 1995:157)：

(4) She drank him under the table.

例(4)中的致使－变化类动词 drank 同时涉及造成 him 状态变化的 she、经历状态变化后处于喝醉状态的 him，而与一般涉及饮者与饮用物的吃喝类动词 drink 框架元素不同。那么，根据框架语义学，drink 应分析为跨类动词——因为它涉及两类不同的框架元素，属于不同框架。这一分析将导致研究者主张可进入同一构式的动词都具有与构式相应的义项,动词将义项纷繁且仅见于有限的构式中。因此,这一主张不具备解释的充分性,不可接受。

另外,根据框架语义学,动词"放""搬"涉及相同的框架元素:致使移动者(mover)、发生位移的实体(moved entity)与处所(location),因此"放""搬"应同属于致使－移动类框架。但这两个动词在搭配构式方面表现不同:动词"放"可用于处所倒置句(locative inversion),也可与表处所的介词词组搭配,而"搬"不可以。(Liu & Chang 2019)如例(5)中,处所"桌上"作主语、实体"书"作宾语,处所倒置句描述实体状态时,用动词"放"而不能用"搬"。例(6)中,"桌上"由处所标记"在"引入,表实体所处处所而非移动方向(goal)时,用"放"而不能用"搬"。

(5)［桌上］处所放／＊搬着［书］实体。(处所倒置句)
(6)［书］实体放／＊搬［在］处所标记［桌上］处所。

基于上述问题,刘美君和万明瑜(2019)强调,应根据具有语法辨识性的语义角色定义框架。也就是说,在区分框架的进程中既要考虑相关语义角色,也要考虑动词的构式特征。动词与构式构成互补的格式塔关系,共同定义框架。

根据Goldberg,构式是"独立于动词的形－义配对"(1995:1)。换言之,构式具有独立于动词的语义。只要语言格式形式或功能的某方面不能从其组合成分严格推断得到,该语言格式就是构式。(Goldberg 2006:5)从构式语法的角度分析例(4),英语中存在致使－移动(caused motion)构式,其语义核心为"X导致Y移动Z",其中X为主语,Y为宾语,也是发生位移的主体,Z为动作路径。在"She drank him under the table"这个致使－移动(NP-V-NP-PP)构式中,表"致使移动"的构式义"上加"在(superimpose on)(张伯江1999)动词和其他成分的意义上,而drink本身并不具有"致使移动"的义项,只用于说明she致使him向under the table移动的方式。同样地,结合动词的构式特征,我们也能将语义相近、句法表现不同的"搬""放"区分开来(详见第2节)。

综上所述,MVN采取"框架为本、构式为用"的研究方法,结合"事件框架"中的"参与者角色"(Fillmore 1982,1985)与构式语法中的"形－义配对理论"(Goldberg 1995),对动词语义类型做出语法语义兼顾的定义。

第1.1节说明了MVN的性质、特点、结构以及发展现状,而第1.2节对MVN采取的研究方法及其理论背景进行介绍。之后,在下文第2节中,我们将以汉语中的致使－置放类(caused position)动词为例,简述如何借助"框架为本、构式为用"的研究方法,界定动词框架及相应的定义性构式,以及这一方法如何帮助研究者描写跨类动词,进而推动汉语动词与汉英动词对比研究的发展。第3.1节、第3.2节将在语义、形态句法方面对比英汉语心理动词,从而揭示汉语心理动词语义角色的特点与相关句法表现。第3.3节结合框架语义学与构式语法的研究方法,揭示汉语心理动词"安慰"的跨类语义与句法表现,并提出认知上的解释。最后,我们将在第4节做总结。

2. 跨类动词之一——汉语致使－置放类动词（caused-position verbs）研究概述

根据 Liu & Chang(2015)的研究,汉语中表"放置"义的动词如"放"可进入不同的句式,表达具有序列性的复杂事件链条。例(7)表示及物事件,致使实体"书"移动;例(8)表示实体"书"的处所产生变化;例(9)则表示被移动后的实体空间配置的状态。由上例可知,汉语的"放置"义动词表达一个序列性的复杂事件链(event chain),从"致使移动"到"致使处于新处所",最后导致新的"空间配置"关系。

(7) 致使及物:他把书放到/在桌上。
(8) 位置改变:书放到/在桌上了。
(9) 空间配置之处所倒装:桌上放着/了书
    空间配置之位移结果:书放在桌上

结合 Croft(1990)关于因果链(causal chain)的论述,Liu & Chang(2019)阐释了"放"的语义与复杂事件链条之间的关系。Croft(1990:53－54)指出,大部分及物动词都可用于表达对同一事件结构进行观察的三个视角。以英语动词 break 为例,例(10)描述 rock 导致 window 破碎的肇始行为,接着是造成状态变化,例(11)描写 window 的状态变化,然后是持久的结果状态,例(12)描写 window 的最终状态,即 broken:

(10) The rock broke the window.(致使事件)

(11) The window broke.(状态变化)

(12) The window is broken.(结果状态)

由此可知,致使行为事件可分析为具有三阶段的因果链:外力对某物施加作用,引发某状态变化,最后导致某结果状态。这就是 Croft 所说的"三个视角",亦即表征复杂事件链条的三个阶段:致使(10),状态变化(11),结果状态(12)。

Croft 的分析同样适用于表示致使实体处所变化的放置义动词。如上所述,放置事件与表致使的及物动词事件一样,可分析为三部分:从"致使移动"到"致使实体位于新处所",最后导致"空间配置调整、实体处于新处所",三部分之间具有内在的因果关系。因此,汉语"放置"义动词表达具有因果关系的复杂事件链条,其语义范围涵盖该事件链的三个阶段。

以上对"放"语义范围的分析得到了语料库分布比例的印证。首先,根据 Liu & Chang(2019)对"中研院"平衡语料库(简称为 Sinica Corpus)的调查,"放"的确出现在三种不同句式中。如表 3-1 所示,"放"可见于表致使移动的及物句、表实体处所变化的不及物句,与表最终空间配置的实体位置或处所倒装句。

表 3-1　Sinica Corpus 中动词"放"的构式分布("放置"义)

	致使及物	位置变化	空间配置	总数
放	546(67%)	25(3%)	250(30%)	821(100%)

其次,由于致使移动动词和放置义动词的语义不同,二者具有不同的构式表现。典型的致使移动动词如"搬"只能和表路径的"到"合用,不能和表处所的"在"合用,但放置义动词可和"在"或"到"合用。上文例(7)表明汉语中的放置动词既可以与表处所的介词"在"搭配,也可以与由"到"引入、表路径的介词词组搭配。这一点与单纯的致使移动类动词明显不

同,如第1.2节所述,"搬"仅限于与表路径的介词词组搭配。Liu & Chang(2019)对中文十亿词语料库(简称为Gigaword)的调查进一步印证了"放"与"搬"在搭配特征方面的差异,如表3-2所示,"放"与表处所的介词词组搭配频率更高,而"搬"几乎不与这类介词词组搭配。

表 3-2　Gigaword 中"搬""放"与表处所、路径的介词词组搭配分布

	＋在	＋到	例句
搬	2	3203	我把书搬?在/到桌上。
放	24384	2704	我把书放在/到桌上。

这一分布的差异表明"放"倾向表达处所意义,而"搬"倾向于表达移动路径。前者属于"致使置放"类动词,后者为"致使移动"类动词。

两类动词之间的搭配构式特征在 Joo & Liu(2020)的语料库研究中得到进一步的验证。他们首先基于 MVN 现有的分类得到了一组"致使移动"类动词与一组"致使置放"类动词,然后在北京语言大学语料库中心(BLCU Corpus Center,简称为 BCC)中对两组动词与处所、路径分别搭配的情况进行统计。结果表明,77%的"致使置放"类动词与处所成分搭配的频率显著高于其与路径成分搭配的频率,而 65%的"致使移动"类动词与路径成分搭配的频率显著高于其与处所成分搭配的频率。

总之,与表示致使实体处所变化的复杂事件链条内三个阶段对应,汉语相关动词可分为三个动词框架,如图 3-1 所示。

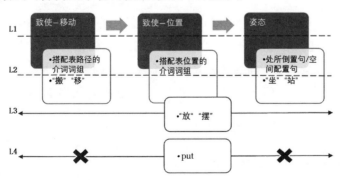

图 3-1　汉语表致使实体处所移动的因果链及其对应框架、定义性构式、动词

图 3-1 中的第一层(L1)是与事件三阶段依次对应的动词框架：致使移动类框架,致使－置放类框架与姿态（空间配置）类框架。第二层(L2)为框架对应的定义性构式。第三层(L3)框架为动词示例。其中,致使－置放类动词"放""摆"单独列出并向两侧延展,旨在表明这类动词的语义范围较广,可出现在致使－移动类与姿态类构式中,如例(7)、例(9)所示。第四层(L4)显示了汉语、英语致使－置放类动词的语义范围差异。前者语义范围较广(已述),后者不能进入英语的致使－移动类与姿态类构式,如例(13)、例(14)所示。例(13)表明 put 不能与表路径的介词词组搭配、表致使－移动义。例(14)则表明 put 不可用于英语中的处所倒置句,描述实体处于某位置的状态。在英语中,put 仅表"致使置放"义,其语义范围与汉语的致使－置放类动词"放"不同。

(13) * I put the books to the table.
(14) * On the table puts a book.

综上所述,遵循"框架为本、构式为用"的研究方法分析、分类汉语动词,既具有语言学理论的内在支撑,也具有结合语料库调查、统计的外在证据。该方法及其成果对汉语语言学动词研究、对比语言学的发展、汉语动词教学领域的应用、计算机自然语言处理的发展都具有积极的影响。

3. 汉语心理动词"安慰"的跨类现象

心理动词(emotion or affect verb)涉及内在、情感经验的状态或事件,牵涉心理感受或变化的前因后果。(Liu 2016)语言在表达心理活动或状态时可能采取不同的认知观点而形成不同的形义搭配策略。以中、英文为例,心理动词的词汇化及构式表现上有很大的区别,以下分节说明。

3.1 英语心理动词语义语法表现

根据 Talmy(1985,2000),心理动词的主语多为刺激源(stimulus)或历事(experiencer),此二者为心理动词的主要角色,即核心的框架元素。

心理动词可能用于描述历事的状态,也可能用于描述外部刺激源的属性。英语研究者根据这一点将心理动词区分为两大类:"历事为主语"类与"刺激源为主语"类,例如例(15)与例(16)(Talmy 2000:98)。

(15) [That]刺激源-主语 frightens me.

(16) [I]历事-主语 fear that.

除了主语语义角色的区分之外,以往研究也从形态句法和语义区分切入,对英语中的心理动词进行研究。如 Jackendoff(2007)对动词性谓语(例[17a]中的 envy 与例[18a]中的 excites)以及形容词性谓语(例[17b]中的 envious 与例[18b]中的 exciting)进行对比研究,说明构词形式和语义的互动关系。

(17) a. [I]历事-主语 envy him.

b. [I]历事-主语 am envious of him.

(18) a. [This]刺激源-主语 excites me.

b. [This]刺激源-主语 is exciting to me.

Pustejovsky(1995)对动词性谓语的及物性进行研究,研究及物心理动词如例(19a)中的 like 与例(20a)中的 attracts 以及不及物心理动词如例(19b)中的 delight 与例(20b)中的 appeals 的区别。

(19) a. [I]历事-主语 like this.

b. [I]历事-主语 delight in this.

(20) a. [This]刺激源-主语 attracts me.

b. [This]刺激源-主语 appeals to me.

Grimshaw(1990)、Jackendoff(1991,2007)、Levin(1993)等则对形容词性被动式(例[21a]中的 frightened with)与动词性被动式(例[21b]中的 frightened by)进行对比研究,他们指出,形容词性被动式倾向于表示历事的状态,而动词性被动式具有事件性。

(21) a. [I]历事-主语 am frightened with that. (状态性描述)

b. [I]受事-主语 am frightened by that. (事件性描述)

3.2 汉语心理动词语义语法表现

与英语相比,汉语的心理动词在形态句法、语义方面都具有独特性。首先,与英语常见的派生手段(如 interest-ing 与 interest-ed)不同,作为分析型语言,汉语采用不同的构式区分历事主语心理动词和刺激源主语心理动词。当主语为历事时,历事主语动词通常见于状态评价性构式(带程度副词,如"我很兴奋"),其句法特征为可受程度副词修饰。当主语为刺激源时,心理动词则可以进入带有致使标记("令""让""使""叫")的致使构式(如"让我很兴奋")或半词汇化的致使构式(如"令人兴奋")。

有趣的是,汉语中有一类特殊的多义心理动词,既可以表示历事的状态,也可以表示刺激源的性质。如例(22)中,"无聊"既可表示主语本身影响他人的属性(boring),主语为刺激源;也可用于表述主语受影响的心理感受(bored),此时主语为历事。

(22) a. [他]_{刺激源—主语} 好无聊哦！我不喜欢和他在一起。
b. [他]_{历事—主语} 好无聊哦！我们去找他看电影。

其次,就构词形态而言,汉语中表状态的心理动词与相应的形容词不具备形态上的区别,与英语大大不同。如例(23)中的"羡慕"既可以理解为英语中的动词性谓语 envy,也可以理解为形容词性谓语 be envious of。换言之,在汉语中,心理动词作动词性谓语或形容词性谓语不具备形式上的差异。

(23) 我羡慕他。I envy him. / I am envious of him.

最后,就及物性而言,汉语动词也可能没有明确区分。部分汉语心理动词的及物性是可变的,如例(24)中,"担心"既可以作不及物动词,表达历事"我"的心理状态,也可以作及物动词,引入担心的对象"他"为宾语。

(24) a. 我很担心。(不及物)
b. 我很担心他。(及物)

这种及物和不及物混搭的情况似乎可以解释汉语心理动词的两个语义面向,亦即状态性与事件性(详见 3.2.1)。

3.2.1 汉语心理动词状态性 vs. 事件性的语法表现

当心理动词与表极致程度的补语"死"搭配时,不论历事出现在心理动词前作主语,还是出现在心理动词后作宾语,似乎都不会造成语义角色的相应转变,语义上的解读似乎也没有太大不同。如例(25)中,历事者的位置可出现在宾语前或后,尽管句法位置不同,其相对的语义角色(作为"羡慕"的感知主体)似乎不变。

(25) a. [我]_{历事-主语}羡慕死他的好运了。
  b. 他的好运羡慕死[我]_{历事-宾语}了。

但这两句话究竟有何不同?其实语义关系还是改变了。就状态性与事件性语义的区别而言,汉语心理动词内部仍具有语义投射关系的差异。具体地说,例(25a)中历事与刺激物的相对关系是较静态的感知程度指向,例(25b)则将极致程度描述为"影响关系",感知的主体成了"受影响、被改变"的宾语角色,类似直接受事(受到影响的一方)。这里的语义关系由描述历事对刺激物感知状态的极致程度(excessive degree),转化为外物强烈影响使人受改变的极致冲击(excessive impact)。这种动态的及物关系,可以从"激怒"与"吸引"的比较中看出。如例(26)所示,"激怒"较常与表主观意愿的"故意"搭配,与"吸引"相比更具有"控制"义,表示强烈的目的性(volition),而"吸引""羡慕"不能与"故意"搭配,不能表示主观意愿。而在例(27)中,"吸引""羡慕"可受到程度副词"很"修饰,但"激怒"不可以,表明"激怒"较具动态事件性,而"吸引""羡慕"倾向于状态描述。

(26) 他故意激怒/? 吸引/*羡慕我。
(27) 他很羡慕/吸引/*激怒我。

这一区分在对应的"把"字句与被动句中体现得更为明显:

(28) 他把我激怒/? 吸引/*羡慕了。
(29) 我被激怒/? 吸引/*羡慕了。

例(28)、例(29)也证明"激怒"的事件性较强。"激怒"可以出现在"把"字句中,"把"字句表示包含结果或程度的有界事件(Hopper & Thompson 1984),一个动词施加越强的影响,就越可能与具有高及物性的"把"字句结合。"激怒"可以出现在被动句中(如例[29]),被动句表示受事受到施事的影响。换言之,心理动词也可表达受影响的结果,表受事"受影响"的动态改变。

3.2.2 汉语心理动词的语义关系:影响者→受影响者 vs. 刺激源→历事

基于上述区分,Liu(2016)指出汉语心理动词的主语还可带有另一语义角色,即为"影响者"(affector)。其行为导致"受影响者"(affectee)心理受到冲击影响的动态改变。如上所述,影响者、受影响者在语义、句法的表现方面与刺激源、历事不同。如图3-2所示,在概念层面上,两对语义角色关系——从影响者到受影响者与从刺激源到历事——都可与具有序列性的复杂事件链条原型图式相对应:

致使者 →	行为者 →	状态/事件 →	反应
刺激源 →	历事 →	心理状态 →	感知程度
影响者 →	受影响者 →	心理事件 →	冲击改变

图3-2 状态性语义角色、事件性语义角色的概念图式

影响者与刺激源之间的区分不仅见于搭配事件性、状态性动词的不同,也见于同一动词的论元实现(argument realization)。例如(30)中,可以把刻意激怒的行为以工具角色来表达,影响冲击的实现方式是通过"话"。

(30) [老师]_{影响者}用[话]_{工具}激怒了[学生]_{受影响者}。

上文简述了Liu & Hu(2013)对心理动词与极致程度副词"死"搭配后产生形义错配的语言现象所进行的研究。他们进而指出,位置相反的两种表达方式实际为两种语义根本不同的构式,表达对过度情绪描述的不同视角。过度情绪既可能在状态的极致程度构式(excessive degree construction)中出现,也可以在事件性的极致冲击构式(excessive impact construction)中出现,侧重于(profile)影响者、受影响者之间的关系。这一构式上的差异也体现在与动词的搭配频率上。根据Liu & Hu(2013),极致冲击构式允许感知影响或物理行为动词进入,如"酸""写",而极致程度构式则不然。此外,极致冲击构式与具体时间词如"刚才、今天"搭配的频率更高。这些共现搭配差异进一步证实了影响者—受影响者的语义关系确与刺激源—历事不同。

因着不同语义关系的投射,汉语在表达刺激源对历事施加影响时,既可以采用及物动词,也可采用有致使标记"让、令"的构式(如例[31b])或半词汇化的致使构式(如例[31c])。

(31) a. 他的发型吓了我一跳。
　　　b. 他的发型让我吓了一跳。
　　　c. 他的发型很令人惊讶。

上述这种动态冲击和状态程度间不同的语义投射,Jackendoff(1991:140)将之区分为状态性谓语与事件性谓语的不同,并指出英语的心理动词并未在词汇化中体现这一区分。如例(32)中,frighten 的主语可以为无生的 thunder,也可是有生的 Harry,且与表主动刻意的副词 deliberately 搭配。换言之,frighten 一类的动词既可用于描述非刻意感知的心理状态,也可表述刻意施加心理影响的事件。

(32) a. Thunder frightens Bill.
　　　b. Harry (deliberately) frightened Bill.

而汉语中有些动词正是这种动、静皆宜的心理动词,用法多样,既可通过程度副词,也可通过致使式等构式区分表状态与动态事件的不同。例如多义词"烦"可有五种用法,带出五种不同的构式语义,既可以表达历事为主语或刺激物为主语,不及物或及物(具有对象)的心理状态;亦可表示刻意、具目的性的动态影响:

(33) a. 我心情很烦。(历事,状态不及物)
　　　b. 我很烦这件事。(历事,状态及物)
　　　c. 这件事很烦。(刺激物,状态不及物)
　　　d. 这件事一直很烦我。(刺激物,状态及物)
　　　e. 他一直拿这件事烦我。(影响者,动态及物)

根据上述心理动词主语语义角色及框架要素的分类,刘美君、万明瑜

(2019)将汉语心理动词分为 5 类主轴框架,10 个基本框架,如表 3-3 所示:

表 3-3 情绪动词的框架分类:情绪源框架

源框架	主轴框架	基本框架	动词
情绪	影响者—及物 (AFFECTOR-TRAN)	吸引—刺激 (ATTRACT-STIM)	安慰,安抚
		打扰—激怒 (BOTHER-IRRITATE)	折磨,激怒
	历事—不及物 (EXP-INTR)	满意 (CONTENT)	满意,服气
		开心—悲伤 (HAPPY-SAD)	高兴,快乐
	历事—及物 (EXP-TRAN)	后悔—歉疚 (REGRET-SORRY)	内疚,愧疚
		忌妒—同情 (ENVY-PITY)	同情,羡慕
	刺激源—不及物 (STIM-INTR)	喜爱—讨厌 (LOVE-HATE)	恨,爱
		担心—害怕 (WORRY-FEAR)	担心,担忧
	刺激源—及物 (STIM-TRAN)	刺激源—属性 (STIM-ATTR)	有趣,有意思
		刺激源—及物 (STIM-TRAN)	困扰,感动

3.3 心理动词"安慰"的语义语法表现

3.3.1 "安慰"表达的主语角色及语义范畴

综上所述,我们发现心理动词"安慰"的主语包括四类语义角色:其一,经历心理状态、情感经验的不及物历事;其二,导致历事心理状态、情感经验的刺激源,在致使结构中出现;其三,导致历事心理状态、情感经验的刺激源,在及物句中出现;其四,具有施事性的"影响者",具有主观意愿,且用于表达及物事件。如:

(34) a. 我很安慰/感到很安慰。(历事主语,不及物状态)
　　 b. 他令/让/使/叫我很安慰。(刺激物主语,致使状态)
　　 c. 他的话很安慰我。(刺激物主语,及物状态)
　　 d. 他不断安慰我/我被他安慰了很久。(影响者主语,及物动态)

　　根据语料观察,"安慰,安抚"类(属于"吸引－刺激"类)动词与"打扰－激怒"类动词都从属于"影响者－及物"(AFFECTOR-TRAN)类框架,具有一致的句法表现,即动词具有及物性,以影响者为主语。而两者的区别在于,"安慰,安抚"类动词可以把历事当作宾语(例[35]),也可以进入历事作主语的不及物句(例[36]),而"打扰－激怒"类动词以受影响者为宾语(例[37]),不具有对应的不及物句(例[38]):

(35) 我心疼地带她看病并塞红包安慰她。
(36) 她感到安慰。
(37) 小泉首相去年前往靖国神社参拜时,激怒日本的亚洲邻邦。
(38) *日本的亚洲邻邦感到激怒。

　　由于"安慰,安抚"类动词以历事为宾语,且具有对应的历事－不及物句用法,在心理动词中作为特殊的次类而受到研究者的关注。与"历事－不及物"(EXP-INTR)类动词如"快乐"表达单纯简单的(simplex)、静态的(stative)事件不同,"影响者－及物"动词表达复杂(complex)、具有致使性(causative)的事件。(Levin 1999; Pustejovsky 1991; van Valin & LaPolla 1997)但与英语中的"影响者－及物"动词(如 frighten)又不同,由于汉语的历时演变,汉语中"影响者－及物"动词具有复杂且独特的语义特征。

　　动结式动词如"激怒""惹恼"在认知上表达包含致使－变化的复杂关

系,但在词汇化模式上与"安慰""吸引"不同,动作事件与状态结果在词汇形式上由不同的语素表达,分别由"激""惹"表达影响者主动发出的行为,而"怒""恼"表达结果,即受影响者受到的心理状态改变。其语义并不包含以历事为主体、较持久的经验状态。参考 Croft(1990)关于具有致使性的事件结构图标,我们将"激怒"的因果链条与语言形式表达如图 3-3(虚线表示"激怒"词汇语义中不含括号内的部分):

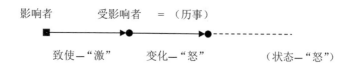

图 3-3 "打扰—激怒"类动词的事件链条

与这类动结式动词不同,同样表达致使—变化的"吸引—刺激"类动词如"安慰""吸引"的词义包含影响者发出的行为和历事的感知状态,动作和状态不进行分别的词汇表征。换言之,这类动词经词汇化已包含了行为、状态的双重语义,但表变化本身的语义不明显,如图 3-4 所示(虚线表示"安慰"词汇语义中不含括号内的部分):

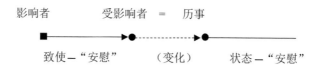

图 3-4 "安慰"类动词的事件链条

有趣的是,在观察实际语料中,我们发现"安慰"发生了跨类现象,其后的补语并不限于典型心理动词所带的语义角色,而是与"告诉"类动词相似,描述言说行为,后接补语子句,表达说话内容,参照下例:

(39) 我冷冷地<u>告诉</u>她:"走吧!我送你去车站。"
(40) 爸爸<u>安慰</u>她:"没关系,以后要努力。"
(41) 杨局长强压心头怒火,温言<u>安慰</u>:"小戴,莫哭,回去后,工作问题我一定帮你问!"

有时这种用法允许省略宾语(听话者),如例(41)中"安慰"表达方式明确的事件动作而非状态。基于对 Sinica Corpus 的穷尽性调查,我们发现在"安慰"作主句动词的 117 例中,有 54.7%(64/117)指言说行为。苏颖(2020)在分析汉语心理动词如"惹""晓""恐""恫"向言语行为动词演变时指出,"惹"类动词并不一定通过言语行为实现,也可能借助物理行为。这一现象也见于"安慰",如例(35)中,"安慰"即通过"塞红包"的方式而非言说实现,但是言说却是最典型最常见的"安慰"方式。

3.3.2 心理动词"安慰"跨类的语义基础与认知机制

首先,我们认为,"安慰"等心理动词跨类成为言说动词的前提之一是动词"安慰、惹"涉及的心理作用目的性很强,进行方式在认知经验中有显著性。虽然事件动作的描写性(descriptivity)不高,但达到作用的方式是关键成分(by verbal delivery or non-verbal means)。Boas(2008)指出,动词词汇化其方式的具体度或复杂度(the degree of specificity or complexity of the manner)和动词的构式分布相关。换言之,由于"安慰"事件必须借由具体方式完成、言说作为明确方式的可能性高,导致其具有向言说动词发展的可能性,语义变化上具有转喻(metonym)的功能,由描写心理感受到描写造成感受的行为方式,语义侧重(semantic profile)发生改变,以言说内容来表达安慰的目的。

其次,需要注意"安慰"和"惹"类动词所带的直接宾语,一般均为有生的人,而与"安慰"同属于"吸引－刺激"类的其他动词如"鼓舞""委屈"则不然。根据 Sinica Corpus,"鼓舞"的宾语可能是抽象事物,如例(42)中"政治进取的精神";而"委屈"尽管有及物的用法,如例(43)所示,却侧重描述历事的心理状态,而非影响者主动发起的行为。

(42) 经济发展不仅提供了丰裕的物资,而且鼓舞了政治进取的精神。

(43) 果真如此,岂不太委屈你?

这一语义区别在对语料库中"鼓舞""委屈""安慰"的句法表现统计中得到印证:三者句法表现分布有明显的区别。动词"委屈"大多作历事－不及物动词,可见施事性不高,如表 3-4 所示。与"委屈"相比,"鼓舞"具有较多的及物用法,如表3-5所示,其62%的动词用例都具有及物性,但比例上仍低于"安慰",且多有无生宾语(如"鼓舞士气")。如表3-6所示,"安慰"作动词时,有94%具有及物性。不仅如此,及物动词"安慰"的用例中有97%主语都为人。

表3-4 Sinica Corpus"委屈"性质及分布

及物动词		不及物动词	名词
主语为影响者	主语为刺激源	26%	69%
2%	3%		

表3-5 Sinica Corpus"鼓舞"性质及分布

及物动词		不及物动词	名词
主语为影响者	主语为刺激源	23%	38%
19.5%	19.5%		

表3-6 Sinica Corpus"安慰"性质及分布

及物动词		不及物动词	名词
主语为影响者	主语为刺激源	4%	35%
59%	2%		

最后,由于实际生活中"安慰"倾向于以言说方式实现,导致"安慰"语义从情绪效果(effect of emotion)扩展为言谈效果(effect of speech),从而与"说话者+V+听话者+言语内容"表达言语行为及内容的语义兼容。如上文所述,在"安慰"作主句动词的117例中,有54.7%(64/117)指言说行为;而在"鼓舞"作主句动词,则无一例指言语行为。因此,尽管"鼓舞"与"安慰"类动词类似,具有方式上的开放性,但在实际的认知中"鼓舞"的言语行为不如"安慰"显著,而这也取决于主观的生活经验。

3.3.3 心理动词"安慰"跨类后的构式引申:兼语式

除了出现在带有言语内容的构式外,"安慰"也见于后接动词补语的兼语式,如例(44)。其高及物性与兼语式的使役语义相容。在兼语式中,

"安慰"的宾语就是其后动作补语的主词。例(44)中,"我"是"安慰"的宾语,也是"不要惊慌"行为的主语:

> (44) 医师才说是子宫颈癌,但尚不能确定是第几期,并<u>安慰我不要惊慌</u>……

如上文所述,当"安慰"作心理动词,表述影响者主动行为的同时也隐含了受影响者的状态。以宾语为中心(object-control)的兼语式用法中,动词补语"不要惊慌""不要紧张"是具有未然性的建议事项,"安慰"的目的性得到侧重,表达希望导致宾语的某些行为或状态改变。这点在例(45)中也得到印证。尽管导游安慰我们"不要紧张",紧绷的神经却"不听使唤"。虽然安慰的目的在现实中并未达到,但其目的很清楚,希望受安慰者经历某状态变化:

> (45) 导游<u>安慰我们不要紧张</u>,但是紧绷的神经却不听使唤。

因此我们认为,"安慰"是经由语义侧重改变而引申为言语行为动词(非作为心理动词)而得以进入该兼语构式,结合语义,该构式可概括为"说话者＋V＋听话者＋听话者行为"。"安慰"的构式发展与"告诉"类动词如"建议"的用法可做平行对照,可接直接引述,或接建议听话者执行的行为,如图3-5所示:

直接引述句(说话者＋V＋听话者＋言语内容)		
郑老师<u>建议</u>家长:如果真想让孩子在这方面发展,就应该自己耐下心来,及早在幼儿时期就随时进行美术教育。	→	爸爸<u>安慰</u>她:「没关系,以后要努力。」
兼语句(说话者＋V＋听话者＋听话者行为)		
我<u>建议</u>他面对事实……	→	香奈儿接受了,还<u>安慰</u>她别放在心上。

图 3-5 "安慰"与"建议"构式发展路径

尽管由于其高施事性,"安慰"可与兼语式结合,但在我们检索到的117例中兼语式仅见4句,可见"安慰"与兼语式的结合目前仍是有限的,可视为构式赋予的整合作用（constructional coercion）。

其限制之一在于"安慰"实现的方式比建议更广。上文已述，就实现方式而言，"安慰"既可以通过动作行为，如例（35）中的"塞红包"实现，也可以通过言语行为实现。而就以言语实现方式而言，二者既可以通过直接引述，也可以通过建议听话人采取行动实现。如例（46）中，"香君"通过基于现状的推理实现"安慰"的目的；而"建议"则具有更多操控义，即表达说话人对听话人做某事是出于客观要求的态度。因此，出现在直接引述构式时，"建议"的语义限制导致言语内容必须表达明确行为主张，如例（47）中的"你该清醒思考"：

（46）香君跑来安慰我说："傻孩子！哭什么？这样就掉眼泪，看你将来怎么办？"

（47）我建议她："过去，或者你被爱情的甜汁所迷醉，现在正是你该清醒思考的时候了。"

另外，尽管如上文所述，当"安慰"作言语行为动词时，侧重在言说内容或目的，不必然隐含听话人的心理变化，但仍包含致使变化的复杂因果关系，只是听话人的感知状态从已实现的结果变为未实现的目标。因此，我们也可将兼语式中"安慰"表征的关系改称为包含致使—变化的"目标导向"行为，即目标链接关系。当"安慰"与兼语式结合时，说话者对听话者的建议在语义范围上仅限于调整听话人自身的心理状态，而不涉及更具体的行动操控。在我们检索到的 4 句"安慰"兼语式中，说话人分别建议听话人"不要惊慌"（例 44）、"不要紧张"（例 45）、"别放在心上"（例 48）和"安心静养"（例 49），其实质都是对听话人的心理状态提出忠告。由于包含致使"心理状态"的语义特征，"安慰"与兼语式的结合也受到相应的限制。

（48）香奈儿接受了，还安慰她别放在心上。

（49）连夜赶来宜兰的家属，看到儿子被打得不成人形，十分心疼，安慰儿子安心静养。

3.3.4 心理动词"安慰"跨类后的构式引申：双及物式

除上述两种构式变化外，"安慰"还有更进一步的构式引申。语料中已引申作言语动词的"安慰"可以进入"双及物结构式"，后面紧接两个名

词(听话者＋言说单位),如例(50):

(50) 韩妈妈安慰了我几句,摇着头走开了。

根据吴可、王文斌,汉语双及物构式的核心图式表达"焦点相对于背景的转移,通常可隐喻性地理解为焦点的领有权变化"(2020:81)。换言之,"安慰"作言语动词可进入双及物构式,语义上也有转变,而产生原本不具有的"给予、领有"的传输(transfer)语义。

Sinica Corpus 还存在例(51)的用法,从侧面证明了安慰可以是一种"给予",具有"可传输"的语义特征。

(51) 你有没有试着给别人一点方便,一句安慰?

我们认为,要了解"安慰"进入双及物构式,表达施予的前提是了解动词普遍的增元现象与动量名词的使用:

(52) 但是他下面说了一句:"周与蝴蝶一定有分。"
(53) 我装出漫不经心的模样,问了胡锦一句:"那天,最后一次,你是往哪边跑的?"
(54) 我被那房子吸引,忍不住赞美了几句。

例(52—53)中的不及物言说动词"说"与及物言说动词"问"都以动量名词单位"一句"引入其后的言语内容。由于"问"本身具有及物性、带听话者,增加"一句"作为宾语,即构成双及物结构。换言之,"一句"作言说动词的宾语,话语产物获得了实体单位性质,并在双及物构式中实现了从说话者到听话者的动量"转移"。这一点在不对言语内容进行叙述的句子如例(54)中表现更为明确。

由此可看出,"安慰"从言语行为动词进一步扩展,表示言语上的施予,与表达事物转移的双及物构式结合,附有给予的动词义(giving verb),在认知上是由于"导管隐喻"(conduit metaphor)的推动:说话人将言语内容(即消息)概念化为一个可转移、给予他人的实体,而告诉某人某消息的过程因而隐喻为给予某人某物的过程。

综上所述,我们认为动词"安慰"经由概念转换和语义侧重(Langacker 1987),经历了一系列的语义转移和构式引申:从情绪动词发展到沟通的框架,表达影响心理状态的言语行为,侧重在达到目的之方式内容,并进一步扩展为针对受事对象的操控动词,可用于表示控制的兼语结构,再由言语传输发展为类似给予义的动词,进入表示动量转移的双宾结构。其构式发展与相应路径总结为如图3-6:

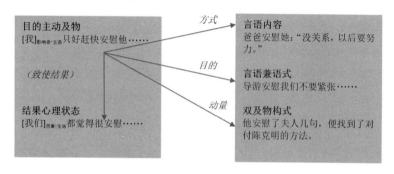

图3-6 "安慰"的构式发展路径

4. 结论

本文简单介绍了汉语动词语义研究的进展及动词语义网的建构,略述了跨类动词的多义性与构式表现间的互动关系,并以"安慰"为例,深入探讨其语法语义特征及构式变化的因由。综上所述,汉语动词语义研究包罗万象,看似复杂多样,却自有道理可循。借由探究动词跨类现象,我们发现动词是通过致使链或语义推理路径促成概念转换,进而产生不同的语义侧重,扩展其用法和词义范畴,揭示认知机制中的概念转移的重要原理。汉语动词语义研究可能对形态和语义的互动、词汇化特征、构式语法,以及认知理论均具有启发意义,这将会促进语言学及相关应用和适用语言学的研究发展。

参考文献

Boas, H. "Towards a Frame-constructional Approach to Verb Classification," *Revista Canaria de Estudios Ingleses*,2008,57:17—47.

Croft, W. "Possible Verbs and the Structure of Events," S. L. Tsohatzidis(Ed.),

Meanings and Prototypes: *Studies in Linguistic Categorization*, London: Routledge, 1990: 48—73.

Fillmore, C. J. "The Case for Case Reopened," P. Cole & J. M. Sadock (Eds.), *Grammatical Relations*, New York: Academic Press, 1977: 59—81.

Fillmore, C. J. "Frame Semantics," the Linguistic Society of Korea (Ed.), *Linguistic in the Morning Calm*, Seoul: Hanshin Publishing Co., 1982: 111—137.

Fillmore, C. J. "Frames and the Semantics of Understanding," *Quaderni di Semantica*, 1985, 6(2): 222—253.

Fillmore, C. J. & Atkins, B. T. "Toward a Frame-based Lexicon: The Semantics of RISK and Its Neighbors," A. Lehrer & E. F. Kittay (Eds.), *Frames, Fields, and Contrasts: New Essays in Semantic and Lexical Organization*, New York & London: Routledge, 1992: 75—102.

Goldberg, A. E. *Constructions: A Construction Grammar Approach to Argument Structure*, Chicago: University of Chicago Press, 1995.

Goldberg, A. E. *Constructions at Work: The Nature of Generalization in Language*, Oxford: Oxford University Press, 2006.

Grimshaw, J. *Argument Structure*, Cambridge, MA: MIT Press, 1990.

Hopper, P. & Thompson, S. "The Discourse Basis for Lexical Categories in Universal Grammar," *Language*, 1984, 60(4): 703—753.

Jackendoff, R. *Semantic Structures*, Cambridge, MA: MIT Press, 1991.

Jackendoff, R. *Language, Consciousness, Culture: Essays on Mental Structure*, Cambridge, MA: MIT Press, 2007.

Joo, I. & Liu, M. "Caused-motion and Caused-position: Syntactic Patterns and Semantic Networks," *Studies in Language*, 2020. doi.org/10.1075/sl.18067.joo.

Langacker, R. W. *Foundations of Cognitive Grammar: Descriptive Application*, Vol. 2, Stanford: Stanford University Press, 1987.

Levin, B. *English Verb Classes and Alternations: A Preliminary Investigation*, Chicago: University of Chicago Press, 1993.

Levin, B. "Objecthood: An Event Structure Perspective," *Proceedings of CLS*, 1999, 35(1): 223—247.

Liu, M. "Emotion in Lexicon and Grammar: Lexical-constructional Interface of Mandarin Emotional Predicates," *Lingua Sinica*, 2016, 2(1): 1—47.

Liu, M. "The Construction and Annotation of a Semantically Enriched Database: The Mandarin VerbNet and Its NLP Applications," Q. Su & W. Zhan (Eds.), *From Minimal Contrast to Meaning Construct*, Singapore: Springer, 2020: 257−272.

Liu, M. & Chang, J. "Semantic Profile as a Source for Polysemy: Insight from the Spatial-configuration Verb *Fàng* in Mandarin," Q. Lu & H. H. Gao (Eds.), *Chinese Lexical Semantics*, Berlin: Springer International Publishing, 2015: 24−32.

Liu, M. & Chang, J. "From Caused-motion to Spatial Configuration: Placement Verbs in Mandarin," *Language and Linguistics*, 2019, 20(2): 180−224.

Liu, M. & Hu, C. "Free Alternation? A Study on Grammatical Packaging of Excessive Predication in Mandarin Chinese," *Language and Linguistics*, 2013, 14(1): 47−90.

Pustejovsky, J. "The Syntax of Event Structure," *Cognition*, 1991, 41(1−3): 47−81.

Pustejovsky, J. *The Generative Lexicon*, Cambridge, MA: MIT Press, 1995.

Talmy, L. "Lexicalization Patterns: Semantic Structure in Lexical Forms," T. Shopen (Ed.), *Language Typology and Syntactic Description*, Vol. 3: *Grammatical Categories and the Lexicon*, Cambridge, MA: Cambridge University Press, 1985: 57−149.

Talmy, L. *Toward a Cognitive Semantics*, Vol. 2: *Typology and Process in Concept Structuring*, Cambridge, MA: MIT Press, 2000.

van Valin, R. D. & LaPolla, R. J. *Syntax: Structure, Meaning, and Function*, Cambridge: Cambridge University Press, 1997.

刘美君、万明瑜:《中文动词及分类研究:中文动词词汇语义网的构建及应用》,载《辞书研究》,2019年第2期,第42−60页。

苏颖:《汉语心理动词与言说动词的双向演变》,载《中国语文》,2020年第3期,第287−302页。

吴可、王文斌:《基于概念结构的构式压制限制条件分析》,载《外国语文》,2020年第2期,第79−85页。

张伯江:《现代汉语的双及物结构式》,载《中国语文》,1999年第3期,第175−184页。

教材话语体系中的人物形象与形容词使用
——以新中国首套中小学语文教材为例

苏新春

厦门大学嘉庚学院/国家语言资源监测与研究教育教材中心

1. 引言

教材是一个社会统治阶级的典型话语体系,以教育者对被教育者进行教育的身份与方式,传递着主流社会的包括思想、知识、道德、情感、价值观等在内的主流意识。"教材是国家意志的体现"就是这一观点最集中的体现。(苏新春、龙东华 2020)教材中的人物、事物、事件等的知识、情感、认知的传输,都是要经过严格筛选、评估、认可后才能写入教材的。一旦进入了教材,也就成为学习、传授的对象而备受关注,获得了与众不同的身份。

"话题""主题""题材""观点"是话语体系中的主要、显性的"硬"成分,"态度""情感""倾向性"则要"软"得多,但仍是话语体系中必不可少的重要内容。形容词的使用具有重要作用。只把形容词的作用局限于形象、逼真、生动、传神的"语言"界域是远远不够的,形容词起着反映话语体系的政治立场、思想感情、态度倾向的重要作用,以"直接""感性""强烈"的方式传递着话语性质与话语态度。

新中国首套中小学语文教材"是一本带着战争硝烟而远非和平时期的教材",它的题材内容具有两个鲜明特点:一个是"反映了中华人民共和国成立初期大破大立、在战争废墟基础上建设新中国的社会现实,充满了时代气息。当时的旧制度旧政权正在被推翻打倒,新社会新政权正在建立。大破大立，破得摧枯拉朽，翻天覆地，立得开天辟地，势不可挡。破的已经实现，立的尚在进行。这些交错互进、日新月异的社会剧变在教材中都有充分而真实的反映"（苏新春、赵怿怡 2020a：15）。另一个是"反映了以农村革命为基本特征的中国革命性质"。在这样的主题与题材环境中，活动着的主要人物形象有"农民""工人""军人""革命领袖""儿童"五类，还有作为农民对立面的地主，也是农村生活中较多的人物形象（苏新春、赵怿怡 2020b），而没有后来颇为多见的科学家、技术师、教师、政治家等人物形象。

2. 形容词话语功能的分析模式

形容词在教材话语体系中占有重要位置，是表现人物形象最为真切、逼真、准确的表达方式，是教材对人物形象描写刻画最主要的手段。杨信彰教授（2013：18）曾指出：

> 在语篇中，作者/说话人通过词汇语法编码意义，读者/受话人通过词汇语法解码意义。语篇中的这些词汇语法的选择和社会文化语境有着密切的联系。因此，语篇分析需要把语言和社会文化语境以及作者对于世界的知识结合起来。语篇分析的范围不仅包括单词、小句、句子和命题，还包括交际行为和语境。意义是多维的，这就要求语篇分析从多个角度来审视和研究语篇的方方面面，包括语篇结构、互文性、情态、视角、元话语、衔接、连贯、话题、修辞、语类、幽默、隐喻、身份、礼貌和话语标记语等问题。

杨文论述到的"语篇中的这些词汇语法的选择和社会文化"与语言手段的多样性，展现了语篇分析在内容分析上的丰富性及形式分析上的多样性，本文选取了"形容词"这一种语言要素来观察它在语篇中的人物形象塑造、语境营造、主题展示所起的作用与效果。

王振华教授（2019：18）强调：

> 语篇是一个系统，是由"三个要件"和语篇实现的社会目的组成。三个要件包括文本/话语的生产者、文本/话语、文本/话语的消费者。

而在表达话语者的意愿上，形容词是有着独到功效的。

为了更好地观察形容词在语篇中的话语功能,下面建构了包括"数量域""语义域""语用效""语用级"的四维分析模板。

(1)形容词的数量域。在确定形容词数量时有着由多到少、由广到窄、由粗略到专精的选取过程。全面、宽广、粗略,指的是包括所有的形容词;集中、单一、专指,指的是它们在话语体系中有直接施加作用的话语对象,对叙述中出现的"人"与"事"进行着直接的叙述、发挥着描写功能,清楚呈现出叙述者的话语态度、话语立场。

(2)形容词的语义域。指包括能揭示所描写的人与物的语义内涵、语义特质,能呈现出话语主体者情感与态度的形容词。在《现代汉语分类词典》(TMC)的词汇语义分类体系中(苏新春 2013),在第 8 个一级语义类"性质与状态"下面有"形貌""知觉""性状""性质""才品""情状"等 6 个二级类,其中"性质"类的情感倾向性强于"性状"类,"才品"类情感倾向性强于"情状"类,"知觉"类情感倾向性强于"形貌"类。借助于 TMC,可以整理、提炼出不同类别人物的形容词语义关系谱系图。

(3)形容词的语用效。指起着怎样的表意功效,这是教材话语体系中最主要的内容。它具有两个重要特点,即直接跟"分析对象""话语成分"挂钩,与含蕴着鲜明的"话语态度",直接服务于话语主题。根据形容词的语义域的谱系图,可以清晰地观察到形容词的语义递减关系,从而帮助我们更准确地把握到教材在描写不同人物时所抱有的褒贬、赞弹、扬抑的情感尺度。

(4)形容词的语用级。指在不同年级、不同层级的课文会对同一主题、同一对象使用在语义、色彩、风格、功能方面有着浅与深、易与难、近与远、今与古、通俗与雅正等不同的形容词。"语用级"显示出"语义差等"和"难度分布",体现出学习难度的差异,是教育教材语言特有的属性。

新中国首套中小学语文教材共有形容词 1820 个,其中包括双音在内的复音形容词 1532 个,双音形容词 1383 个,分别占教材总词语数 20771 的 8.762%、7.376%、6.658%;从使用的词次来看,形容词使用 12647 次,复音形容词使用 6690 次,双音形容词 6447 次,分别占教材总词次数 317630 的 3.982%、2.106%、2.03%。

从上面词种与词频的数据来看,双音形容词是形容词中最主要的成分,使用频率高,便于观察,故下面的统计分析就集中在双音形容词身上。从词种比例与词频比例来看,形容词使用频率要低于其他词性。尽管如此,形容词却在话语体系的建构与传递上起着重要作用。

3. 形容词与话语体系中人物形象的塑造

下面对新中国首套中小学语文教材中的"农民""工人""革命领袖"等三类课文主要人物的形容词使用情况进行分析,以观察形容词在人物形象定性、塑形手段及语义表达上的作用与效果。

在对形容词的"数量域""语义域""语义效""语义级"的具体分析时,使用了有所不同的分析方法:(1)对"数量域"的分析,它观察的是对含有某类别人物的所有课文中的形容语。(2)对"语义域"的分析,它观察的是看用于这四类主要人物的有哪些语义域。因为语义域灵活,数量多,分析时可以使用两种不同的方法,一种是观察同一个语义类在三种不同人物类别身上有哪些特点。其好处是有较好的对比效果,不足是它受同一题材、同一类课文数量多少的影响较大;另一种方法是观察四种不同人物类别身上各自使用的形容词有哪些特点,使用了哪些不同语义类的特点。这种方法的不足是不能观察到同一语义类形容词的差异,但好处是便于观察不同类别人物的特点,能比较好地克服因题材不同、课文数量不同所导致的同一形容词义类所用词语数量相差过大的情况。本文采用后一方法。(3)对"语义效"的分析,它观察的是该"语义域"的形容词所使用的场合、所修饰的对象。(4)对"语义级"的分析,它是对用于该类别人物的所有课文中形容词的深浅难易程度的分析。

3.1 农民形象

(1)形容词的数量域

教材关于"农民"形象的课文有 42 篇,出现复音形容词 445 次,形容词词种 322 个,双音形容词词种 293 个。

(2)形容词的语义域

293 个双音形容词分布于 TMC 中的"性质与状态"类的有 263 个,分属于 71 个三级类。其中属"勤—怠"类的形容词一共有"外行""努力""纯熟""熟练""卖力""辛勤""勤恳""自如""生疏"9 个。

外行："(唱绣锅台调)从小我把活来干,庄稼地里我不外行。"(五年级下册第 24 课,《土地还家(秧歌剧)》)

努力："全体男女同学都努力学习,积极劳动。"(七年级上册第 18 课,《新中国第一个女拖拉机手》)

纯熟："锤声响亮,手不停,脚不住,由烧火到打锤,到修理,一连串的动作就好像是一部很精密的机器,按着纯熟的节拍在开动。"(九年级上册第 14 课,《一个模范生产小组》)

熟练："刘立富小组有一套熟练的工作方法。"(九年级上册第 14 课,《一个模范生产小组》)"女拖拉机手和男拖拉机手们一样,有的驾驶着向前驰行,有的熟练地摇着耕犁。"(九年级下册第 8 课,《通北农场访问记》)

卖力："万源祥、大利、老福兴几家的店伙特别卖力,不惜工本叫着乡亲,同时拉拉扯扯地牵住乡亲的布袄。"(九年级下册第 6 课,《多收了三五斗》)

辛勤："集体农民在田野里辛勤地劳动,不只是为了今天的美满的生活,也为了明天的美丽的理想。"(九年级下册第 7 课,《泰尔曼集体农场》)

勤恳："驾驶拖拉机,勤恳地踏实地从事于和平的劳动,创造今天的美满的生活。"(九年级下册第 7 课,《泰尔曼集体农场》)

自如："十多名老汽车司机要是在城市里笔直的柏油马路上开着汽车奔驰,右旋左转,倒还得心应手,操纵自如,可是在草原上驾起拖拉机开荒就隔着一路。"(九年级下册第 8 课,《通北农场访问记》)

生疏："场长,这位拿着枪在华北战场上同日本侵略者周旋了整整十年的老战士,要叫他组织千百人的进攻,保险狡猾的敌人一个也跑不了;现在这么五六十个人的草原上的建设者,可使他感到生疏,不那么容易了。"(九年级下册第 8 课,《通北农场访问记》)

在"勤—怠"类下属有 6 个四级类:"勤奋""懒惰""有恒""无恒""熟

练""生疏",这9个形容词基本属于"勤奋""有恒""熟练"的积极性的语义类。

(3)形容词的语义功效

这时的"农民"特色,一是分田、分地、分房,享受到了土地革命的成果,当家作主人;二是对新生活的向往,在课文中对农民向往新的生产工具、新的生产组织形式、新的生产效率,表示了特别的向往。上面列举的"勤－怠"类形容词主要就是对新生活向往这一主题的反映。

(4)形容语的语用级

下面是有关"农民"形象类所有形容词的语用级,即学习难易差异。

一年级:光荣

二年级:完全、不行、得当、干净、民主、守旧、肥大、高兴、像样、有钱、下余

三年级:着急、困难、手软、仔细、亲热、热情、美丽、健康、幸福、辽阔、整洁、友好、相同、省力

四年级:不好、费心、快乐、公道、便宜、好使、费力、眼热、来往、不平、不通、坚定、畅通、漫长、成功、勇敢、愉快、荒凉、得意、翻身、容易、热火、平稳、广泛、伟大、惊人、忙碌、方便

五年级:外行、精工、漂亮、新式、详细、肥溜溜、解渴、常用、紧张、自由

六年级:落后、吉庆、雄壮、匀称

七年级:中看、不错、所有、要紧、热闹、绿油油、辛苦、刚强、灰白、一样样、伤心、一样、年老、微微、全副、平凡、火热、细心、积极、新型、许多、努力、灵活、难得、寒冷、麻烦、好吃、铁硬、可惜、合算、确实、粗笨、倒霉、滴溜溜、羞答答、青青、顶刮刮、胖胖、年轻、雪绒绒

八年级:一致、平安、富裕、偏僻、优良、封建、正确、痛快、年壮、麻木、青堂堂、白雯雯、顺溜、舒服、松散、合适、温暖、冰冷冷、宽大、痛苦、穷困、黑洞洞、厉害、暖和、怕人、强壮、烦闷、富足、刮刮叫

九年级:细致、精密、细细、零碎、响亮、纯熟、平常、不同、出色、从容、大量、熟练、平均、单纯、通红、有限、普通、必要、整整齐齐、客观、

客气、具体、老实、冷静、不少、真正、不久、不赖、不耐烦、自然、简单、自觉、周到、规矩、恐怖、重复、好听、大红、讲究、零星、清快、突然、热烈、一般、卫生、无趣、清楚、难过、零散、气愤、难为情、英勇、兴奋、辛辛苦苦、脸嫩、朴素、气忿、多余、中听、散乱、遥远、冷清清、干干净净、时行、呱呱叫、同一、悄悄、愤激、雪白、安逸、白白、白腻、半新不旧、必然、许久、狭窄、双重、稀疏、低落、沉重、外洋、充实、同样、好看、严厉、蛋圆、适当、不利、难看、花绿绿、有利、酱赤、殷红、最后、红红绿绿、明白、卖力、幽幽、平衡、坚强、棘手、好玩、美满、可怜、好些、合式、简短、严肃、松软、充足、美好、清清楚楚、纯净、不严、踏实、巨大、良好、优美、凉爽、宽敞、新鲜、辛勤、完善、不够、结实、满足、优异、庄严、灿烂、低下、主要、殷勤、鲜艳、高超、有名、丰裕、勤勤恳恳、固定、花花绿绿、重大、明亮、富强、广阔、丰富、正式、机灵、繁荣、勤恳、高大、密切、端庄、平静、悦耳、自如、光秃秃、临时、漫漫、笔直、嘹亮、滚滚、白茫茫、迫切、广大、丰茂、实际、生疏、繁茂、翠绿、肥硕、肥沃、安适、狡猾、开朗、金黄、全部、优秀、宏大、整个、无数、分散

把"农民"形象各年级每篇课文的所有形容词语445个词次按"语用级"来考察,在不同年级各课文的使用会表现得更为清晰,见图4-1：

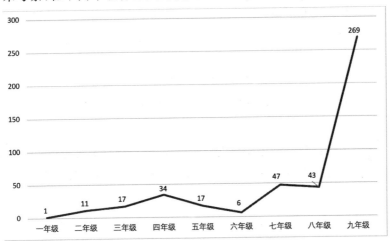

图4-1 "农民"形象形容词种数的年级分布

"勤一怠"语义类中的9个形容词,分布于小学五年级至初中三年级之间。

3.2 工人形象

(1)形容词的数量域

教材关于"工人"形象的课文有25篇,共出现形容词392次,有形容词词种285个,其中复音形容词词种263个。

(2)形容词的语义域

263个形容词属于TMC中第八个一级类"性质与状态"类下的三级类有63个。其中属于"勤一怠"类的形容词有5个,即"勤恳""熟练""勤奋""用功""努力"。

勤恳:"他父亲把这几句话牢记在心头,勤恳地工作了一辈子,可是还是一个煤矿工人。""他总是很勤恳地做,不偷一点儿懒;为的是想积下一点钱来,可以买一匹马和一块地。"(六年级上册第17课,《斯达哈诺夫(一)》)

熟练:"机器是新的,工人是熟练的,煤的储藏量是丰富的,只是挖得不多。"(六年级上册第18课,《斯达哈诺夫(二)》)

勤奋:"看到同伴们都很勤奋,很愉快,彼此比赛工作的成绩,没有一个觉得做煤矿工人太苦。"(六年级上册第18课,《斯达哈诺夫(二)》)

用功:"只要你肯用功,我们一定尽可能地供给你读书。"(六年级下册第21课,《女孩子们驾驶的拖拉机队——帕莎·安奇林娜自述(一)》)

努力:"我们向你表示我们的决心:我们今后要更努力。""我们觉得自己的努力还不够,成绩还不算大。"(七年级下册第7课,《两封报告生产情况的信》)

(3)形容词的语义功效

这个时代的"工人"特色,与中华人民共和国成立之初工业所承担的历史任务是相同的,即在战争炮火中残存下来的工业是破旧、残缺的,急需修补、恢复，而在这种环境中的工人阶级也表现出了积极、认真、向上的工作态度。如《赵占魁（一）》（六年级下册第14课）、《赵占魁（二）》（六年级下册第15课）记叙的是工人阶级中的先进分子赵占魁，课文中出现的13个形容词则是"感动""穷苦""勤恳""不够""积极""光荣""恰当""革命""辛苦""重要""笨重""安全""认真"这样反映主人公的工作环境及工作态度的形容词。

(4) 形容语的语用级

下面是有关"工人"形象类的所有"性质与状态"类的形容词在教材中按年级呈现的语用级，即显示出的学习深浅难易的差异：

二年级：年老、不行、无用、许多、困难、积极

三年级：耐心、艰苦、高超、肥沃、特别、突然、粗糙、鲜美、民主、完善、奇怪、干净、轻便、忙碌、猖狂、勇敢

四年级：冷静、危急、穷苦、热烈、全面、困苦、有力、艰难、急迫、光荣、坚强

五年级：努力、贵重、危险、坚固、中用、不好、意外、通红、均匀、零碎、松软

六年级：勤恳、便宜、繁重、沉重、丰富、整个、熟练、很多、勤奋、仔细、可爱、精密、不对、简短、反动、大量、重要、辛苦、恰当、安全、一般、笨重、革命、认真、费力、亲爱、适当、用功、合适、安分、正式、不错、热心、活泼、巨大、轻微、平静、容易、满满、亲热、自然、伟大、充分、完全、宝贵、坚牢

七年级：主要、从容、新鲜、污浊、清洁、明确、狭窄、热闹、要紧、重大、不足、永久、英明、健康、不赖、好久、在理、年轻、得劲、不济、好看、舒服

八年级：自觉、自在、所有、紧张、明白、不安、幸福、嘈杂、通亮、灰白、利害、火热、大红、破烂、光辉、具体、鲜红、客气、清楚、友爱、对劲、聪明、自私、高尚、拔尖、个别、卑劣、大好、稳重、深刻、特殊、普通、尊贵、落后、可笑、痛快、渺小、可怜、沙哑、远大、正经、愚蠢、简单、简便、坚决、狭长、小巧、透明、便利、笔挺、新奇、雪白、迅速、实际、严肃、原

始、精巧、广大、艰巨、固定、自动、柔和、复杂、炽热、精细、静寂、巨型、地道、正确、宽阔、惊人

九年级:分明、威严、高大、洁白、幼小、花白、异样

把"工人"形象各年级每篇课文的所有形容词语 192 个词次按"语用级"来考察,其不同年级各课文的分布如图 4-2:

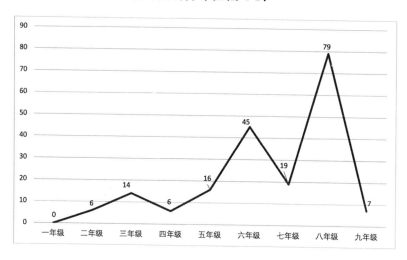

图 4-2 "工人"形象形容词种数的年级分布

3.3 领袖形象

下面分析"列宁""斯大林""毛泽东""朱德"四位革命领袖的形容词使用情况。

(1)形容词的数量

以列宁为主要人物的课文有 9 篇,使用到的双音形容词有 110 次,双音形容词词种有 93 个。以斯大林为主要人物的课文有 4 篇,使用到的双音形容词有 94 次,双音形容词词种有 86 个。以毛泽东为主要人物的课文有 17 篇,使用到的双音形容词有 200 次,双音形容词词种有 149 个。以朱德为主要人物的课文有 5 篇,使用到的双音形容词有 106 次,双音形容词词种有 102 个。

(2)形容词的语义域

按 TMC 的"性质与状态"大类下的三级语义类来划分,列宁、斯大

林、毛泽东、朱德专题课文的三级语义类分别有41个、42个、55个、47个。下面每位领袖分别选取含形容词最多的一个语义类试做分析。

列宁专题课文含词最多的语义类是"整—缺"类，有词6个："所有""整个""完全""完好""破烂""破旧"。

斯大林专题课文含词最多的语义类是"慎—疏"类，有词6个："郑重""仔细""细致""轻率""文明""粗鲁"。

毛泽东专题课文含词最多的语义类是"贫—富"类，有词6个："贫穷""贫苦""困难""艰苦""富裕""从容"。

朱德专题课文含词最多的语义类是"贫—富""常—异""庄—谐"类，每个语义类分别出现了6个。依次是"贫穷""穷苦(2)""困难""艰苦""富裕"；"普通""平凡""不错""独特""卓越""健康"；"厉害""严肃""庄严""严肃""拘束""自然"。

(3)形容词的语义功效

上面所显示的四位领袖形容词出现最多的语义域，就是很好的例子，可以显示领袖在课文中出现的语言环境，并由此观察他们所要表达的语义功效。

为了更集中地呈现形容词所达到的语义功效，下面观察的角度集中到一篇课文中的形容词。同时，为避免高年级的课文过长、描写内容过于丰富、形容词使用过多所带来的观察分散的不足，所选课文选在中间段的年级。

如列宁专题的课文《列宁和卫兵》(六年级下册第19课)，使用到的双音形容词有11个："大气""重要""仔细""朴素""不错""雄壮""完全""一样""认真""愤慨""忠诚"。它们出现的语境是：

"列宁严肃地说：'不要这样吩咐他，更不要对他大声大气地嚷。'"

"才叫他守在这样重要的岗位上。"

"洛班诺夫展开通行证，仔细一看：不错，这的确是列宁的通行证。"

"他步行着，穿着朴素的秋季短大衣，戴着便帽。"

"列宁从沉思里醒悟过来,低声说:'哦,不错,通行证啊!'"

"他站在这岗位上,身边带着手枪,腰上挂着手榴弹,心情是雄壮的。"

"他做得完全对。"

"秩序对一切人都是一样的。"

"谢谢你认真服务!"

"看见卫兵不放列宁进去,愤慨起来,嚷着:'这是列宁同志呀!'"

"洛班诺夫是一个赤卫军,而且是普吉洛夫工厂的工人,对革命事业非常忠诚。"

这些形容词突出表现了列宁遵守规律,尊重卫兵,不行特殊的优秀品格。

如斯大林专题的课文《梯俾利司的地下印刷厂》(七年级下册第 14 课),使用到的双音形容词有 13 个:"光滑""方便""一般""凑手""独立""垂直""原来""成功""仔细""可疑""秘密""许多""自由"。它们出现的语境是:

"用手电筒往井里照一照,就会发现那口井的内壁不怎么光滑。"

"那些梯形的窝儿是为了淘井工人上下的方便。"

"一般的住宅都有地下室。"

"罗斯托玛乞维列说钱不凑手,把工人都辞退了。"

"周围是半个人高的木栅栏;左边是一间独立的小屋,屋里有一口井。"

"约莫爬过四公尺,就是一条垂直的隧道。"

"跟原来凿的那条垂直的隧道沟通。"

"罗斯托玛乞维列被捕,充军到西伯利亚,一直到一九一七年革命成功才获得自由。"

"如果仔细一些,用手电筒往井里照一照,就会发现那口井的内壁不怎么光滑,上面有些小窝儿。"

"她天天坐在窗口做针线,看见院子外边来了宪兵警察或者什么可疑的人,就按一下隐藏在窗下的电铃。"

"秘密就在这口井里。"

"这个院子跟附近的许多院子没有什么差别。"

"一直到一九一七年革命成功才获得自由。"

这些形容词突出表现了斯大林当年进行革命的斗争环境。

如毛泽东专题的课文《毛主席看伤兵》(六年级上册第 13 课),使用到的双音形容词有 8 个:"吃力""痛苦""愉快""容易""革命""伤心""光荣""痛快"。它们出现的语境是:

"那伤兵眼里含着泪,吃力地说。"

"院里有一个刚从黄河东边送来的伤兵,他的肚子中了敌人的子弹,痛苦得很,不断地发出哼哎的声音。"

"他的脸上现出很愉快的神情。"

"恐怕他不容易来。"

"我革命了六七年,还没有见过你呀!"

"看护们守着他,知道他的伤已经没法治了,互相递眼色,暗暗地为他伤心。"

"毛主席弯下身子,握住了他的手,凑近他的耳朵说:'你是我们光荣的同志,我永远不忘记你……'"

"可是,我能看看他,就是死了,也觉得痛快些!"

突出表现了红军战士对毛主席的爱戴。

如朱德专题的课文《朱总司令的故事》(五年级下册第 19 课),使用到的双音形容词有 8 个:"不错""不够""兴奋""感动""革命""可靠""普通""上劲"。它们的语境是:

"这位外国记者的话一点也不错。"

"敌人围攻井冈山,山上粮食不够吃。"

"士兵们看见自己的军长和他们一样地挑,又兴奋,又感动,挑得更加上劲。"

"朱德是中国人民解放军的总司令,是全国人民拥护的革命领袖之一。"

"粮食绝对可靠。"

"我们的朱总司令的确和普通士兵普通农民一模一样。"

突出表现了朱德总司令与士兵同甘共苦的精神品格。

(4)形容词的语义等级

四位革命领袖课文中的双音形容词汇总后一共得到 511 个,使用情况按年级排列见图 4-3:

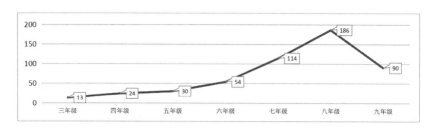

图 4-3　四位革命领袖专题课文双音形容词使用情况

图 4-3 可以显示出该专题课文的双音形容词使用情况,一定程度上也显示出语义深浅难易的状况,但却很不准确。因为这些形容词的统计范围是限于"四位革命领袖"的课文范围,并不能反映教材整体形容词的使用情况,而且这些形容词在本专题范围外的情况可能完全是另一个情况,光凭这里的数据来反映语义深浅难易显然是不足的。如"光荣"这个词,在"四位革命领袖"的课文范围首次出现是在九年级下册第 1 课的"在资本主义下劳动是一种不荣誉的沉重的负担,而在苏联的情况下,它可成了一种光荣,成了每个社会成员的神圣的义务"句中,可在全教材它一共出现了 70 次,首次出现是在一年级下册第 41 课《工人 农人》"没有工人农人劳动生产,谁也活不成,你说世界上什么人最光荣"句中。

为了更好地观察"四位革命领袖"专题中形容词的使用情况,下面将独有或首次使用到的形容词用括号列在同一年级形容词的后面。这项细致的提取、分辨工作在前面的"农民""工人"专题中没有做,是为了不影响对该专题整体形容词使用情况的观察:

三年级:持久、得意、亲热、民主、伟大、不错、革命、破旧、破烂、幸福、一样

四年级：和平、热烈、胜利、兴奋、简单、结实、盛大、旺盛、野蛮、英明、自由、黑暗、勇敢、不好、高兴

五年级：惊讶、细心、慈爱、活泼、年青、威武、响亮、英勇、丢脸、惊奇、明白、疲劳、认真、生气、严厉、糟糕、紧急、精确、客气、迅速、普通、上劲

六年级：吃力、容易、伤心、痛苦、全体、大气、愤慨、朴素、完全、雄壮、忠诚、重要、仔细、狂热、肃静、稳重、雄伟、庄严、不良、不同、彻底、独立、富强、基本、可靠、快乐、懒惰、美满、一致、优秀、忠实、重大（狂热、大气、不良、懒惰）

七年级：沉重、粗大、干净、艰苦、平常、清楚、完好、响晴、许多、义务、愉快、整个、整齐、着急、感动、好些、健康、惊喜、可亲、亲切、温和、辛苦、抱歉、从容、大方、愤激、和善、阔气、美丽、明朗、贫苦、贫弱、谦虚、时髦、瘦长、堂皇、用功、整洁、垂直、凑手、方便、光滑、可疑、秘密、原来、诧异、诚恳、聪明、丰富、锋利、广阔、精彩、可贵、困难、凉爽、流畅、率直、敏捷、疲倦、朴实、奇怪、俏皮、勤奋、痛快、无聊、严格、正确、中肯、不足、天大、永久（可亲、响晴、阔气、明朗、中肯、精彩、率直、流畅、永久）

八年级：封建、富裕、偏僻、平安、优良、繁荣、辉煌、极大、坚强、尽速、热忱、荣幸、深厚、深切、首任、无限、喜悦、兴旺、幸运、遥远、卓越、必要、不大、出色、纯朴、胆怯、独特、发达、刚毅、好看、坚硬、简短、洁净、精心、宽阔、密集、谦逊、轻易、随便、透明、雪白、严肃、有力、有限、珍贵、主要、做作、斑斑、激动、坚决、灵巧、亲爱、无数、细致、详细、新式、有名、真诚、哀痛、宝贵、悲哀、悲惨、悲痛、不久、不平、惨痛、沉痛、独力、高大、光明、和睦、横蛮、饥饿、简朴、宽厚、劳累、厉害、能干、年老、平凡、强健、强烈、勤苦、勤劳、穷苦、仁慈、守旧、舒服、同样、肮脏、不对、不停、长青、纯净、复杂、急躁、坚定、骄傲、谨慎、可爱、轻松、清高、深刻、通俗、巍然、无用、严寒、要紧、自大（偏僻、喜悦、兴旺、极大、尽速、纯朴、斑斑、横蛮、哀痛、简朴、仁慈、宽厚、劳累、强健、巍然、自大、长青）

九年级：不够、成功、敌对、富有、共同、光荣、积极、科学、密切、年轻、努力、贫穷、平等、清洁、全面、神圣、实际、丝毫、所谓、所有、同一、

一般、优越、有利、有用、自觉、不通、长篇、粗鲁、浮浅、个别、古典、合身、和蔼、诙谐、俭朴、紧张、窘迫、拘束、可惜、绵软、气愤、浅陋、轻便、轻率、轻轻、确切、少有、顺当、通顺、完善、危险、文明、无情、显著、崭新、郑重、质朴、周详、卓绝、自然（清高、敌对、卓绝、合身、古典、浮浅、粗鲁、轻率、浅陋、绵软）

4. 结语

上文对新中国首套中小学语文教材中用来描写"农民""工人""革命领袖"三种主要人物形象的题材、故事、空间、时间等语境，及在这样语境中所表现出来的人物性格特征的各种形容词，从形容语的数量域、语义域、语用效、语用级四个侧面作了系统分析，由此深入分析了形容语在语篇表达、人物刻画上所起的作用。以上分析清楚显示，形容语不再只是词汇的概括而抽象的一种语法属性的归类，而是在语篇表达中起着特殊作用的一种表达手段，是观察话语语篇的一种重要材料和观察角度，在故事烘托、语境营造、人物特征、主题提炼上能够发挥出独有的表达功能。

参考文献

苏新春主编：《现代汉语分类词典》，北京：商务印书馆，2013年。

苏新春、龙东华：《中小学语文教材话语体系的建构及意义》，载《厦门大学学报》（哲学社会科学版），2020年第6期，第29—39页。

苏新春、赵怿怡：《新中国首套中小学语文教材的题材研究》，载《语言政策与规划研究》，2020年a，第1期，第1—17页。

苏新春、赵怿怡：《新中国首套中小学语文教材的时间空间人物研究》，载《江西科技师范大学学报》，2020年b，第3期，第1—20页。

王振华：《作为系统的语篇——语篇语义研究》，上海：上海外语教育出版社，2019年。

杨信彰：《话语与语篇的研究：理论和方法》，载《中国外语》，2013年第4期，第1、18—19页。

* 基金项目：本研究得到国家语委"十三五"科研规划 2019 年度科研项目"中小学语文教材话语体系研究"（WT135－54）、国家语委"十三五"科研规划 2019 年度科研项目"汉字文化圈主要国家（地区）中小学母语教育教学资源建设状况调查与研究"（ZDI135－84）、厦门大学人文社会科学重大项目培育计划"世界主要国家母语能力要求及其语言资源建设研究"（20720191075）的资助，特此表示感谢。

第二部分

话语研究

语用学和隐喻研究
——西方古典隐喻中的语用学思维

胡壮麟

北京大学

1. 引言

美国哲学家莫里斯(Charles Morris)1938 年在《符号学基础》一书中最早提出语用学(pragmatics)一词。他从哲学和符号学的视角进行讨论,但未能像索绪尔的解构主义理论受到同样的重视,之后,语言学界的注意力又聚焦于 20 世纪五六十年代乔姆斯基(Chomsky)的转换生成语言学。直到 20 世纪 70 年代后美国学者格赖斯(Grice 1975)和荷兰学者范·达克(van Dijk 1976)等开始强调语用学的研究,重点放在交际时说话人的话语要通过具体语境才能理解、掌握说话人内心所想表达的语义。悉尼大学的韩礼德(Halliday)在与笔者讨论时,特别强调系统功能语言学的语境思想体现了语用学的基本观点。(胡壮麟 1980)就当时的情况而言,不同流派的功能主义语言学家研究分析即时话语材料较多,很少从哲学方面讨论语用学。

由于语用学关注的是同样的话语表达不同的语义,在 20 世纪 90 年代中,我注意到国内外语用学界常把隐喻作为分析材料,因为隐喻表达的不是词语本义,而是内涵的喻义,这正是语用学关注的内容,于是写了《有关语用学隐喻观的若干问题》一文参加讨论(胡壮麟 1998)。该文除介绍格赖斯(Grice 1975,1978)和舍尔(Searle 1993)等人的观点外,注意到我们以语用学理论进行隐喻研究时一些问题有待讨论和明确,如本义和喻义是什么关系？一个词语是否在话语中本义不能成立时才要求听话人进行隐喻理解？隐喻语句义是否一定有缺陷？人们在话语中为什么要使用隐喻？隐喻义的走向是单向还是双向？隐喻研究中要排除常规隐喻吗？惭愧得很，我在此后未能在语用学上进一步研究。

直到 2019 年秋后，北外长江学者黄衍先生邀请我参加原计划在 2020 年 4 月召开的语用学会议。盛情难却，为准备发言，我再次收集和阅读有关语用学研究的论著，这时才发现国内外在语用学研究上取得飞跃的发展。由于时间和所知有限，我只能把思考的内容限定在语用学和隐喻研究的相互关系上，重点放在西方古典隐喻论述中所显露的语用学思想萌芽。

2. 荷马

从现有材料看，古希腊诗人荷马（Homer，约前 900—约前 800）最早编写了两部具有口述叙事传统的史诗《伊利亚特》和《奥德赛》。尽管当时尚未出现"明喻"或"隐喻"这类学术名称，他在两书中多次使用今天看来应该视为隐喻的类似表达，如：

——劳动是人类的命运。
——追逐影子的人，自己就是影子。
——愚蠢被误认为是命运之神犯下的罪过。
——人体是最神圣的东西。
——一字不可易，易则损文笔。

从以上数例的共同特征可以看到，荷马使用隐喻不是单纯追求文体的优雅，而是晓人以理，正确对待人生。荷马认为这些后来被认为"隐喻"的表述有助于理解和学习，例如上引例子中，荷马把"劳动"比喻为"命运"，两者都有追求"幸福生活"的共同意义；"影子"是个虚体的概念，不务实者必然难以面对现实并处理和解决现实生活中的各种问题；"愚蠢"成为"罪过"，而且是"命运之神"的罪过；"人体"成为"东西"，但具有修饰语"神圣的"；最后，行文中的"损文笔"，显然不是指具体的"笔"，而是文章的内容会受到影响,如同今天我们所说的"笔锋一转"喻指所写内容重点的转移。由此可见,荷马当时发表这些观点时主要出于语言实用目的。他的意图是将自己的观点清楚地告知他人,让听者易于理解和接受。可见,两千八百年前,虽然"语用学"一词,跟"隐喻"一样,尚未出现,荷马在言谈中已显露出语用学的基本思想,因此可认为是语用学思维的最早萌芽,具体表现在如何使用隐喻教育人,帮助无知者成为有知者。再进一步说,荷马的语用学思想萌芽可归入当代学者的"教育语用学"(pedagogical pragmatics)这个分学科(Gillespie, Ashbaugh & Defiore 2002)。

3. 苏格拉底

与荷马一样,古希腊著名哲学家苏格拉底(Socrates,约前 470—前 399)时期尚无隐喻或语用学的专业词语,但苏格拉底有一句名言脍炙人口。他说:"我的母亲是个助产婆,我要追随她的脚步,我是个精神上的助产士,帮助别人产生他们自己的思想。"(Ambury 2020)

苏格拉底使用"助产士"这个他自己都不自觉的"隐喻"是为了表述如下的概念:知识并不是他人灌输的,或者是他本人灌输的,而是人们早就具有追求知识的能力;人们已在内心怀了"胎",不过自己还不知道。苏格拉底只是像他母亲一样,做一个"助产婆",帮助别人生产知识。在具体方法上,他经常采用"诘问式"的形式,即以提问方式揭露对方提出的各种命题和学说中的矛盾,以动摇对方论证的基础。在指明对方的无知或错误认识后,让对方自己思考合理的、正确的答案。

在另一个场合,苏格拉底还把自己比作一只"牛虻",是神赐给雅典的礼物,其任务是让这只牛虻紧紧地叮着雅典,使雅典能从昏睡中惊醒,焕发出精神。

苏格拉底下面的这些名言本质上也是以不同形式表述的隐喻:

——逆境是磨炼人的最高学府。
——好习惯是一个人在社会交场中所能穿着的最佳服饰。
——无知即罪恶。

——教育不是灌输,而是点燃火焰。

——逆境是人类获得知识的最高学府,难题是人们取得智慧之门。

——爱情犹如麦地里采麦穗,弄不好就会空手而归。

——许多赛跑的失败,都是失败在最终的几步。

从上引苏格拉底自己尚未意识到的"隐喻"可以看到,他的"隐喻"形式比荷马时期有了发展。首先,他保留了本体和喻体的名词形式,如"逆境"被比喻为"最高学府","好习惯"被比喻为"最佳服饰","无知"被比喻为"罪恶"等。复杂一些的喻义则采用复合名词的形式,如上述的"最高学府""最佳服饰"等。我们还可以看到最后4例是整句的比喻,用来比喻更为完整的思想,特别是最后一例中只出现喻体,未见到本体,未出现的本意应当是:做任何事都要坚持到最后;稍有大意,便会前功尽弃。这需要读者或听话者根据语境的上下文给以具体解释,但一般听者、读者都能理解其泛指意义。其次,苏格拉底使用这类"隐喻"的表述方式,旨在揭示这样一个真理:每个人都具有思维能力和认知能力,探索世界,认识世界。这体现了今天认知语用学的基本理念。最后,一个先知者,一个优秀教师,应当学会启发当事人或学生如何学会独立思考,自己起到"助产婆"的作用。有鉴于此,后人将他的教学方法归纳为"苏格拉底教学法"或"苏格拉底反诘法"。从语用学来说,苏格拉底既是当代教育语用学,又是认知语用学(cognitive pragmatics)的先行者。

4. 柏拉图

作为苏格拉底的弟子,柏拉图(Plato,? 前429—? 前347)在《理想国》第7册中,以苏格拉底向他一位学生讲课为背景,讲述"洞穴寓言"(Allegory of the Cave)的内容。(Grieworld 2003/2020)这在学术界被认为是绝妙的隐喻组合,因此干脆把它直接称为"洞穴隐喻",如该寓言中的"囚犯"实际上喻指一群"无知者";他们所处的"漆黑的洞穴"喻指他们生活在一个"无知的世界"或"停滞不前的现实世界",不求变革,不求上进;

即使有机会偶尔见到洞外的"阳光"(知识),仍会不习惯地溜回"洞穴",不予接受。柏拉图认为对这些"囚徒"不能单纯地依靠救世主的出现,或让有识之士把他们带离那"漆黑的洞穴"。真正的、最好的办法是向他们提出这样那样的问题,让他们学会自己思考,自己找到正确的答案。这比苏格拉底的表述更完整、更丰满。

柏拉图对为何要编造这个"洞穴寓言"或"洞穴隐喻"曾说过这样一句话:"哲学和诗学之间存在一个长期的争论。"(Plato 1992)柏拉图通过这句话表明他的立场,即哲学比诗学更为重要。他不满意当时的人们对哲学视若无睹。尽管当时学术界尚未出现语用学理论,他已懂得隐喻的交际价值和实用性,他要以自己的话语劝说和改变人们陈旧的、不图创新的陋习。正因为如此,洞穴隐喻被广泛应用于不同场合或语境,如:

(1)今天我们有不少人习惯于生活在个人的"洞穴",盲目地遵循一成不变的社会准则,而不是挑战一些"影子"的真实性。真正的自由人应该像哲学家那样考虑超越既定准则,对现实提出疑问,积累新的经验和知识。尽管社会常会嘲笑、谴责,甚至惩罚他们,但哲学家们总是敢于直面真理,坦陈己见。

(2)我们中不少人认为政治离不开逻辑和理性,实际上有的政治家会像玩木偶戏那样操控人们的视觉,把黑影看做现实。对此感到满足的囚犯们很少怀疑他们的领袖和政治主张。

(3)洞穴隐喻也适用于宗教信念。囚犯们只会根据洞穴中所看到的黑影来理解世界,因而不能观察到真正的光明世界。任何超越这些价值之外的事物都是非常规的思想,会受到宗教领袖的抵制和反对,因为宗教领袖对人类应该看到的和信念的一切具有决定权和控制权。

(4)当情况发生变化,"囚犯"们获得了自由,虽然有人会感到不适应,也总会有若干先知先觉者感到自己有责任回到洞穴帮助其他"囚犯"认识和接受他们已经发现的真理,当然这些先知先觉者有时也会受到这样或那样的反对和迫害。所有这些都说明隐喻不完全是一个辞格,其价值更多地表现于对知识和真理的追求,具有深厚的哲学意义。

柏拉图有关"洞穴隐喻"的思想也表现在以下实例中:

——思想永远是宇宙的统治者。

——思想便是灵魂在对自己说话。

——与其不受教育,不如不生,因为无知是不幸的根源。

——初期教育应是一种娱乐,这样才更容易发现一个人天生的爱好。

从以上隐喻,不难看出柏拉图在这些隐喻中阐明了这样的观点:一个人只有走出"洞穴"才能见到"阳光"(知识),这又离不开"思考"——探索和思考客观世界,思考问题。最后两个隐喻的中心思想是阐明"教育"在知识传承上的重要性,并把"初期教育"比喻为"娱乐",告示人们探索教育的最佳方法和效果。所有这些,不难看出柏拉图继承了苏格拉底有关认知语用学和教育语用学的观点。所不同者,柏拉图在当时已经能自觉地从哲学的高度进行讨论,表述自己的立场。

5. 亚里士多德

继柏拉图之后的亚里士多德(Aristotle,前384—前322)在他的《诗学》(Aristotle 1954)一书中,把名词分为8类,即(1)指称事物的常用词;(2)怪词;(3)隐喻词;(4)点缀词;(5)编造词;(6)扩展词;(7)减缩词;(8)变形词。乍看起来,对隐喻的意念深度不如柏拉图的"洞穴隐喻",仅仅把隐喻作为一个词类。不过,柏拉图本人在他所处时代还只是使用"洞穴寓言"这个表述,后人才有时把它改称为"洞穴隐喻"。从语言学和语用学的视角看,为了名词分类的实际需要,"隐喻"一词在亚里士多德的著作中正式出现了,它成为语言学和语用学的研究对象,这应该看作一个飞跃。我们不否认隐喻可由多种形式表达,如语篇、复合句和小句,以至于复合词和单个词语,但我们也不否认,隐喻更多的是以词汇的形式表达。如果我们考证任何一种语言,都会发现词典收词量年年增多,一个词语有多种意义,就会发现许多新增的词语意义往往是通过隐喻的引申一步一步增多起来的。(Grieworld 2003/2020;Kirby 1997)

隐喻不仅起到修辞作用,对认识和反映客观世界、对社会人如何更有效地交际,以至于语言本身的发展,均起到推动作用。今天,有许多学者从事词汇语用学(lexical pragmatics)的研究,亚里士多德的上述分类无疑起到启蒙作用。这个需要说明,作为修辞格的隐喻观和语用意义的隐喻观不是对立的概念,前者也具有语用功能,只是范围稍许狭窄一些。

虽然亚里士多德同意修辞的功能是构建具有劝诱力的演说,但他更认为隐喻功能具有使人愉快学习的效果,即要给学习者提供一种值得记忆的洞察力,如同荷马诗篇中充满精心选择的生动的隐喻那样。

亚里士多德进一步把隐喻分为4类:

(1)以属(genus)言种(species),如"Here stands my ship",因为"stands"的词义涵盖船只"停泊"在水上的样式;

(2)以种言属,如"Truly ten thousand good deeds has Ulysses wrought"这句话中,"ten thousand"这个数字只是表示"大量"概念的方式之一;

(3)以种言种,"drawing the life with the bronze"和"severing with the bronze"这两句话中的"drawing"和"severing"都从属于"take away"(取走)这个上层意义;

(4)类比:在 the evening(A)of the day(B)和 the old age(C)of life(D)两个短语中存在着"A:B::C:D"这个类比形式。这样,人们可以把"evening"(A)说成"the old age of the day"(C:B),也可以把"old age"(C)说成"the evening(A)of life"(A:D)。(Garrett 2007)

在上述四类隐喻中,亚里士多德最看重类比,因为它能表达思维中各类事物的更复杂关系。正如 Lakoff & Johnson(1980)指出,修饰(epithet)和隐喻是否合适在于类比。因此,两个词语是否具有相似性的观点最早来自亚里士多德,这是隐喻的一个核心思想。基于这个原因,亚里士多德的隐喻概念也包括明喻,因为它们表达意义的功能是一样的,只是形式上存在细微差别,如:

——He is like a lion.

——He is a lion.

亚里士多德隐喻观的再一个特色涉及语言的全面性,即涉及多个语类。如前所述，隐喻除了在诗歌中出现外，柏拉图和苏格拉底都是在论述演讲技巧时运用隐喻的修辞功能，但自亚里士多德起，人们注意到隐喻在散文词语中也起很大作用。再者，这些表达本体和喻体的词语往往是人们生活中常用的词语，不论是会话还是行文中的隐喻词语都显得自然可及。(Garrett 2007)

亚里士多德认为隐喻具有清晰性、动情性、特异性。这些都体现了隐喻的语用功能。如何习得和掌握这些功能取决于语言使用者的知识、感悟和对语言的掌握。能轻松掌握各种方式的语言表达必然为人喜欢；根据隐喻引申的意义，这些表达在人们思维中构建新的知识(Garrett 2007)。这显然与当代的认知语用学的核心思想有关。

6. 西塞罗

马库斯·图留斯·西塞罗(Marcus Tullius Cicero，前106—前43)是古罗马时期的政治家、演说家、哲学家和修辞学家。他有关修辞和隐喻的概念体现在这样的认识：构建和完善公众舆论是改进和提高交际效应的基础。这具体表现在西塞罗把公众舆论说成"人民的声音"，迫使政治家要注意"防风防雨"，犹如一个"巫师"预感即将到来的"天气变化"和采用预防技巧，从而影响来自群众的"风雨"和"浪潮"。(Jackob 2007:301)这表明西塞罗使用隐喻是出于政治演讲的需要，达到交际效果，从而建立政治家与广大群众的良好关系，有利于获得选票和政权。由此可见，西塞罗是探索语用交际效果的先驱。他的许多隐喻举例都反映了这个思想，如"to hold a man in check"(控制住每一个人)；句中的"check"原意为"检查，审查"，转喻为"控制"。更多的隐喻实例如下：

——世界是本书，不从旅行获得充足，而是为了心灵获得休息。
——人民的安危应当是至高无上的法律。
——仇恨终将泯灭，友谊万古长青。
——祖国是人民的共同父母。
——历史是时代的见证，真理的火炬，记忆的生命，生活的老师和古人的使者。

——死亡并不是生命的毁灭,而是换个地方。

——友谊永远是美德的辅佐,不是罪恶的助手。

——理智可以说是生命的光和灯。

——无知是智慧的黑夜,没有月亮、没有星星的黑夜。

Jackob 进一步指出西塞罗使用上述隐喻的认识在于他认为本体和喻体两者具有相似性,不论是公众舆论还是气候,两者经常时起时伏、变幻莫测,即两者都具有不稳定性和可变化性。正因为如此,Joseph Glanvill 1666 年在英语中使用了"climate of opinion"(舆论的气候)一词,因为他也看到了两者之间的可比较性。(Noelle-Neumann 1979)众所周知,话语中不同词语和不同表述的相似性已经是当代语用学的一个基本观点。

就以上介绍,我们可以看到西塞罗的观点强调隐喻的使用在于通过隐喻沟通彼此思想,建立良好人际关系,这可谓最原始的社会语用学(social pragmatics)和人际语用学(interpersonal pragmatics)思想。(冉永平 2018)

西塞罗还谈到,法定的公众舆论的表达方式,不仅可以通过词语,也可通过人们的身体和神情表达。如赞同某个政客,许多群众会采取起立、弯身、招手、点头、笑容等表露;反对某个政客,则是另一种神情或姿态,如叫嚣、骚扰等。我们知道从事当代语用学研究的国内外学者已有不少人专攻"多模态语用学"(multimodal pragmatics)(O'Halloran, Tan & Marissa 2014;Dicerto 2018;陈吉荣 2019)。可见西塞罗的论述已具有当代多模态语用学的构思。

7. 昆体良

与西塞罗不同,昆体良(Marcus Fabius Quintilianus,约35—约100)是古罗马教育家。他强调比喻词是将一个词语或短语从其常规意义转移为另一个意义,"最常见的和最优雅的比喻词"是"隐喻"(Hawkes 1972)。

他把隐喻转换分为 4 类，即：

    （1）以无生言有生，如 The enemy is called a sword；

    （2）以有生言无生，如 the brow of a hill；

    （3）以无生言无生，如 He gave his fleet the rein；

    （4）以有生言有生，如 Scripio was booked at by Cate。

昆体良对隐喻具有如下观点：

（1）一般而言，隐喻是压缩的明喻，其差别在于明喻明确表示一事物与另一个要描写的事物比较（如 Juliet is like the sun），隐喻则以一事物替换另一事物（如 Juliet is the sun）。值得注意的是昆体良使用"事物"而不是"词语"，这说明他已经认识到隐喻反映了人们对客观事物的认识和相似性，然后才出现词语的替换。当代认知语用学对此都予以肯定。

（2）喻源一般是"非常用词"或"混合词"，但昆体良也肯定使用"常用词"的现象。这表明他也认识到隐喻不仅仅是修辞学的一个形式，在我们日常生活中也经常使用。

（3）隐喻主要通过词语表现，也可通过句子或句群表示。尽管如此，隐喻意义还是要通过句群中的若干个词语表现。这个观点说明他是当代词汇语用学（lexical pragmatics）的先行者。（陈朗 2014）

（4）与他的前辈比较，昆体良对隐喻语用特性的分析最为清楚和全面，具有教学意义，因此当代教育语用学者更多地引用他的论述。（Lucas 2019）

8. 结束语

通过对西方古希腊－罗马时期隐喻使用和论述的研究可见，从荷马到昆体良等著名学者都自觉地或不自觉地表述了有关语用学的朦胧的早期思想。这些思想涉及教育语用学、认知语用学、人际语用学、社会语用学、多模态语用学，等等。因此，今天人们在谈及语用学发展过程时，有的不再固守 20 世纪 30 年代或 70 年代这条线，而会追溯到 2000 多年前的古希腊－罗马时代。这完全可以理解，因为语言本身就是人类为了表述思想和相互交际而发展起来的,逐步由不自觉到自觉,由浅入深,由简单到复杂。

正因为如此,当代学界通过采用语用学的方法研究和分析西方古典诗学和修辞学中的隐喻,开辟了一个新的领域——"历史语用学"(historical pragmatics)(Jucker 1995)。对不同历史时期的包括隐喻在内的话语语用特征的研究分析则具体称为"历时语用学"(chronological pragmatics)(曲卫国 2017)。国内外较多论文在论著的标题中则明确标志"语用学视角的隐喻研究"。

值得注意的是,学术界不光是采用语用学的方法研究古典隐喻,而且通过对隐喻的研究探索和总结对语用学的认识、方法和形式,如"隐喻的语用学研究"(束定芳 1996),以至"隐喻语用学"(周树军 2000)。这反映了今天我们所谓的"逆袭"作用,隐喻研究推动了语用学科的发展。

参考文献

Ambury, J. M. "Socrates," 2020. https://iep.utm.edu/socrates/, accessed May 5, 2022.

Aristotle. *Rhetoric and Poetics of Aristotle*, New York: The Modern Library, 1954.

Dicerto, S. *Multimodal Pragmatics and Translation: A New Model for Source Text Analysis*, London: Palgrave Macmillan, 2018.

Garrett, J. "Aristotle on Metaphor," 2007. https://people.wku.edu/jan.garrett/401s07/arismeta.htm, accessed April 19, 2022.

Gillespie, D., Ashbaugh, L. & Defiore, J. "White Women Teaching White Women about White Privilege, Race Cognizance and Social Action: Toward a Pedagogical Pragmatics," *Race Ethnicity and Education*, 2002, 5(3): 237—253.

Grice, H. P. "Logic and Conversation," P. Cole & J. Morgan (Eds.), *Syntax and Semantics*, Vol. 3: *Speech Acts*, New York: Academic Press, 1975: 41—58.

Grice, H. P. "Further Notes on Logic and Conversation," P. Cole (Ed.), *Syntax and Semantics*, Vol. 9: *Pragmatics*, New York: Academic Press, 1978: 183—197.

Grieworld, C. L. "Plato on Rhetoric and Poetry," 2003/2020. https://plato.stanford.edu/entries/plato-rhetoric, accessed April 19, 2022.

Hawkes, T. *Metaphor: The Critical Idiom Reissued*, Vol. 4, London and New York: Routledge, 1972.

Jackob, N. "Cicero and the Opinion of the People: The Nature, Role and Power of Public Opinion in the Late Roman Republic," *Journal of Elections, Public Opinion and Parties*, 2007, 17(3): 293—311.

Jucker, A. N. (Ed.) *Historical Pragmatics: Pragmatic Developments in the History of English*, Amsterdam: John Benjamins, 1995.

Kirby, J. "Aristotle on Metaphor," *The American Journal of Philology*, 1997, 118(4): 517—554.

Lakoff, G. & Johnson, M. *Metaphors We Live By*, Chicago: University of Chicago Press, 1980.

Lucas, S. E. "Quintilian's *Institute of Oratory*: Classical Rhetoric and English Language Education in China," *Chinese Journal of Applied Linguistics*, 2019, 47(4): 402—430.

Noelle-Neumann, E. "Public Opinion and the Classical Tradition: A Re-evaluation," *The Public Opinion Quarterly*, 1979, 43(2): 143—156.

O'Halloran, K., Tan, S. & Marissa, K. "Multimodal Pragmatics," K. P. Schneider & A. Barron (Eds.), *Pragmatics of Discourse*, Boston: De Gruyter Mouton, 2014: 239—270.

Plato. *Republic*, trans. G. M. A. Grube, Indianapolis: Hackett Publishing Company, 1992.

Searle, J. R. "Metaphor," A. Ortony (Ed.), *Metaphor and Thought*, Cambridge: Cambridge University Press, 1993: 83—111.

van Dijk, T. A. (Ed.) *Pragmatics of Language and Literature*, Amsterdam & New York: North Holland, 1976.

陈吉荣:《多模态语用学分析法在翻译研究中的应用——*Multimodal Pragmatics and Translation: A New Model for Source Text Analysis* 述评》,载《中国翻译》,2019年第1期,第111—116页。

陈朗:《隐喻机制的词汇语用学述略》,载《外语与外语教学》,2014年第6期,第32—37页。

胡壮麟:《语用学》,载《国外语言学》,1980年第3期,第1—10页。

胡壮麟:《有关语用学隐喻观的若干问题》,载《外语与外语教学》,1998年第1期,第

7—10页。

曲卫国:《历时语用学研究》,载《浙江外国语学院学报》,2017年第3期,第1页。

冉永平:《我国的人际语用学前沿研究》,载《外语教学》,2018年第3期,第37—39页。

邵晗、古艳芳:《柏拉图"洞穴比喻"探析》,载《许昌学院学报》,2012年第1期,第124—127页。

束定芳:《隐喻的语用学研究》,载《外语学刊》,1996年第2期,第35—39、44页。

周树军:《隐喻语用学研究》,载《商丘师专学报》,2000年第1期,第89—91页。

"语录体"的源起、分化与融合考论

祝克懿

复旦大学

1. "语录"与"语录体"

1.1 "语录"与"语录体"的体制

"语录"是关于某人、某群体言行的记录或摘录,是古代讲学、传教、论道等社会语言生活实践的言语产品。"语录体"源远流长,秉承文学散文体制,启用对话记言语体,创制非传统篇章学意义上的语篇范式。

明代吴讷《文章辨体序说》开篇第一句即为"文辞以体制为先",精要说明考察语篇现象需先了解"文辞"的结构框架与认知模式。语录体的"体制"包括文体体系、语体体式、语篇范式。

文体体系:"文体"指文章体裁、体制。"语录体"属散文体裁。散文是古代两大文章体裁之一。区别于行文有音韵节律特征的"诗歌"体裁,常用为古代历史、哲学和宗教典籍的形式载体,如承载历史上流布广、影响大的先秦诸子散文,佛教、道教、儒家典籍和哲学著作等。以诸子散文为代表的叙事散文由《尚书》的历史散文(后世的公牍文)发展而来,又因适应春秋战国时期百家争鸣的语境发展出散文之大宗的论说文体,形成语录文体体系历史沿革的体裁互文。

语体体式:李熙宗认为是"语文表达上组织语言文字而形成的'结构方式'或'格局''样式'"(祝克懿 2010a:156)。语录体的语体体式是语体互文的典型形式,由交际领域、语言材料、语体手段的功能分化与融合完成。从口语到书面语的衍化反映了我国历史早期语音形式向文字形式的转型,通过有现场性的"记录"语体手段完成,生成"记言语体";从书面语到书面语的衍化主要通过"摘录"语体手段完成,表现为从一个符号体系到另一个符号体系,如从文言文到白话文或汉外对译;同一符号体系中从一个/类语篇的源文本到另一个/类语篇的当下文本,生成"摘录语体"。在现代科技条件下,语体衍化还表现为综合运用"记言"和"摘录"语体手段生成特定的语文体式、表述程式——"电子语录体"。

语篇范式:理论上"语篇范式"可以用"解释框架""描写模式""结构范式""认知模型""叙事方式""结构规则"等作为可互为置换的术语,本文从互文语篇角度切入讨论,更多关注语录体语篇宏观视角、动态发展、多元构成的表征,故"语篇范式"指语录体语篇的结构框架和描写体例。

古今中外,"语录体"都是人们语言运用的一种重要类型。但语篇范式理念始终是下意识的,内涵意义的规定性也不甚清晰。讨论结构问题时虽默认为语篇,表述却笼统称"语录""语录体"术语。论文认为,语录之所以可认定为语篇,其内在理据和外在条件是:具备特定的语篇结构范式与交际功能。在特定的交际领域中,结构形式上的一个短语、一个句子、一轮对话或洋洋数言,都可视为一个语篇单元,加上完篇成分,只要适应外部语境条件,都可以实现为具备交际功能的语录语篇整体。如:(1)出现在台历页面上的老子语录"上善若水";(2)出现在学校教室墙壁上的荀子语录"知者自知,仁者自爱";(3)引用在哲学著作扉页上的孟子语录"仁也者,人也,合而言之,道也"等。三个例子中语录的结构体式即为语录语篇常采用的"片言只语",特别是例(2)还是沈家煊(2019,2020)观察到的汉语组篇时常采用的对言格式体例。虽然结构上只是一个短语、一个句子,但其作为语篇单元在特定语境中完成了交际任务,已实现为语录体语篇整体。(祝克懿 2010b)当然,充任语篇单元的语录体式还包括大量的反映语录体特色的问答式对话体式,如:

(1)滕文公问曰:"滕,小国也,间于齐、楚。事齐乎?事楚乎?"
　　孟子对曰:"是谋非吾所能及也。无已,则有一焉;凿斯池也,筑斯城也,与民守之,效死而民弗去,则是可为也。"(《孟

子·梁惠王章句下》)

"片言只语""对话"作为当下文本或源文本的结构与互文类型为:

1. 当下文本为独立的语篇个体,或单用,如"上善若水"等三例;或结为语录集合体,如《论语》由20篇501条语录结集而成,每篇包括若干条语录,《卫灵公第十五》42条,第36—41条为:

(2) 子曰:"当仁,不让于师。"
　　子曰:"君子贞而不谅。"
　　子曰:"事君,敬其事而后其食。"
　　子曰:"有教无类。"
　　子曰:"道不同,不相为谋。"
　　子曰:"辞达而已矣。"

就"语篇个体"而言,每一条语录都是相对独立的语篇,每篇都有自己的分论域;一般不具传统语篇标题、主体要素完整的结构体制,表现为标题、主体合而为一。就"语篇集合"而言,下位的语篇个体间发生的是篇际关系,虽可由上位主题内容或逻辑语义关系统辖下位的语篇个体,但语篇个体间没有传统语篇起承转合语义整合体现的衔接连贯关系。

2. 源文本中,语录作为语篇整体或语篇单元而存在。一旦交际需要,通过互文路径当下文本从源文本中迁移/分离出来,而互文生成的当下文本需适应重构语境的结构改造和意义调整。如:

　　*教学语境:《论语·卫灵公第十五》:"子曰:'道不同,不相为谋'。"
　　↓迁移互文路径:源文本的语篇整体→当下文本的语篇单元
　　谈判语境:"既然谈判双方无法达成共识,'道不同,不相为谋',谈判宣告结束。"

　　*教学语境:《论语·学而第一》:"子曰:'学而时习之,不亦说乎?有朋自远方来,不亦乐乎?人不知,而不愠,不亦君子乎?'"
　　↓摘录互文路径:源文本的语篇单元→当下文本的语篇整体
　　日常生活语境(台历页面):"学而时习之,不亦说乎?"

综上,"语录体"的体制可以概括为:"语录体"是"语录"源文本与当下文本结构形式和语义内容互涉生成的典型的互文结构体。"语录体"的文体为文学散文、论说文;语体体式则以口头语言书面化的对话记言语体、摘录语体为主导,兼具下位的叙事体、论辩体、协商体、征询体等;语篇篇幅体量小,对话体式占优势,多采用言简意赅的"片言只语"结构体;"语录"或作为语篇整体/语篇单元使用,或作为语篇个体由主题统领汇聚为语录集合体;语言风格质朴无华、含蓄隽永,其语篇范式确定了"语录体"的本质属性,规定了后世语录集、箴言录、警句集、格言集、谚语集仿效的结构框架和描写体例。

1.2 "语录"与"语录体"的概念意义

已有研究中,"语录"与"语录体"的概念意义往往不予区分。本文"语录"指口头或书面的言语成品实体;"语录体"兼具"语录实体""语录文体""语录语体""语录风格""语录体语篇"的概念意义。

关于"语录"之"语",清段玉裁《说文解字注》释为:"论也。此即毛郑说也。语者,御也。如毛说,一人辩论是非谓之语。如郑说,与人相答问辩难谓之语。"《礼记·杂记》曰:"三年之丧,言而不语,对而不问。"郑玄《礼记》注区分了"言"和"语":"言,言己事也。为人说为语。"《周礼》郑玄注云:"答述曰语。"参互几处注释可知,"言""语"属"论""辩论""答问"类言语行为。金良年认为表"应答而陈述己见的叫做'语'。或对人谈论的叫做'语'。是区别于无一定对象直陈己说的'言'而言的",并论证到,"语"是古代的一种著作体裁,"例如,《国语》就是分国记载春秋时代士大夫问答应对言论的著作,《国语》还征引过上古时代的《训语》(《国语·郑语》),西汉时河间献王……的著作名《乐元语》等等。西汉初年陆贾论述秦亡汉兴的著作称《新语》……古代有专门记言的史官,'语书'多半是他们根据记录汇编而成的"(1995:前言3)。综上,"语"一指言语行为,二指言语体裁。

关于"语录"之"录",本义为记录、记载。《说文解字注》释为:"录,刻木录录也。小徐曰,录录犹历历也。一一可数之貌。按剥下曰:录,刻割也。录录,丽廔嵌空之貌。"段注所注"录"的本义反映了人们认识不断发展与词义引申衍化相辅相成的过程,即古代早期的书写方式"刻割"的结果留下"历历"在目之形、"丽廔嵌空之貌";后来"录录"发展为由毛笔之类工具书写的行为;再由书写方式转喻为叙述、记录的成品。词性也由动词"记录/记载/抄写"义项转为名词"记录的文字""记载言行或事物的书册"的语义。古代文献著作或文类名"语录""目录""序录""书录""叙录""别录"中的"录"即表此种意义,表通过记录、汇集等言语行为保留下来的言语成品。《文心雕龙·书记》中有:"夫书记广大,衣被事体,笔札杂名,古今多品。是以总领黎庶,则有谱、籍、簿、录$_1$";"录$_2$者,领也。古史《世本》,编以简策,领其名数,故曰录$_3$也。"(王运熙、周锋 1998:234-235;"录"下方数字为作者所加。)"书记"指各种记事的体裁,"录$_1$"是文体体裁;"录$_2$""录$_3$"指"目录"类体裁。总之,"录"最初用为动词,后逐渐演化出名词意义。

"语录"概念虽早至老子生活的春秋时期,但作为正式术语至唐代方有。唐代孔思尚著《宋齐语录》十卷,当为"语录"称谓之始。在古代,语录是讲学、传教、论道等社会语言生活实践的产物。"诸子语录""禅宗语录""宋儒语录"即为经典的语录集合。20世纪六七十年代,随着社会文化语境的特定需求,"毛主席语录""马恩列斯语录"等领袖语录应运而生。21世纪以来,由于新媒体技术的支持,在全民语言狂欢的语境下,自媒体迅速发展和载体传播速度的高效率推动了网络语录的流行。从古代"语录"到当代网络流行语录,其名与实已有所分离。原有的经典、权威、正式语义逐渐被"电子语录体"消解、泛化,"语录体"的历史沿革也显示出极其明显的语体分化融合、文体流变、语言风格变异的轨迹。

学界从语言学、文献学、版本学、文学角度对"语录""语录体"的研究,或集中于"语录"语言文字的特点,或关注作者、编者、注疏者、版本的历史真伪,或考论文体演变、社会伦理、文化价值等。而对"语录体"语言学视角的本体研究缺乏应有的关注,包括:对作为最早的言语交际体式——典型的对话体式和最原始的人际交流实录文本的示范意义;对"语录"通过语文体式历史分化融合实现的文体流变、风格变异;对"语录体"文体发展演变承上启下的功能作用;对"语录体"语篇生成理解的互文路径等,当然更缺少对"语录体"这种特殊语体生成机制与实践运用于现代修辞学、社会学意义上的考论。而当下社会语言生活中,网络流行语录不仅仅使古代"语录"的语义内容大大扩容,而且超越此前仅以口语、书面文字作为载体的传统制式,发展成为辅以音频、图表、影像等综合载体形式的多模态结构体。总之,"语录体"本体研究、运用研究视角亟待展开的诸多论题已经显示出进行专题研究、系统探索的广阔空间与实践意义。

2. "语录体"的互文路径与语体特征

梳理古今相关文献,我们发现,"语录"与"语录体"论题涉及的文类繁多,体式包罗万象,风格形态各异,无论从哪个角度分类立题讨论,都可以发现各类型间的意义交叉关系。如古代语录体就难以确定口语体式的源文本;当今新媒体支持产生的网络语录也难以确定当下文本如何生成;而当下文本呈现在网络上的繁复类型更是难以穷尽、展开量化分析。本文借鉴互文语篇理论考察语料发现,从古至今语录演变走的是典型的互文衍化路径,"记录"语体手段描写解释的是从口头源文本到书面当下文本的互文生成路径;"摘录"语体手段描写解释的是从书面源文本到书面当下文本的互文生成路径,这两种衍化路径基本上覆盖了语录生成的复杂类型。而且通过"记录""摘录"的互文方式,还可以考察文体互文、语体互文、风格互文的文本形态如何产生,如何解析;还可以从历时、共时的互文视角描写解释"语录体"语篇的生成机制如何实现语言载体的语篇功能与人际功能。基于此理论认知,本文拟以"语录体"生成的"记录""摘录"互文路径为考察视点,确立核心理念,建构理论框架,以统摄多种维度与各个条块的互文语篇分析。

2.1 "语录体"的生成路径

"语录体"以记录或摘录互文方式生成语体体系的下位类型"记言语体"与"摘录语体"。"记言语体"的生成路径是典型的从口头语体到书面语体的互文过程,是从语音符号系统到文字符号系统的语码转换过程。其实现方式有:(1)现场记录;(2)延时追忆整理。现场记录是较高程度的实录,言语交际双方在特定语境下的交谈话语通常由口头言说转换为文字记录的书面语。如由学人记录先师述圣、通经、论事、明理之言。而记录过程是信息选择与整合过程,不同方式的选择关乎信息焦点的确认及文本信息量的匹配。(祝克懿 2005,2010b)作为常识,即使是现场记录,记录者也不是有闻必录,而是根据交际意图按照选择性注意方式记录;而延时补记、追忆整理信息,除了保证适应现场语境对语录信息选择性注意的筛选留存,也会因各种情况损失由于延时记录、短时记忆自然流失的信息。

"摘录语体"是根据交际意图按照选择性注意方式摘录的语录产品,生成路径通常是从书面语体到书面语体。生成方式表现为篇际互文生成,摘录的语录从一个语境进入另一个重构语境,在语篇的整体与整体或整体与部分间发生篇际互文关系。(殷祯岑 2018;王志军 2020)其类型主要有:(1)在同一符号系统中语录从一个/类语篇到另一个/类语篇。如从《毛泽东选集》四卷本中摘选出《毛主席语录》;(2)语录从一种文字符号系统进入另一种文字符号系统,如从文言文到白话文,从汉语到外语/从外语到汉语。如:美国丹尼尔·B.贝克在《权力语录》录入的近四千条语录,是作者从十四种英语/非英语的名言录和大量报刊中选出,汇集成册,译者王文斌、张文涛将之翻译成汉语。

考察关于"语录"形成的历史记载和当下网络媒体上的语录,论文发现,从传统"语录"视角概括出的"记言语体"和"摘录语体"类型覆盖不了当下网络上综合电子新媒体载体优势生成的语录体。因网络语录体除了包括记录、摘录语言文字语文体式,还包含音像、图表等超时空、跨领域运作的电子超文本。如,在线生成的语录体——维基百科的姊妹计划"维基语录"(Wikiquote),"旨在创建一个各种语言的名人名言以及谚语等内容的自由在线语录"。这类语录体将现场创作与发布过程合而为一,是以现代网络技术为支撑,以大众语言狂欢的文化心理为基础,超领域、超语言在线生产的新型产品。为了分析方便,从网络语录的语文体式和电子载体形式出发,我们另立一类语录语体,统称为"电子语录体"。

2.2 "语录体"的语体特征

作为集"语录体"大成的著作《论语》,内容上阐发经书、叙说道理,形式上是一部记录孔子及其弟子论经释道过程之言语成品。而《论语》既是"门人追记"的论学语录,实现生产过程的记录语体必然有属于"语录体"自身的语文体式及所反映的类型化特征。据分析,《论语》语文体式大体可归纳为:(1)口语体式;(2)对话体式;(3)记言体式。三种类型不仅在《论语》典籍中得以系统实现、协调统一,而且通过系统建构语录体相对稳定成熟的表述程式,形成了后世效仿的语录体语体体系。

2.2.1 口语体式

口语体式是"记言体"最重要的语体类型,语言文字质朴平实、清新自然、少雕琢修饰。这是因其所记录的对象——"某人或某群体的言语"本就源自古代简朴的原生态口语。由于属孔门师徒间言语的直接交流,从口语体式直录为书面语体式,言语体系也基本上保证了言说主体日常口语的形式表征和言说内容及共享知识、情感、态度的真实性、同质性。语言史上重"文辞"轻"语辞",认为口语语辞简朴粗俗,平白浅直,语录体的言语表达因富口语特征,更是多被诟病。清李慈铭《越缦堂读书记》就有"宋儒语录皆方言俗语,实为可厌,程朱尤甚,盖多出其门人传录之过。圣门言出,辞气当远鄙倍,今满纸里俗助辞,转益支离,息谓窃取禅宗,实亦下同市井"(冯青 2017:7)。殊不知,这恰为语录口语体为日常用语的语体特征。朱熹语录本为充满艰深哲学思辨的表述,正因为门人以通俗的口语体记录,才使得朱子精深细致的哲学观点,变得极为平易而实用。例如《朱子语录》卷十四《大学》篇弟子们以通俗的口语体式记录了朱子关于如何读、为何读"四书"的观点:

> (3) 某要人先读《大学》,以定其规模;次读《论语》,以正其根本;次读《孟子》,以观其发越;次读《中庸》,以求古人之微妙。(宇)
>
> (4) 读书,且从易晓易解处去读。如《大学》《中庸》《语》《孟》四书,道理粲然。人只是不去看。若理会得此四书,何书不可读!何理不可究!何事不可处!(盖卿)

再则,口语的运用,本是交际的自然形态,是语言运用的源头与基础。陈望道强调:"语辞就是普通所谓语言。语言是达意传情的标记,也就是表达思想,交流思想的工具。传情达意可以用各种的标记……而最常用而又最有用的,却是一种听觉的标记,就是口头的语言。普通所谓语言,便是指这一种口头语言而言。"(1997:20)章太炎在《国学概论》中也介绍了历史上早期"言文统一"的真实情形:"《尚书》底诏诰全是当时的白话,汉代的手诏,差不多亦是当时的白话。""秦汉以后,书面语与口语逐渐分离,书面语成为今天人们常说的'古文'"(袁晖、李熙宗 2005:131),至现代才出现"言文分离"。文天祥也曾评论唐学重"文辞"轻"言辞/语辞"之局限:"辞之义有二:发于言则为言辞,发于文则为文辞。""那么所谓古文辞之学还只做了一半。必待宋时道学盛行,兼重语录,提倡了言辞一体,才比唐学更进一步,包括了言辞之学。"(郭绍虞 1983:16)陈望道也对"顾亭林所谓'从语录入门者多不善于修辞'"(1997:1-2)的偏见提出了批评。诸此,从各个方面说明了口语语体特征是言语表达的基本特征,更是源自日常交谈语录体的首要语体特征。

2.2.2 对话体式

《论语》"语录体"的语体基础是《尚书》的公文散文体式与《老子》的文学散文体式。康有为《论语注·序》中有"《论语》二十篇,记孔门师弟之言行,而曾子后学辑之。郑玄以为仲弓、子游、子夏等撰定,则不然"(1984:序1)。由论学语境所决定,《论语》的记言程式不仅记录教学场景再现的信息输出与接受,还通过师徒门人间的知识传授、解疑释惑、观点博弈等互动活动发展出《论语》典型的语体——问答对话体,以适应于叙述事件、交代语用条件、论说事理、表达情感态度等对话语境。(祝克懿 2007)问答对话体有独白体与对话体两种类型。有些独白即使字面看是独白体,也没有对话语境或"XX 曰"的话语标记,其实与说话人对应的另一方是隐性存在的交际受体。巴赫金的对话理论就认为"独白"也有对话性,一切都是对话性的,即使看起来是独白,其意义也具有多重性。"只要在说话,就有一个对话者;对话性无所不在。"(克里斯蒂娃 2016:16)从对话理论发展出互文性理论的克里斯蒂娃表述得更透彻:"俄国形式主义早就知道,语言学家与哲学家也早就注意到,语言并不仅仅是一个对立系统,也不仅仅只是一种言说行为,由说话者(locuteur)或言说主体(sujet parlant)实现。他们看到,所有语言,哪怕是独白,都必然是一个有受话指向的意义行为。也就是说,语言预设了对话关系。"(2013:2)克里斯蒂娃的互文理论体系,永远包括了作者与读者、文本与语境。(祝克懿 2013;殷祯岑、祝克懿 2015;郭飞、王振华 2017)

《论语》全本 20 篇 501 条语录,多为孔子作为显性话语主体在发挥发话人或受话人的交际功能,而且有"子曰"等成分作为话语标记。如《子罕第九》篇有:

(5) 子在川上曰:"逝者如斯夫! 不舍昼夜。"
(6) 子曰:"吾未见好德如好色者也。"

《论语》中还有大量标准的问答句,以记言体形式记录了孔子师徒间及徒弟门人间的对话。

(7) 子曰:"参乎! 吾道一以贯之。"曾子曰:"唯。"
子出,门人问曰:"何谓也?"曾子曰:"夫子之道,忠恕而已矣。"(《里仁第四》)

据我们统计,其中有 240 条近一半的语录为显性或隐性的对话语录体,通过对话语境由不同交际主体进行对话构成的连贯话语,系统建构对话语录体相对稳定成熟的表述程式。

2.2.3 记言体式

"语录体"记言体的语文体式由"记录"或"摘录"某人、某群体言论的记录手段形成。

陈望道在《修辞学发凡》中讨论了语言表达最基本的两种手段,一为"记述",一为"表现"。他认为"记述的表达以平实地记述事物的条理为目的","常以实事求是的态度,精细周密地记录事物的形态、性质、组织等等"。(1997:43)方光焘也认为语体学是门"记述性"的科学,语体研究的目的是"在于发现表达手段和被表达的内容的关系",以考察由交际功能分化而形成的功能变体。(李熙宗 2016a)可见,记言语体手段宜于描写解释"语录体"语体的本质特征。

《论语》语录的语文体式多为记言体,辅以记事体或记言记事兼具的语文体式。教学场景真实,记载内容丰富。有时记录两人或多人交谈,对话特征鲜明;有时记录对话中的背景;有时交代话语主体的外貌、语气、情感态度等;偶尔与一般语录体语文体式的"片言只语"不同,也用繁复句式和多轮对话,记录一个完整的交际事件。如《先进第十一》篇第 26 条(括号中的话语主体是本文作者为方便理解补出;话轮用①②等数字表示):

（8）子路、曾皙、冉有、公西华**侍**坐。
①子曰:"以吾一日长乎尔,毋吾以也。居则曰:'不吾知也!'如或知尔,则何以哉?"
①子路**率尔**而对曰:"……"②夫子**哂**之。
③"求,尔何如?"对曰:"……"
④"赤,尔何如?"对曰:"……"
⑤"点,尔何如?"……对曰:"……"
⑥子曰:"何伤乎？亦各言其志也。"(曾皙)曰:"……"
⑦夫子**喟然**叹曰:"……"
⑧……曾皙曰:"……"子曰:"……"
⑨(曾皙)曰:"……"(孔子)曰:"……"
⑩(曾皙:)"……"(孔子曰:)"……"
⑪(曾皙:)"……"(孔子曰:)"……"

这是《论语》中最长的包含 11 轮会话的一则语录,教学场景真实,对话内容丰富,记录事件完整,且师徒神情样态毕现,如黑体文字所表。

孔子门人记录"语录",把交际意图变成会话信息是一个完整的交际过程,包括系列言语行为:

＊现场记录会话的参与行为和编辑时与其他弟子的征询协商行为;
＊事后追忆需要根据长时记忆或短时记忆进行的编码行为;
＊确定现场记录会话的语境:日常会话或教学情境;
＊确定会话交谈者和记录者共享的知识背景;
＊确定构成"语录体"的语体类型:口语体式、对话体式、记言体式;
＊确定构成"语录体"文学散文体裁和语言风格类型;
＊根据交谈方和记录方的信息焦点和注意性资源,对动态的会话过程进行有价值的信息选取,并对信息进行结构性的解析和合理性评估;
＊根据"记言""记事"或"记言"兼"记事"的叙事策略,确定言语行为

于何时记言,因何记事、因何动机解释评论。

这系列的记录言语行为通过互文路径将口语体转换为书面语体,对话记言"语录体"得以生成,规定了一套记言语体的语文体式和表述程序。

3. "语录体"的源起与系统生成

3.1 "语录体"语体的萌芽

据褚斌杰(1990:4)研究,至迟在殷商社会中期(约公元前14世纪),我国已有了用文字记载的书面文献,殷商出土的甲骨卜辞,商代和周初的铜器铭文,《周易》中的卦、爻辞,《尚书》中的殷、周文告等即是。《尚书》是最早成型的记言散文,是有系统性的历史文献总集。学界关于《尚书》的释名有两说:一为"上古之书","尚"为"上"之通假,"书"即"书写""记载";一为"君上之书",即"记录君上言行之书"。其实"两说"正好从时间维度和话语主体角度界定了《尚书》的文献源起地位、内容权威性和儒家经典的理据性。而综合"两说",可以统一学界认知,推导记言语体、散文文体的对话记言功能。因"上古之书"说的理据是写作年代约在公元前14世纪,其《盘庚》篇即是现存最早关于殷王盘庚迁都的史实记述;而"君上之书"说是因其为我国现存最早的关于皇室君臣行政事务文献典籍的记载。班固《汉书·艺文志》的记载也证明其记言功能:《尚书》其时,商、周已是奴隶制国家,已有史官的设置,"左史记言,右史记事,事为《春秋》,言为《尚书》"(褚斌杰 1990:5)。刘勰《文心雕龙·书记》篇介绍了前人对《尚书》"记言"功能及语体体制的认识:"大舜云:'书用识哉!'所以记时事也。盖圣贤言辞,总为《尚书》,《书》之为体,主言者也。"即"书"是用来记录时事的。古代圣贤的言辞,都记载在《尚书》中,其语体体制则为记言。(王运熙、周锋 1998:229、231)

《尚书》相传为孔子晚年汇集上古尧舜到春秋秦穆公的各种重要文献资料,精选百篇编辑成册。语体体例以记言为主,兼具记事。学界达成共识的六大文体体例有"典""谟""训""诰""誓""命"。从语体角度考察,"典"为记言体中的追述记言体式;"谟"系问答对话体;"训"系上对下对话体"训谕";"诰"为对话体。诰体的文本体量最大,几占一半,大都为君王对臣民的训话;"誓"是军队出师前的誓言"誓师之辞","命"是"命令""嘉奖令",记录的是下对上、上对下的对话言语行为。综上可知,《尚书》通过记言语体手段保存了皇室文献典籍最早的历史散文及行政公文,其"记言""记事"或"记言+记事"语文体式形成了我国原始形态记言语体的最初基础,可以视为记言语体的源起。更重要的是,为以孔子为首的先秦诸子以记言体式撰写诸子散文,后学沿袭记言体例,完善"语录体"体系做好了理论与实践准备。

除了《尚书》,我们认为《老子》具有的记言语文体式,也属记言语体萌芽的形态之一。据任继愈考察,战国中期以后,诸子受到老子哲学思想的深刻影响,而且"老聃语录"的实际存在影响着后世"语录体"的形成。马叙伦、张熙、唐兰、郭沫若、吕振宇、高亨等一批学者认为《老子》(《道德经》)为周史官老聃的学说,而据马叙伦考证,孔子于 51 岁时(公元前 502 年)拜见老子,老子时年已八九十,其生活年代确在孔子之前。唐兰还通过考证《庄子》《韩非子》关于老子言论的记载推导:"孔子卒后二百年左右,有一本业已流传的著作和今本《老子》差不多,当时人以为是老聃的语录,这大概是很真确的事了。"吕振羽也认为《老子》除部分为后人所补外,可以相信为老子所著。孔子受老子影响是显著的。(任继愈 1985:1—4)综合上述学者考证,老子"五千言"中的天道观、尚柔、主静、贵无、不信天命等思想在孔子时代就很流行,其言论获得权威、经典、辩证认识论和代表道家学术智慧的社会声誉与圣贤地位,"儒道两家是封建统治阶级不可偏废的两个重要学说。孔子与老子两大学派,一显一隐,灌溉着封建社会政治、文化的各个方面"(任继愈 1985:31)。《老子》对以《论语》为代表的语录体的影响,体现在老子时代就生产出我们今天仍然耳熟能详的"语录",而且"老子语录"与"孔子语录""孟子语录""庄子语录"等亦齐名。如常被口述笔书引用的:

(9) 道可道,非常道;名可名,非常名。(第一章)

(10) 大音希声,大象无形。(第四十一章)

(11) 道生一,一生二,二生三,三生万物。(第四十二章)

（12）信言不美，美言不信。善者不辩，辩者不善。知者不博，博者不知。（第八十一章）

《老子》全书 81 章均具备上承《尚书》下启《论语》语录体的记言表述程式，初拟"语录体"的记言体制，故《老子》也应属语录体语体的源起范围。

3.2 "语录体"语体的系统生成

"记言语体"以"记录"为语录生成的主要方式，其确立基础是直接记录讲学、传教、论道言谈口语的言语行为，并相应生成记言文体——有现场性的对话散文体。《论语》之所以被学界尊为开语录体先河的著作，论文认为，一个重要的理由是语录体的记言语体由《论语》的写作实践完成。而记言语体的文体体裁、语篇体制，奠定了语录体结构语义体系的根基。《论语》上承《尚书》《老子》，下启诸子语录、禅宗语录、宋儒语录，集语录体著作之大成。《汉书·艺文志》解读了《论语》记言语体的源起："《论语》者，孔子应答弟子，时人及弟子相与言而接闻于夫子之语也。当时弟子各有所记，夫子既卒，门人相与辑而论纂，故谓之《论语》。"（褚斌杰 1990：469）

刘勰《文心雕龙·论说》篇解读了《论语》之"论"——"圣哲彝训曰经，述经叙理曰论。论者伦也。伦理无爽，则圣意不坠。昔仲尼微言，门人追记，故抑其经目，称为《论语》；盖群论立名，始于兹矣"，是"述圣通经，论家之正体也"。（王运熙、周锋 1998：157）我们认为，这就是《论语》记录的、日后成为"语录"经典的语文体式与要义。孔子弟子门人"相与辑而论纂"的"论语"正是这"述经叙理"之"论"和"圣意""仲尼微言"之语，包括：(1)孔子的言谈；(2)孔子应答语；(3)弟子门人与孔子交谈和相互交谈的话语。

4. "语录体"的语体分化

从文本发生学的角度看，"语录"最初产生于孔子师徒之间"实录言语表达"的言语行为，故语录产生自始就不是一种个体行为，是上下两千余年,上至先秦诸子、禅宗宗师、程朱儒士等圣人贤者,下至徒子徒孙或后学通过记录言语并辑合成册的互动言语行为。故"语录"的生成是一种群治的言语行为,有人"说",有人据实"记录整理",将口语体转化为书面语体。而口语体式、对话体式是记录整理主要采用的语文体式,逐步形成相对稳定的表述程式,并体系化为相应的语录体。随着交际领域的变化,交际主体为适应不同语境又会根据不同的交际意图,选用不同的载体形式,适时调整语体的表述程式来传情达意。这就推动了语录语体分化的产生。

《论语》创建"语录体"语体体系的主要贡献为:

1. 以对话记言体式反映了古代以言行事"讲学"的言语典范及行为过程,完成了"语录体"语体体系的建构及垂范后世的语录体体制。

2. 《论语》语录源自师徒间教学语境中的"语",区别于《尚书》公文上奏下启的"自述、自言"体例,创立记言表述程式的"问答"式对话语体。

3. 从衍化路径看,《论语》语录以文学性特征区分于《尚书》中的公文语体,从散文体裁中分化出来,自立门户,形成独白与对话体式兼具的"记言语体"及下位的叙事体、论辩体、协商体、征询体等语体。

4.1 "记言语体"

"记言语体"以"诸子语录""禅宗语录""宋儒语录"的语体最具代表性。

4.1.1 诸子语录

诸子语录源自春秋战国时期的诸子散文。诸子散文的语体多为口语体式、对话体式的记言语录体。如《论语》以对话口语体记录了孔子论学的语录及与门徒间的交谈。如:

> (13) 季康子问:"弟子孰为好学?"孔子对曰:"有颜回者好学,不幸短命死矣,今也则亡。"(《先进第十一》)

《孟子》由孟轲晚年和弟子共同编纂,是典型的对话体散文,以记言语体为主,多是孟轲与君王或同代学者交谈辩论的记录。《孟子》一书的结构程式、编纂体例均沿袭《论语》,但语文体式类型比《论语》更为丰富,且擅长辩论的孟子发展了论辩体。《论语》的文字庄重严谨、简约精辟、语气温婉;《孟子》则有许多长篇大论,阐述语势磅礴,逻辑严密,既尖锐机智又从容舒缓,直接影响后世论辩语体体式的形成。

(14) 孟子见梁惠王。王曰:"叟!不远千里而来,亦将有以利吾国乎?"孟子对曰:"王何必曰利?亦有仁义而已矣。王曰'何以利吾国?'大夫曰'何以利吾家?'士庶人曰'何以利吾身?'上下交征利而国危矣。"(《孟子·梁惠王章句上》)

《墨子》是战国时期墨子学派的著作总集,记录墨子讲学和弟子的交谈言行,部分篇目是墨子逝世后由弟子根据先前记录增益而成。语体秉持口语体式、对话体式,有"子墨子曰"作开篇语或作段首语;有受话人转换为发话人叙述的话语标记。如讲论兼爱核心思想的语录:

(15) 子墨子言曰:"仁人之所以为事者,必兴天下之利,除去天下之害,以此为事者也。"然则天下之利何也?天下之害何也?子墨子言曰:"今若国之与国之相攻,家之与家之相篡,人之与人之相贼,君臣不惠忠,父子不慈孝,兄弟不和调,此则天下之害也。"(《兼爱中》)

4.1.2 禅宗语录

关于唐以后语录语体的历史发展,褚斌杰曾作概括说明:"唐代僧人讲佛,弟子往往直录其语,沿称'语录'。如释道原纂集诸方语录成《景德传灯录》三十卷。"(1990:471)据学者统计,从唐到清,禅宗语录多达三百余种。2011年上海古籍出版社出版的《禅宗语录辑要》"收入日本《大正藏》第四十七、四十八卷所辑中国禅宗'五家七宗'的语录,兼及颂古、评唱等著作,共二十三种,一百二十四卷"。冯青在《朱熹语录文献语言研究》中介绍道:"同为教学产物的禅宗语录,传世的有很多,唐五代较为可靠的是敦煌写本《六祖坛经》《神会语录》及《祖堂集》,宋代有《景德传灯录》《五灯会元》《碧岩录》和《大慧书》等。"(2017:1)《六祖坛经》是研究禅宗思想渊源的重要著作,是中国第一部白话作品集,由弟子法海等运用对话记言体记录佛教禅宗祖师惠能一生得法传法的事迹和启发门徒的言教。胡适认为"《坛经》的体裁便是白话语录的始祖"(冯青 2017:2)。此处"体裁"并非强调《坛经》的散文文体,而是强调其口语体特征。冯青也进一步阐

释道:"对于传统的高文典册而言,语录的语文正在进行变革,更接近民间,走向大众。"(2017:2)

禅宗语录肇自唐代,到宋代发展呈蔚然大观,盛至元代、明代,清代即影响逐渐减弱。体制上沿袭诸子语录的口语体式、对话体式、记言体式,兼叙事体、议论体。语体手段依然由僧徒记录宗师话语,汇集成语录合集。由于应用当时、当地的方言口语,语言风格活泼自然。这种既口语化又具抑扬顿挫节奏感的语录体形式被宋明理学家中以程朱理学为代表的学者继承并发扬光大。例如《禅宗语录辑要》卷五有:

(16) 上堂云.山头鼓浪井底扬尘。眼听似雷霆,耳观如张锦绣。三百六十骨节,一一现无边妙声……
上堂云.风吹草动无二种水洗水温岂两般。浅闻深悟底,锦上铺华。深闻不悟底,生铁铸就。春尽群芳已歇,夏初百谷方滋,时节不相饶,乾坤得自在。(2011:230)

4.1.3 宋儒语录

论文发现,从先秦诸子语录、唐宋禅宗语录到宋儒语录,语文体式一脉相承,只有些微调整,这归于语录同产生于教学、传教、论道的教学语境。冯青就阐释朱子语录生成就是"朱门弟子,记录其师谈经、论事、明理之言,遂成'语录'"(2017:2)。冯青还上溯下联总结道:"先秦诸子语录和唐宋禅宗语录都是对谈经论道、教学活动等言行举止的追忆或整理,不同的是前者代表中土文化而后者代表的是外来文化。儒学到宋代发展成新儒学,亦称为理学或义理之学,周敦颐、邵雍、张载、程颢、程颐、朱熹、陆九渊是其代表人物,他们结合了中外两种文化的特点,论学讲道的过程被门徒记录下来"(2017:2),集为富有文化特色、格调清新的宋儒语录。

(17) 如记问之学,记得十件,只是十件;记得百件,只是百件。知新,则时复温习旧闻以知新意,所以常活。(李道传 2016:1088)

宋儒语录的一个重要特点是,宋儒理学以程朱理学为代表,程朱语录作为程朱理学的载体相应地也成为宋儒理学的重要载体。"宋代理学家,传道讲学,弟子们加以记录整理,而成语录体著作,如程颐、程颢有《二程语录》、朱熹有《朱子语录》等。"(褚斌杰 1990：471)梁启超剖析了语录体间的渊源关系："自禅宗语录兴，宋儒效焉，实为中国语言学界一大革命。"(冯青 2017：2)

不言而喻，这些语录史料为我们描写了禅宗语录、宋儒语录的基本面貌，记录了禅师、宗师讲学、传道所具有的现场语境，语体则沿袭了诸子语录以来口语体式、对话体式、记言体式的表述程式与语体特征。

4.2 摘录语体

在语体分化过程中，文字的产生是推动语体转型的最大动力。文字的首要功能是使语录从不能留于彼时、传于异地的口语转换为书面语，使特定时空领域中的语言材料从语音转换为文字，语体功能发生分化，记录语体得以生成。而文字功能的分化又是记录手段从书面语到书面语的再一次革新，分化出摘录手段，推动记言语体向摘录语体转型。

"摘录语体"指"摘编某人著作，文章的片断，汇集成册"所形成的语录表述程式。如前所述，从"记录"生成手段到"摘录"生成手段，实现了语录语体的重大转型。两种手段的不同功效在于：(1)记录生成相对客观，是一种直接言语行为：客观记录现场言说；摘录生成有主观性，是一种有选择性的间接言语行为：言语转述行为；(2)"记录""摘录"过程虽然都有交际主体选择性注意的加入，但"记录"主体主要遵从主题制约下的纪实原则，"摘录"主体则根据主题重构语境、确定录入内容；(3)记言语体从口语到书面语，语体属性发生变化：已从语音符号系统转为文字符号系统；摘录语体从书面语到书面语，是同一符号系统中的符号迁移，语体属性无变化；(4)"讲学、传教、论道"是记录语体主要的教学交际领域，摘录语体则是包括却不限于教学交际领域的广大社会交际领域。根据交际领域的社会功能变异，语录语体相应分化为各领域的分支语体。

记言语体与摘录语体通过互文路径实现了从口语体到书面语体，从书面语体再到书面语体的转化过程，语体规律制导的、稳定的语文体式体系预示以交际领域、语言材料、语言手段分化为前提条件的语体互文正式形成。(李熙宗 2016b)

摘录语体的生成特点可描写为：

* 记言文本以口语作为源文本；摘录文本以书面文本作为源文本。

* 摘录文本从书面文本到书面文本，可以是一种文字符号系统进入另一种文字符号系统，如从文言文到白话文、中文外文对译，是语码转换互文；也可以是同一符号系统中一个/类语篇到另一个/类语篇，是语篇的整体与整体或整体与部分间生成的篇际互文。

* 摘录语境不再有现场性，源语境与重构语境存有一对多、多对一的多元关系。

* 摘录表述程式从有即时性的口语体、对话记言语体转化为有延时性的摘录语体。

* 摘录交际方式由言说主体间的对话关系转换为文本间性，呈现克里斯蒂娃预期的突破单一主体对话面向、实现历史和多重主体的社会交际功能。（克里斯蒂娃 2012，2016:11）

基于此，论文将摘录语体分为如下两种基本类型。

4.2.1 传统语体互文类型

4.2.1.1 源文本、当下文本的语体均为记言体

江蓝生编的《禅宗语录一百则》选自唐宋年间的禅宗语录集，包括七十多位禅师的精彩对话及问答。源文本、当下文本语体均为语录体。以前十则的目录为例：

(18) 不立文字（初祖菩提达摩语录）；

法佛无二（二祖慧可语录）；

无人缚汝（三祖僧璨语录）；

非心不问佛，问佛不非心（四祖道信语录）；

大厦之材，本出幽谷（五祖弘忍语录）；

佛性无南北（六祖慧能语录）；

仁者自心动（六祖慧能语录）；

诸佛妙理，非关文字（六祖慧能语录）；

何名禅定（六祖慧能语录）；

清静法身（六祖慧能语录）

当下文本通过转述手段保留了源文本语录体的语文体式——对话体式、记言体式。

王恒展、杨敏主编的"中国先贤语录口袋书"中英文双语丛书从诸子散文中摘录诸子语录八种。丛书的生成启用了多重互文路径：(1)从口语到书面语,由各诸子的门人弟子记录先师言谈语录,辑录成册；(2)由丛书编辑根据交际意图从诸子散文中摘录出相关主题的语录集合；(3)文言、白话、英文三相对照,通过语码转换方式从文言译成白话文,再译成英文。交际动因：翻译经典典籍,精选诸子思想精华,以传播中国传统文化。

同于《禅宗语录一百则》,"中国先贤语录口袋书"丛书的源文本和选本均属记录语录体。互文路径充分体现了语体生成的层次性。只有依凭从口语体到书面记言语体这个基础层级,摘录互文才能照搬业已形成的记言语体,在重构语境中实现上位层级的摘录语体。

4.2.1.2 源文本为语体开放的文本

这种类型中源文本可以是任何语体形式的文本,当下文本是语录体文本。20世纪七八十年代之前,当下文本载体形式主要为纸质版,此后可为纸质版,可为电子版。本文仅以纸质版为例展开分析：

20世纪世界范围内最有影响力的语录无疑为《毛主席语录》。《毛主席语录》摘编自《毛泽东选集》1—4卷,源文本为政论文、杂文、讲话、社论等,是最具时代表征、互文本形态极为丰富的语录文本。1967年一年便出版了三亿五千万册。(中共中央文献研究室 2013:148)。1964年1月初版选入语录200条,1965年8月版选入语录427条。源文本为政论语体、新闻语体等,当下文本为语录体。

(19) 政策和策略是党的生命,各级领导同志务必充分注意,万万不可粗心大意。(毛泽东 1991:1298)

文汇出版社出版的《新周刊》主编的1996—2017年语录集系列。书名是XX年度＋语录。以一年中的热点事件为题选取多模态语录体。《2012语录》就从报刊新闻中选录1000条语录、1000幅人物肖像、1000个时代现场的图片。

(20) 想象一下,地震我没有死；又来了海啸,我还没死；现在又

> 来了个核泄漏,老百姓肯定都惶惑:我做错了什么?
> ——核辐射研究权威,美国新墨西哥大学教授弗雷德·麦特勒认为,日本福岛核事故对灾民的心理影响非常严重。(《新周刊》2011:71)

破折号前的当下文本为语录体,破折号后的源文本为新闻语体。

丹尼尔·B.贝克的《权力语录》围绕"官僚篇""公民篇""权力篇"等51个主题摘出近 4000 条语录。源文本语体类型丰富,当下文本为语录体。

> (21) 大多数人所有时间都是诚实的,大多数时间所有人都是诚实的。(小查尔斯·M. 马西亚斯《关于参议员与众议员的道德标准》,《时代》周刊 1967 年 3 月 31 日)

Trevor R. Griffiths & Trevor A. Joscelyne 编著的 *Longman Guide to Shakespeare Quotations*(《朗文莎士比亚语录导读》)围绕 38 个戏剧主题、6 个诗歌主题摘录了莎士比亚语录 2173 条。如围绕戏剧主题 All's Well that Ends Well 摘录了 34 条语录,包括:

> (22) This thorn Doth to our rose of youth rightly belong. (这刺,属于我们青春的玫瑰。)
> (23) The soul of this man is his clothes. (这个人的灵魂是他的衣服。)

源文本是戏剧体,当下文本是语录体。

5. "语录体"的语体融合

5.1 电子语境催生的语体融合

"语录体"的语体融合主要指记录、摘录语体手段融合形成的融合语体。"语录体"的语体先分化后融合,反映了古今语录体随交际领域变迁、顺应语体历史发展变化的规律。从口语体到书面语体再到电子语录体,是语体分化循序渐进的自然认知顺序,而建立在电子语境中语体分化基础上的语体融合冲击了这种自然顺序,综合运用记录、摘录语体手段,生成的电子语录体拓展了功能域,不再区分口语体与书面语体;对话体式也已不是语录体典型的语体体式。电子平台上,呈现的网络语录集合多为语体融合的表述程式,如:2011 全球流行经典语录/2011 最给力语录/2019 流行语录/王阳明语录/胡适语录/鲁迅语录/于漪语录/金庸语录/乔布斯语录/巴菲特语录……

(24) 胡适经典语录:
　　大胆假设,小心求证。
　　容忍比自由更重要。
　　有几分证据说几分话,有七分证据不说八分话。
　　做学问要在不疑处有疑,待人时要在有疑处不疑。
　　生命本没有意义,你要能给它什么意义,它就有什么意义。
　　……

平行矩阵排列的语录是语体融合的典型类型。面对缺少信息来源的语录集合,网民不能一一辨认其源文本范围、符号类型及生成路径;由于功能边界模糊,也难以准确判断这些语录是用记录手段还是摘录手段生成;更由于电子媒介的功用,语文体式超越古代语录体仅有的语音、文字模态形式,综合了语音、文字、图表、音像、视频等语言形式与非语言形式的功能要素,生成新型的多模态电子语录体。例如微信公众号"CBF 聚焦"在《盘点这些贪官语录,远比你想象的无耻》(2020 年 6 月 23 日)标题下汇聚了 18 个贪官的 18 条语录:

(25)"升官不成便腐败"——语出文强;
　　"不收就对不起他们"——语出张新昌;
　　"是为了给国家培养人才"——语出徐晶;
　　……

这则新闻图文兼备,二维码、"热文精选""分享""赞""在看"等链接模态要素并存,是典型的多模态文本。张德禄、胡瑞云认为多模态话语的生成过程为:"受语境因素,包括交际目的和兴趣的促动和制约,设计者根据情景语境,从整个文化语境(包括语域和体裁)组成的意义系统中选择多模态语篇的意义构型,从而激发从不同的符号系统中根据供用特征的特点对合适模态符号的选择,包括对符号意义的扩展和制约,最后,所选择的各种符号的供用特征融合为一体构建多模态话语。"(2019:68)但网友面对此当下文本的18条语录,却无法根据现有语录信息和模态要素追溯源文本生成的"文化语境"和"供用特征",理解多模态文本意义的生成路径。

5.2 语义泛化路径

在语体衍化过程中,语义泛化已成为语体融合最主要的特征。语体衍化的主要路径为:

网络语录体将古代语录体单一的教学语境扩展到社会语言生活的所有会话场景,交际领域扩充变异。语录主题内容去权威化、去经典化,推动了语义内容多样化、亲民化进程。从语体"庄雅度、整合度、正式度和交互性"语用差异角度(崔希亮 2020)也可以看出网络流行语录有从正式语体逐渐向非正式语体转化的倾向性。"中国先贤语录口袋书"丛书的语录摘自正式语体的诸子散文,每条语录都围绕一定的主题组织汇聚:

《管子语录》:治国方要、君臣之道、军事策略、经济方针、道德修养

《韩非子语录》:军国政治、法制思想、为人处世、人生哲理

《孔子语录》:仁义道德、修身养性、为政治国、学习教育、礼仪伦理、哲理情操

《老子语录》:道德哲理、修身养性、为人处世、从政治国

《孟子语录》:为政之道、为人处世、天道人性、智慧哲理

《荀子语录》:天人情性、为人处世、智慧哲学、治国经略

《庄子语录》:仁义道德、为人处世、修身养性、无为而治、生活智慧、道家哲学

由于主题内容多涉治国理政、道德伦理、家国情怀、人生哲理,故"语录"在历史上被定位为权威、经典、正式的道德教条、醒世恒言,被奉为先

师哲人语言智慧的化身。而在电子语境中,受网民语言狂欢心理支配,"语录"权威、经典语义内容发生泛化,正式语体被消解,严肃的语言伦理转为追求寻常有趣甚至语言暴力,网络上出现了大量自主化、私人化、平民化、情感化的话语:

情感体验:婚纱照幸福语录/婚姻经营语录/恋爱语录
理财指导:金融界经典语录/投资理财语录/小额贷款语录
励志嘉奖:正能量语录/高三冲刺语录/心灵鸡汤语录/成才语录
经验常识:夏令营语录/先当孙子后当爷语录/少年进化论经典语录
人性关爱:早安语录/养生语录/减肥语录/护肤小常识语录

网络电子平台提供了一个相对平等、自由的话语空间,权高位重之人也并非总是居于"语录"的话语核心,言说主体可以是在公共平台和自媒体上发布任何网页条目的任何人。既可以是代表国家机构团体的国家领导人、权威、名流、前辈,如人民出版社发布的国家领导人语录,也可以是网民个体根据各自交际意图或创造或记录或摘录的私人定制、日常发布的话语。发布者可以是官衔级别最低的"班长",还可以是牙牙学语的晚辈儿童:

职衔代表:委员语录/全国统一父母语录/老师们的语录/班长语录
语言智慧:小儿语录/中学生语录/姥姥语录/女神语录

"语录体"不再是圣人宗师、前贤权威的专属语体形式,而是属于社会个体或群体共享的信息体制。但凡认定为有影响力、有价值、有意义、表达语言智慧的任何话语,都可以冠以"语录"之名义。有时"语录"语义衍变走向极端,不但不与正统"语录"语义吻合,表达正向、积极的传统语义,反而因修饰语的社会价值批判反映了反向、消极的意义。这类"语录"的运用应该在讽刺语义的基础上发挥了否定修饰语限定意义的工具功能。如:

渣男乔灵儿的经典语录　　厚黑学经典语录

　　　　虚伪的人的经典语录　　　假离婚经典语录

　　崔希亮关于新媒体语言有"圈子"特点的观点从另一角度解析了此类"语录"的语义价值否定:"新媒体语言在不同的圈子里有不同的潮流,这些潮流有的时候可以反映出一个社会群体的集体焦虑、集体无意识、集体愤怒,也可以反映出不同社会群体的价值取向、社会心理。"(2019:9)

5.3 语录在线生成推动的语体融合

　　语义泛化形成的语体融合更进一步表现为语录线上即时生成。"记录"现场性与"摘录"延时性被打通,生产与发布也可同时进行。如在线生成的维基语录(Wikiquote)就是记言语体、摘录语体交融并推动语录语义泛化的典型案例。网上的"贝客牛人语录"("牛人语录")中的"语录"也是"全民参与文字创意活动现场生成"的产品。通过线上即时"发布自己的所感所悟所思",其规则为:第一步,点击"发布语录"相关链接,创造语录;第二步,发表心愿:勇敢地说出来! 并同步到首页个人状态栏;第三步,曝光语录:邀请好友关注……这类语录将生成与发布过程合而为一,是以现代网络技术为支撑,以大众语言狂欢的文化心理为基础生产的新型语录产品,充分显示了内在心理动因与外在技术条件在新媒体语境下的协调统一。

5.4 语文体式互鉴、同化推动的语体融合

5.4.1 语文体式的互鉴

　　论文发现,网络上有大量通过语文体式互鉴方式生成的语录。这类语录无论是语体形式还是主题内容都与语言传统中的箴言、警句、格言、名人名言、谚语、俗语类型有同质性,类别术语也常见可作为互为置换的术语。既可以看到《莎士比亚箴言集》《莎士比亚语录》语文体式相近名称不同的书籍,也可以看到"尼采箴言集""培根哲言集""罗斯福政言集""卢梭语录""罗曼·罗兰语录"并行共用的术语。王贵元主编的"诸子箴言录文库"就是另一系列同质异名的诸子语录集。该文库包括《老子列子箴言录》《墨子箴言录》《庄子箴言录》《荀子箴言录》《韩非子箴言录》《孙子吴子

箴言录》《管子箴言录》《吕氏春秋箴言录》《论衡箴言录》《淮南子箴言录》《世说新语箴言录》《朱子箴言录》等。王贵元在文库"总序"中言编辑的主导思想是因箴言表现了先哲"思想之光点，事实之结论，经验之律条"，并引许慎论述"文字者，经艺之本，王政之始，前人所以垂后，后人所以识古"加以佐证。其箴言语体表现均"有精无赘，简洁明了，易读易记"；其社会效应是"启思益智"。（钱海水、金智学 1993）可以说就是上承诸子语录，下鉴网络语录体，与同质性的格言集、警句集、谚语集等体制互鉴的电子语录体。此外，与电子语录体的生成路径、表述程式产生同轨效应的还有一些高频度传播获取高认可度的标语口号、流行语，在一定的语境中也发挥着与语录同等的语篇功能与人际功能效应，也是语体互鉴导致"语录体"语义泛化的类型。

5.4.2 语文体式的同化

如果追根溯源，语义泛化还可追寻到国外"语录"语义与警句、谚语、引语同源发展的同化影响。查询《英汉汉英词典》，可与"语录"对译的英语术语有：

* Ana，言论集；轶事；语录。
* Quotation，引用，引述；引文，引语，语录。
* Saying，语录；谚语；话，言论。
* Epigram，警句；机智的短诗；讽刺诗。

其中 Quotation 的语义内涵及外延接近汉语的"语录"，在英汉互译中有较高的使用率。如：

* "维基语录"网站英译 Wikiquote。
* *Longman Guide to Shakespeare Quotations* 译为《朗文莎士比亚语录导读》。
* *Power Quotes* 译为《权力语录》和《警句集》。

语体融合后的网络语录虽与"语录"概念创立之初的核心语义已有一定距离，但在现实的语言生活中又最凸显修辞学与社会学的意义。

6. 结语

"语录"是一种跨越古今中外的语言现象,通过"记录""摘录"语体手段生成语体互文。从"语录"内部结构看,"语录"源文本与当下文本通过结构形式和语义内容互涉,生成特定的语文体式、文体体裁和语篇类型——"语录体",并随不同交际意图的实施产生相应的风格变异。(祝克懿 2010b)因此,要对"语录体"的生成与理解等作内部考察必然涉及话语交际主体和语体、文体、语篇、风格等领域。而历史形成的社会政治、科技、文化语境等交际领域又形成语录语体分化融合、文体流变、语篇生成、语言风格变异的外部动因。鉴于对"语录体"体制的理论阐释需要立足于语体基础,论文选取"语录体"的源起和语体分化与融合论域,从互文路径视角,考察了既源远流长又富现代活力的"语录体"语体分化与融合的外部条件和内在理据。

论文的理论阐释工作包括:

1. 概括出"语录体"的"记录"生成范式和"摘录"生成范式及相应生成的语体类型:"记言语体""摘录语体"和"电子语录体"。

2. 以交际领域、语言材料与"记录""摘录"语体手段为语篇互文的前提条件,梳理出"语录体"生成的互文路径:从口语体到书面语体的转型;从书面语体到书面语体的语体分化;综合口语体、书面语体,形成记言语体、摘录语体并用或综合使用的语体融合。

3. 前溯并辨析"语录体"萌芽时期代表作《尚书》《老子》的语体表现,总结集语录体大成的《论语》中的语体体式:口语体式、对话体式、记言体式,归结出古代语录体的结构框架和表述程式,以此为考察后世语录体的理论范式。

4. 考察语录语义的衍化流程:在古代,"语录"是孔子等圣贤宗师讲学、传教、论道等社会语言生活实践的产物,从先秦延续至清,由于"诸子语录""禅宗语录""宋儒语录"语义内容所附带的权威、经典、正式意义,被打上圣贤宗师学说的标签,附上了儒、佛、道经典文化意义,教学言语行为也衍化出治国理政、述经明理、道德培养、文化传播的宏大社会意义。随着交际领域的变迁,由于现代网络技术的支持和全民语言狂欢的交际行为,"语录体"迅速突破古代语录体单一的教学语境,在网络语境中衍变出一种跨时空、跨领域、跨语言的交际领域。"语录体"概念内涵外延历史性拓展,一方面继承传统,沿袭讲学、传教、论道的概念意义,另一方面从至尊圣贤话语泛化为人人可以生产和发布的信息。宏大语义逐渐消解,走向亲民,语录语义通过语体互鉴、同化而泛化,适应现代语境的题旨情境,建构了"语录体"独特的现代修辞学与社会文化学体系意义。

参考文献

丹尼尔·B. 贝克:《权力语录》,王文斌、张文涛译,南京:江苏人民出版社,2014 年。

陈望道:《修辞学发凡》,上海:上海教育出版社,1997 年。

陈引驰:《庄子精读》,上海:复旦大学出版社,2005 年。

褚斌杰:《中国古代文体概论》(增订本),北京:北京大学出版社,1990 年。

崔希亮:《基于语料库的新媒体语言透视》,载《当代修辞学》,2019 年第 5 期,第 1—14 页。

崔希亮:《正式语体和非正式语体的分野》,载《汉语学报》,2020 年第 2 期,第 16—27 页。

冯青:《朱熹语录文献语言研究》,北京:科学出版社,2017 年。

桂诗春编著:《新编心理语言学》,上海:上海外语教育出版社,2000 年。

郭飞、王振华:《巴赫金语言哲学思想视域中的马丁适用语言学》,载《外语学刊》,2017 年第 3 期,第 22—27 页。

郭绍虞:《修辞剖析》,载中国修辞学会华东分会编:《修辞学研究》(第 1 辑),上海:华东师范大学出版社,1983 年。

金良年:《论语译注》,上海:上海古籍出版社,1995 年。

康有为:《论语注》,楼宇烈整理,北京:中华书局,1984 年。

朱莉娅·克里斯蒂娃:《词语、对话和小说》,祝克懿、宋姝锦译,黄蓓校,载《当代修辞学》,2012 年第 4 期,第 33—48 页。

朱莉娅·克里斯蒂娃:《互文性理论对结构主义的继承与突破》,黄蓓译,载《当代修辞学》,2013 年第 5 期,第 1—11 页。

朱莉娅·克里斯蒂娃:《主体·互文·精神分析:克里斯蒂娃复旦大学演讲集》,祝克懿、黄蓓编译,北京:生活·读书·新知三联书店,2016 年。

李道传编:《朱子语录》,徐时仪、潘牧天整理,上海:上海古籍出版社,2016 年。

李熙宗:《语体的形成与语体的习得》,载《当代修辞学》,2016 年 a,第 6 期,第 4—10 页。
李熙宗:《谈谈语体学研究的方法问题》,载《当代修辞学》,2016 年 b,第 6 期,第 11—20 页。
毛泽东:《毛泽东选集》(第四卷),北京:人民出版社,1991 年。
钱海水、金智学编著:《世说新语箴言录》,北京:北京广播学院出版社,1993 年。
任继愈译著:《老子新译》(修订本),上海:上海古籍出版社,1985 年。
上海古籍出版社编:《禅宗语录辑要》,上海:上海古籍出版社,2011 年。
沈家煊:《超越主谓结构——对言语法和对言格式》,北京:商务印书馆,2019 年。
沈家煊:《"互文"和"联语"的当代阐释——兼论"平行处理"和"动态处理"》,载《当代修辞学》,2020 年第 1 期,第 1—17 页。
王运熙、周锋:《文心雕龙译注》,上海:上海古籍出版社,1998 年。
王志军:《语体视角下语篇副文本系统的配置及耦合互文路径差异》,载《当代修辞学》,2020 年第 2 期,第 38—50 页。
《文史知识》编辑部编:《儒、佛、道与传统文化》,北京:中华书局,1990 年。
《新周刊》主编:《2011 语录》,上海:文汇出版社,2011 年。
杨伯峻:《孟子译注》,北京:中华书局,2016 年。
殷祯岑:《语篇意义整合的过程与机制探析》,载《当代修辞学》,2018 年第 6 期,第 55—67 页。
殷祯岑、祝克懿:《克里斯蒂娃学术思想的发展流变》,载《福建师范大学学报》(哲学社会科学版),2015 年第 4 期,第 54—65、171 页。
袁晖、李熙宗主编:《汉语语体概论》,北京:商务印书馆,2005 年。
张德禄、胡瑞云:《多模态话语建构中的系统、选择与供用特征》,载《当代修辞学》,2019 年第 5 期,第 68—79 页。
中共中央文献研究室编:《毛泽东年谱(一九四九——一九七六)》(第六卷),北京:中央文献出版社,2013 年。
祝克懿:《新闻语体的交融功能》,载《复旦学报》(社会科学版),2005 年第 3 期,第 187—196 页。
祝克懿:《"叙事"概念的现代意义》,载《复旦学报》(社会科学版),2007 年第 4 期,第 96—104 页。
祝克懿主编:《掇沉珠集·李熙宗卷》,上海:复旦大学出版社,2010 年 a。
祝克懿:《互文:语篇研究的新论域》,载《当代修辞学》,2010 年 b,第 5 期,第 1—

12页。

祝克懿:《互文性理论的多声构成:〈武士〉、张东荪、巴赫金与本维尼斯特、弗洛伊德》,载《当代修辞学》,2013年第5期,第12—27页。

祝克懿:《文本解读范式探析》,载《当代修辞学》,2014年第5期,第12—28页。

祝克懿:《心理空间范畴与语言生成机制》,载《天津外国语大学学报》,2018年第5期,第130—134页。

* 本文原发表于《当代修辞学》2020年第4期,为人大复印资料《语言文字学》2020年第11期全文转载。

The Influences behind "Discovering How Language Works in a University Setting"

Jonathan J. Webster
香港城市大学

1. Introduction

In this paper, I introduce the influences behind the development of an undergraduate course offered by the Department of Linguistics and Translation at City University of Hong Kong to incoming first-year students. The title of the course is "Discovering How Language Works in a University Setting" (CityU code LT1202) whose stated aims are as follows:

> How can you distinguish good writing and bad writing? How can you get your point across more effectively? How can you improve your writing? In this course, we explore how the resources of language are used to make meaning and make it more effectively. We apply a functionally oriented approach to the study in comparison with examples of gold-standard academic discourse (i. e. academic publications in international journals) with the goal of helping students improve their writing. The course addresses functional-discourse aspects of students' written work, going beyond surface-level grammatical structures to consider issues

related to cohesiveness, coherence, and genre-appropriateness in the text.

The influences behind the design of the course, "Discovering How Language Works in a University Setting", include both the metafunctional approach of Systemic Functional Linguistics, and Martin and Rose's genre-based literacy pedagogy, which in turn was influenced by Rothery's Teaching Learning Cycle (Rothery 1994, cited in Rose 2008) with its three stages of Deconstruction, Joint Construction, and Independent Construction. Deconstruction aims to help students achieve recognition of the clause-based and thematic structures of their writing as the basis for subsequent Joint Construction together as a team of two to three students, and finally their individual Independent Construction.

My aim is to develop the following qualities in our students-as-writers, that they should become more:

- grammatically-aware
- intentional
- persuasive

In developing this course, I drew on my earlier experience with an academic writing programme jointly organized by City University of Hong Kong (CityU) and the University of Sydney (USyd). This programme, referred to as the "Language Companion Course" (LCC) at CityU, and "Scaffolding Literacy in Academic and Tertiary Environments" (SLATE) at USyd, aimed to help students enhance their English language writing ability by providing feedback on student drafts. (Humphrey, et al. 2010; Webster, Chan & Lee 2011; Lee & Webster 2012; Mahboob & Devrim 2013; Dreyfus, et al. 2016)

2. Raising Grammatical Awareness with the SLATE Rubric

The SLATE rubric developed at USyd (see appendix on page 134) provides a valuable teaching tool for raising awareness among both trainers and trainees about the underlying factors which need to be considered when assessing and revising one's academic writing. The SLATE rubric, designed as a 3x3 matrix, shows how ideational, interpersonal and textual metafunctions are realized across different strata (genre & register, discourse semantic, grammar and expression). (Mahboob, Chan & Webster 2013)

Underpinning the design of the SLATE rubric is the metafunctional principle of Systemic Functional Linguistics (SFL), which prioritizes function, i.e. the purposes to which language is put, over form. The three metafunctions are the following:

- Ideational (which includes the experiential — how we construe the world around us; and the logical — how we combine ideas);
- Interpersonal — how we relate to those with whom we are communicating through language; and
- Textual — how we create the discourse, turning invisible meaning into its visible/audible realization in the text.

The metafunctions are realized through a number of systems of choice. The fact that language is based on choices that we make prompted Halliday to describe a language as being "a system that makes meanings — a semogenic system" (Halliday 2005: 63).

What enables this meaning-making potential in language is the lexicogrammar, such that "[t]hinking about meaning means thinking grammatically" (Halliday 2005: 74). Experiential meaning, for example, is realized through choices from the system of Transitivity (process, participants, circumstance); logical meaning through choices concerning taxis (whether paratactic or hypotactic) and type of relation (whether to elaborate, extend, enhance, or project); the interpersonal through the systems of Mood and Modality; the textual through systems of Theme and Information. From the rubric, for example, our attention is drawn to the following considerations:

- [Ideational meanings are realized by] The use of verbs to define, classify, report, etc.; the formation of complex noun groups; consistent use of tense; and logical relationships showing cause, consequence, comparison, etc;
- [Interpersonal meanings are realized by] Mood choices for giving information; use of interpersonal objective metaphors for expressing opinions in impersonal and objective ways; and the use of source material for showing authoritative support;
- [Textual meanings are realized by] The use of Theme to sustain or shift orientation to topic; and use of voice to adjust information focus; how language signposts the organization of longer texts; how cohesive resources (e.g. reference, substitution, conjunction, repetition) are used to form recognizable spans.

When it comes to thinking about meaning, in addition to thinking grammatically, one also needs to think about the context within which language takes place. The SLATE rubric references not only meaning and grammar, but also attends to the contextual factors motivating the genre-based aspects of academic writing in English. (Halliday & Matthiessen 2004; Martin & Rose 2008) The three columns of the SLATE 3x3 matrix correspond to three strata:

- Context: social activity—genre and register (whole text)

- Semantics: discourse semantic (phases)
- Lexicogrammar: grammar & expression (clauses and sentences)

3. Construing Experience as Process-Participant-Circumstance

An "effective" metalanguage should equip students with sufficient grammatical knowledge to produce academic writing which successfully realizes the aims of its targeted genre. SFL metalanguage translates the complexity of our construal of experience into the simple configuration of three lexico-grammatical elements comprising the clause: an obligatory "process", optional "participant(s)" and "circumstance(s)". Each of these three elements is referenced by more typical grammatical terminology in the SLATE matrix, in the contents of the cell in the first row, "ideational meanings", under the third column's heading of "Grammar and Expression (clauses and sentences)": participants as noun groups; processes as verb groups; and circumstances as prepositional phrases.

1. Elements within **noun groups** effectively describe and classify specialised terms (e.g. classifying adjectives, defining clauses).
2. **Verb groups** express processes relevant to the genre (e.g. defining, classifying; cause and effect, reporting).
3. Circumstances (e.g. **prepositional phrases**) used to specify location of time, place, etc. where necessary.
4. Tense is consistent with genre and expressed through logically structured verbal elements.
5. Nouns are typically generalised and are determined correctly

in terms of mass/count; singular/plural; generic/specific.
6. Vocabulary is discipline specific and formal (i.e. no contractions or phrasal verbs).

Sentences from a sample of an undergraduate's writing about Kafka's *Metamorphosis* are used to illustrate how clauses consist of Process, Participant and Circumstance.

The first example sentence illustrates a grammatically simple clause whose second participant —"what has become one of the world's greatest work of literary art" — illustrates a lexically dense nominalized clause with classifying adjectives.

<c 2a> The above opening sentence from Kafka's novella introduces [<c 2b> what has become one of the world's greatest works of literary art.]

Process	Participant(s)	Circumstance(s)
introduces	The above opening sentence	from Kafka's novella
	what has become one of the world's greatest work of literary art	
has become	what	
	one of the world's greatest work of literary art	

The use of defining clauses in noun groups (enclosed here in square brackets) is illustrated in the third sentence from the same sample text, which double embeds two defining clauses.

<c 3a> It speaks to the inner sense of struggle {<c 3b> **(which is) shared by all** [<c 3c> **who live** <c 3d> **and work in modern society.**]}

Students also try their hand at analyzing samples of actual student writing for its process-participant-circumstance structure in order to identify where the writing can be improved. For example, by analyzing the transitivity structure (i. e. process-participant-circumstance) of the following sentence from a student's writing about climate change, students would be expected to notice that a circumstance — "from the impact of the recent forecast of climate change will reduce..." has been ungrammatically deployed as the grammatical Subject, where instead there needs to be a noun group as participant.

> Some people think that,**from the impact of the recent forecast of climate change** will reduce the impact of a warrant to wild animals, and planning for mitigation is prudent now.

The goal is for students to recognize this and other necessary improvements leading to a rewrite of the above sentence along the lines of the following clausally simple but highly nominalized, lexically-dense sentence:

> Planning for mitigation against the possible negative impact of climate change on the well-being of wild animals is considered prudent by some.

4. Choosing How to Begin the Message

Continuing in the SLATE matrix, still under the third column's heading of "Grammar and Expression (clauses and sentences)" to the last cell in the third row, "textual meanings":

> i. Choices of unmarked Theme sustain orientation to the topic; selections for marked Theme mark shifts in orientation.

Theme, in SFL, relates to the choice of which experiential element

(i. e. Process/Participant/Circumstance) begins the message. As indicated in the SLATE rubric, "Choices of unmarked Theme sustain orientation to the topic; selections for marked Theme mark shifts in orientation." Declarative sentences typically start with the grammatical Subject as Participant. In other words, the grammatical Subject as Participant is the unmarked Theme. How one chooses to begin each message (i. e. clause) as the text progresses (i. e. thematic progression), contributes to the cohesiveness and coherence of the text. Choosing to repeatedly begin each message with the same Theme (i. e. continuous thematic progression), as illustrated in the short extract below, "sustains orientation to the topic" of comparing two dictionaries:

<c 1>**The two** are the *Collins Cobuild English Dictionary* and the *Longman Dictionary of Contemporary English*. <c 2> **Both** are third editions. <c 3a> **Both** have been published in 1995, <c 3b> so **they** are up to date. <c 4a> **Both** are designed for people learning the language <c 4b> and, <c 4c> although **neither** includes the etymology of words listed, <c 4b> **both** offer other information not usually contained in such works, such as word frequency. <c 5> **Both** dictionaries also give examples or sentence parts using the words in question.

Besides continuous thematic progression, one can instead choose to begin from where the previous message left off (i. e. linear thematic progression). Linear thematic progression, which takes the new information from one message and uses it to start the next, contributes to the coherent flow of information.

The following extract illustrates linear thematic progression. The newly mentioned "report" in the first sentence — "the report of a committee…" — is included as part of the Circumstance-as-Theme in the next sentence — "In its report of June 1981". Likewise, the newly mentioned "general and substantial increase in the provision of places for tertiary education" at the end of clause 2b is repeated as part of the grammatical Subject-as-Theme in the subsequent clause 2c:

<c 1> **The genesis of the City Polytechnic of Hong Kong** {Theme} lay in <u>the report of a committee</u> appointed by the Governor in November 1980 to review the scope of post-secondary and technical education in Hong Kong. {New} <c 2a> **In <u>its report</u> of June 1981** {Theme} it recommended <c 2b> that there should be <u>a general and substantial increase in the provision of places for tertiary education</u>; {New} <c 2c> **one of the measures recommended for achieving <u>this</u>** {Theme} was the establishment of a second polytechnic.

5. Grammatical Metaphor

The next item in the cell at the intersection of "Textual meanings" (row) and "Grammar and Expression (clauses and sentences)" (column) introduces "grammatical metaphor".

　　ii. Grammatical metaphor is used to rework processes, qualities and logical relations as abstract entities and relationships (e.g. using nominalisation to express processes as nouns rather than verbs).

Grammatical metaphor describes two major shifts. As Halliday (2004) explains, word classes are shifted sideways: verbs and adjectives shift to nouns; conjunctions to verbs. Meanwhile, grammatical structures are shifted downwards: complex to simple clauses; clauses to groups/phrases. Fawcett (2012) illustrates these shifts with the following example:

Congruent		Metaphorical	
They educated girls	clause	The education of girls	nominal group as event-thing
and then	conjunction	preceded	verb as event-relating
women acquired the vote	clause	the acquisition of the vote by women.	nominal group as event-thing

Accompanying the discussion about grammatical metaphor is a software tool, called the *formalwriter*, developed by Dariush Saberi[①] (see Figure 7-1) to assist students with suggestions for turning their clausal/congruent writing into the nominalized/metaphorical. (Saberi, Lee & Webster 2020; Lee, et al. 2019)

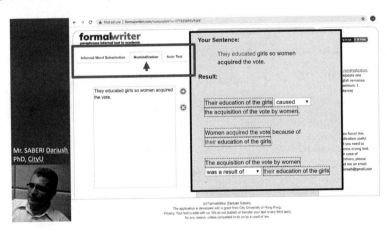

Figure 7-1 *formalwriter*'s **nominalization tool**

---

① Funding for the development of *formalwriter* is from UGC Funding Scheme for Teaching & Learning Related Proposals (2016—19), *Meeting the Challenge of Teaching and Learning Language in the University*: Enhancing Linguistic Competence and Performance in English and Chinese, Sub-component # 1: Enhancing English language writing ability: expanding learner's ability in the use of grammatical metaphor. Jonathan WEBSTER, John Sie Yuen LEE, Marvin LAM, Eric CHEUNG.

6. Teaching Learning Cycle — Deconstruction

The design of the course, "Discovering How Language Works in a University Setting", follows Martin and Rose's genre-based literacy pedagogy, which in turn was influenced by Rothery's Teaching Learning Cycle (Rothery 1994, cited in Rose 2008). The Teaching Learning Cycle includes three stages: Deconstruction, Joint Construction, and Independent Construction (see Figure 7-2). Building on the grammatical awareness Deconstruction aims to help students achieve recognition of the clause-based and thematic structures of their writing.

At the beginning of the semester, in the first class, students complete a diagnostic test. For the diagnostic test, students are given an extract from an academic textbook and asked to respond to question based on the textbook extract. For their deconstruction task, students are required to complete the following:

1. Revise your diagnostic test text — should be between 300 (minimum) — 350 (maximum) words. Attach revised test text as an appendix to this task.

2. Analyze your revised diagnostic test text for clause and Theme structure, including Thematic Progression.

3. Discuss how Thematic choice and progression contributes to the coherence of your writing. (500 words)

A sample of a student's deconstruction assignment is shown in Figures 7-3 and 7-4. The student succeeded in analyzing the text for both its clausal and thematic structures.

7. Writing Intentionally

Beyond clause and thematic structures, students are introduced to

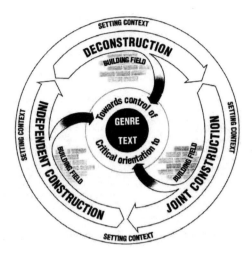

Figure 7-2 The Teaching Learning Cycle (Rothery 1994, cited in Rose 2008)

the importance of extending the presentation of information across phases. Returning our attention to the SLATE rubric matrix, the following are the contents of the cell from the first row, "ideational meanings", under the second column's heading of "Discourse semantic (phases)":

　　i. Topics are defined and classified according to discipline specific criteria.

　　ii. Information is related in logical relationships (e. g. time, cause, consequence, comparison).

　　iii. Tables, diagrams, lists, formulae, examples and quotes are logically integrated with verbal text (e. g. to extend, report, specify or qualify points).

　　iv. Information is extended across phases (e. g. in terms of general/specific; point/elaboration; evidence/interpretation; claim/evaluation).

Coherent presentation of information across phases demands

(Textual themes ideational themes displaced themes)

<c 1a>It is well recognized [<c 1b>that the society is fundamental to social life], <c 1c>as it provides a sustainable environment for the establishment of social activities.

<c 2a> Culturally, the common social identity, [<c 2b>defined by a variety of persistent notions [<c 2c>shared among individuals], such as language, religion and history], remains constant over time despite movement of the members of society.
<c 3a> Politically, the continuity of the society is facilitated by the state apparatus, [<c 3b>which is composed of a variety of social institutions].

<c1a> employs a cleft construction, where the grammatical subject <c1b> receives focus in order to highlight the new argument about "the society". <c1c> justifies <c1a>, as indicated by the textual theme "as". Also, "the society" in <c1b> becomes thematic in <c1c> ("it"), i.e. linear thematic progression. <c1c> ends with information about "a sustainable environment".

This becomes displaced themes in <c2> ("the common social identity, [<c2b>]") and <c3> ("the continuity of the society"), suggesting their linear progression from <c1c>. Also, addressing essentially a common topic, the two displaced themes show a continuous progression. This indicates a symmetric relationship between <c2> and <c3> to <c7> as the elaboration of <c1c>. The symmetric relationship is also highlighted by the advanced circumstances in <c2> ("culturally") and <c3> ("politically"), which provide frames to assist comprehension from two distinct perspectives.

Figure 7-3 Sample of student's deconstruction task assignment

(Textual themes ideational themes displaced themes)

<c 3a> Politically, the continuity of the society is facilitated by the state apparatus, [<c 3b>which is composed of a variety of social institutions].

<c 4> These institutions, such as the police force, court system and military, endow the state a protective role. <c 5> On one hand, the state shields its members from external invasions. <c 6> On the other hand, it prevents citizens from the encroachments of fellow citizens.

<c 7a> Therefore, from a liberal perspective, the state apparatus fosters freedom of individuals <c 7b> by ensuring their "natural rights", namely, "life, liberty and property".

<c3> ends with information about "social institutions". This becomes thematic in <c4> ("these institutions, such as … and military").

<c4> ends with information about "the state", which becomes ideational themes in <c5> ("the state") and <c6> ("it"), i.e. linear progression. Also, addressing the same topic, the two ideational themes show a continuous progression, indicating the symmetric relationship between <c5> and <c6> as the justification of <c4>. This symmetric relationship is also highlighted by textual themes in <c5> "On one hand" and <c6> "on the other hand", suggesting two distinct perspectives for comprehension.

<c7> serves as a conclusion of <c5> and <c6>, indicated by the textual theme "therefore". Therefore, the displaced theme "the state apparatus" remains a continuous progression from <c5> and <c6> to address the same topic. The circumstance "from a liberal perspective" is advanced as a frame for comprehension, which is new to readers.

Figure 7-4 [continued] Sample of student's deconstruction task assignment

intentionality on the part of the writer (s). The writer writes to a purpose, whether to describe, persuade, or otherwise. Writing with intention contributes to the text's sense of unity and coherence. By applying the principles and methodology of Rhetorical Structure Theory (see Table 7-1), students learn how to map out the text as a hierarchical organization of paired functionally significant spans, each related to the other by a finite set of relations. Students gain an appreciation for how to achieve a coherent architecture.

Table 7-1 Assumptions of Rhetorical Structure Theory

Underlying assumptions of Rhetorical Structure Theory	
Organization	Texts consist of functionally significant text spans
Unity and coherence	A sense of unity to which each part/span contributes. Derives from the writer's purpose.
Hierarchy	Elementary parts composed into larger parts. The same functional description applies at all levels.
Relational Composition	Finite set of relations holds between pairs of parts/spans of text
Asymmetry of relations	One member of the pair may be more nuclear/core, the other more peripheral.

8. Teaching and Learning Cycle: Joint Construction

The second task — a joint construction task — asks students to work together in teams of 2—3 members to first write a 500-word abstract for an academic paper, and second, to write a 300-word explanation to accompany an RST-like mapping of the architeXture① of their abstract. The sample shown in Figures 7-5 and 7-6 represents one team's completed assignment. The team not only successfully maps out their abstract's architeXture but also they are able to articulate the motivation behind their text's architeXture.

9. Writing Persuasively

Besides becoming grammatically aware and intentional in their writing, students are also encouraged to learn how to write persuasively. Again, with reference to the SLATE rubric matrix, the following are the contents of the cell from the second row,

---

① While the texture of a text refers to its cohesiveness, the term "architeXture" is adopted here to metaphorically picture the RST mapping of the coherent building of the text extending from the constituent clauses at the bottom hierarchically up through functionally significant spans of varying size to the text as a whole at the top.

"interpersonal meanings", under the second column's heading of "Discourse semantic (phases)":

<c 1>First published in 1915, Kafka's *The Metamorphosis* is one of the world's greatest works of literary art. <c 2>Despite its apparent simplicity, *Metamorphosis* can be read from multiple perspectives, thus giving rise to various theories for interpretation. <c 3>In this essay I present three possible perspectives on *Metamorphosis*: a feminist perspective, a Marxian perspective, and a psycho-analytical perspective. <c 4>I also take into consideration the possibility of further insights in the work's original language, as well as its underlying humor.	The first paragraph serves as an introduction. <c1> introduces the background information about *The Metamorphosis*. <c2> raises the topic: various theories for interpreting *Metamorphosis*. This prepares readers for <c3> and <c4>, which state the aims of the essay: to provide three perspectives for interpretation; to take into consideration further possible insights in its original language and the work's underlying humor.

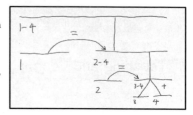

Figure 7-5　Sample of Joint Construction Task

<c 5>The possibility of multiple interpretations of Metamorphosis originates in the ambiguity in the translation of its title Die Verwandlung into English. <c 6>Besides Metamorphosis, alternative interpretations, such as "The Transformation", are proposed for a better capture of the magical and fantastic sense of the story (Koelb, 2010; Bernofsky, 2014). <c 7>Moreover, regarding "transformation", Koelb suggests a departure in focus from the transformation of Gregor to the change among members of Gregor's family, especially his sister Grete, which follows a chiastic trajectory.	The second paragraph prepares readers for the three perspectives by introducing two factors enabling multiple interpretations. <c5-6> introduce the first: alternative interpretations of the German title; <c7> introduces the second: different angles for understanding "transformation".

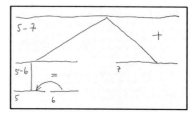

Figure 7-6　[continued] Sample of Joint Construction Task

1. The interaction with the reader focuses on giving information (i.e. no questions or commands).
2. Subject matter is evaluated according to institutional values (e.g. relevance, validity, significance).

3. Evaluations often implied through grading resources.
4. Patterns of evaluation develop the writers' stance within and across phases.
5. Authoritative sources used to support points.
6. The writer includes and controls the voices of external sources to develop points and guide the reader towards a preferred position.

M. A. K. Halliday's lecture "Language Evolving: Some Systemic Functional Reflections on the History of Meaning" is presented to students to exemplify a well-crafted piece of academic discourse. Students watch the YouTube video of Halliday presenting his plenary at the 37th International Systemic Functional Congress and they also read the address which appears in the eleventh volume of Halliday's collected works, *Halliday in the 21st Century* (2013). In this address, Halliday not only discusses the factors which have influenced the meaning potential of language, but also takes a position on the question of whether language is evolving for better or worse. Halliday's lecture provides an outstanding example of academic discourse, both spoken and written.

10. Teaching Learning Cycle: Individual Construction

For their final assignment, students needed to write a 1000-word essay, in which they discussed those factors which Halliday identifies as having influenced the evolution of meaning potential of languages. They also needed to argue their position on the question of whether language is evolving for better or worse. Not only did students need to be able to summarize Halliday's points which he puts forward in his address, but also they needed to state and argue their own position on the given question about the direction in which language is evolving.

Below is an extract from one student's written submission for this task:

> As a unique human attribute, language has its history. Halliday (2010) explored the evolution of the meaning potential of language. He identified that the advancement of meaning potential is accumulated in speakers' interaction with their ecosocial environment, during which language's inner essence evolves from spoken, to written, then to standard and global language. In this process, Halliday proposed a number of factors to the evolution of meaning potential, and expressed his worry regarding the current trend of language use.
>
> Simplified language culminates in simplified knowledge, therefore a trivialized conception of the world: social values and notions are undermined in the abuse of abstract nouns, whose meanings dissolve as they become applicable to almost all contexts ... Simplified language also culminates in simplified opinions, therefore a polarized society: conducts are polarized into absolute good and evil, ideologies are polarized into absolute right and wrong, while individuals are polarized into absolute victims and perpetrators.

While there is room for improvement, still the student was able to summarize clearly the relevant points from Halliday's address, before proceeding to put forward his own position.

11. Conclusion

In this course, "Discovering How Language Works in a University Setting", my aim has been to impart respect and appreciation for the meaning-making power of language, showing how to make the resources of language work in a university setting. Incorporating insights from SFL and genre-based literacy pedagogy, the SLATE rubric provides the framework around which the course has been constructed. The three assessment tasks of the course correspond to the three stages in Rothery's Teaching Learning Cycle: Deconstruction, Joint Construction, and Independent Construction. To begin with, to raise their grammatical awareness, students deconstruct their writing into its constituent clauses, analysing for both transitivity and thematic structures. Next, working as part of a team for their joint construction task, students channel their intentionality into creating a coherent architeXture of their text. Finally, combining their greater grammatical awareness and heightened sense of intentionality, students individually construct a piece of persuasive writing whose foundation is another's authoritative voice. As illustrated by the above extracts of students' writing and linguistic analysis, applying SFL and genre-based pedagogy in combination with the teaching learning cycle can indeed help students discover how language works in a university setting. The following is one student's comment after having taken the course, "Discovering How Language Works in a University Setting" (LT1202):

> I especially enjoy reading Halliday's talk. Before taking this course I was quite disappointed at Linguistics because I thought it would be related to philosophy, but it appeared to be a programme to train English teachers, based on the course I took in this year. After taking LT1202 I regained confidence in this subject, because I got a rough feeling that linguistics is an aspect of a larger and higher project. I call it the study of humankind.
>
> Student in LT1202, May 2020

References

Dreyfus, S., Humphrey, S., Mahboob, A. & Martin, J. R. *Genre Pedagogy in Higher Education: The SLATE Project*, Basingstoke: Palgrave Macmillan, 2016.

Fawcett, Robin P. "Problems and Solutions in Identifying Processes and Participant Roles in Discourse Analysis. Part 2: How to Handle Metaphor, Idiom and Six Other Problems," *Annual Review of Functional Linguistics*, 2012,4: 27—76.

Halliday, M. A. K. *The Language of Science (Volume 5 in the Collected Works of M. A. K. Halliday)*, Jonathan J. Webster (Ed.), London: Bloomsbury, 2004.

Halliday, M. A. K. "On Matter and Meaning: The Two Realms of Human Experience," *Linguistics and the Human Sciences*, 2005, 1(1): 59—82.

Halliday, M. A. K. *Language Evolving: Some Systemic Functional Reflections on the History of Meaning*. First presented at the 37th International Systemic Functional Congress, July 2010. Also in Webster, J. (Ed.), *Halliday in the 21st Century*, London: Bloomsbury, 2013.

Halliday, M. A. K. & Matthiessen, C. M. I. M. *An Introduction to Functional Grammar* (3rd ed.), London: Edward Arnold, 2004.

Humphrey, S., Martin, J. R., Dreyfus, S. & Mahboob, A. "The 3x3: Setting Up a Linguistic Toolbox for Teaching and Assessing Academic Writing," A. Mahboob & N. Knight (Eds.), *Appliable Linguistics: Texts, Contexts, and Meanings*, London: Continuum, 2010.

Lee, J. & Webster, J. "A Corpus of Textual Revisions in Second Language Writing," In *Proceedings of the 50th Annual Meeting of the Association for Computational Linguistics: Short Papers-Volume 2*, Association for Computational Linguistics, 2012: 248—252.

Lee, J., Cheung, E., Saberi D. & Webster, J. "Expanding Students' Registerial Repertoire with a Writing Assistance Tool," *Journal of English for Academic Purposes*, Elsevier, 2019,42.

Martin, J. R. & Rose, D. *Genre Relations: Mapping Culture*, London: Equinox, 2008.

Mahboob, A., Chan, A. & Webster, J. J. "Evaluating the SLATE Project," *Linguistics and the Human Sciences*, 2013, 7(1—3): 125—139.

Mahboob, A. & Devrim, D. Y. "Supporting Independent Construction Online:

Feedback in the SLATE Project," *Linguistics and the Human Sciences*, 2013, 7 (1—3): 101—123.

Rothery, J. *Exploring Literacy in School English (Write it Right Resources for Literacy and Learning)*, Sydney: Metropolitan East Region Disadvantaged Schools & Program, 1994.

Rose, D. "Writing as Linguistic Mastery: The Development of Genre-based Literacy Pedagogy," D. Beard, D. Myhill, J. Riley & M. Nystrand (Eds.), *The SAGE Handbook of Writing Development*, London: Sage, 2008: 151—166.

Saberi, D., Lee, J. & Webster, J. "Automatic Assistance for Academic Word Usage," In *Proceedings of the 28th International Conference on Computational Linguistics*, (COLING 2020), Barcelona, 8—11 December 2020.

Webster, J., Chan, A. & Lee, J. "Online Language Learning for Addressing Hong Kong Tertiary Students' Needs in Academic Writing," *Asia Pacific World*, 2011, 2(2): 44—65.

Appendix: SLATE rubric (University of Sydney)

Metafunction	1. Social activity: Genre & Register (whole text)	2. Discourse Semantic (phases)	3. Grammar and Expression (clauses and sentences)
A. Ideational Meanings *(parts)*	i. Beginning, middle and end stages of texts build knowledge relevant to discipline specific topics and purposes ii. Language constructs the technical, specialised and formal knowledge of discipline area (field)	i. Topics are defined and classified according to discipline specific criteria ii. Information is related in logical relationships (e.g. time, cause, consequence, comparison) iii. Tables, diagrams, lists, formulae, examples and quotes are logically integrated with verbal text (e.g. to extend, report, specify or qualify points) iv. Information is extended across phases (e.g. in terms of general/specific; point/elaboration; evidence/interpretation; claim/evaluation)	i. Elements within noun groups effectively describe and classify specialised terms (e.g. classifying adjectives, defining clauses) ii. Verb groups express processes relevant to the genre (e.g. defining, classifying; cause and effect, reporting) iii. Circumstances (e.g. prepositional phrases) used to specify location of time, place, etc. where necessary iv. Tense is consistent with genre and expressed through logically structured verbal elements v. Nouns are typically generalised and are determined correctly in terms of mass/count; single/plural; generic/specific vi. Vocabulary is discipline specific and formal (e.g. no contractions or phrasal verbs)
B. Interpersonal Meanings *(prosodies)*	i. Texts convince the reader by moving points or positions forward across the stages (e.g. by amplifying, justifying, reinforcing and acknowledging experts in the field) ii. The language present points and arguments in authoritative, impersonal and objective ways (tenor)	i. The interaction with the reader focuses on giving information (i.e. no questions or commands) ii. Subject matter is evaluated according to institutional values (e.g. relevance, validity, significance) iii. Evaluations often implied through grading resources iv. Patterns of evaluation develop the writers' stance within and across phases v. Authoritative sources used to support points vi. The writer includes and controls the voices of external sources to develop points and guide the reader towards a preferred position	i. Mood choices realise information giving function (i.e. subject ^finite) ii. Subject and verb agree in number iii. Evaluations are often achieved through infusing lexical items with degrees of intensity and attitude iv. Interpersonal objective metaphors used to negotiate opinions and recommendations (e.g. "It is clear that" or "There is a need for..." rather than "I think" or "you should") v. Source material is incorporated into text through correctly formed quotes, paraphrasing and summarising vi. Conjunctions and continuatives used to monitor and adjust reader expectations vii. Sources cited correctly (e.g. using projection) and referenced according to discipline specifications (e.g. MLA)
C. Textual Meanings *(waves)*	i. The content is previewed in the beginning stage (introduction) and reviewed in the end stage (i.e. conclusion) ii. Global headings and abstracts are used to signal layout of longer texts iii. The language constructs coherent, signposted and abstract texts (mode)	i. Ideas are developed within phases (e.g. paragraphs) with topic and summary sentences used to predict and summarise ii. logical flow of information from sentence to sentence across phases iii. Entities and parts of text tracked through cohesive resources (e.g. reference, substitution and repetition) iv. Internal conjunctions used to organise text v. Information flow is from more dense abstract terms in topic sentences to expanded concrete terms in subsequent sentences.	i. Choices of unmarked Theme sustain orientation to the topic; selections for marked Theme mark shifts in orientation ii. Grammatical metaphor is used to rework processes, qualities and logical relations as abstract entities and relationships (e.g. using nominalisation to express processes as nouns rather than verbs) iii. Active and passive voice used to adjust information focus and Theme iv. Articles and pronouns used to keep track of participants v. Spelling, punctuation, bullets, paragraphing and layout assist information structure vi. Abstract nouns used to generalise and track ideas

"战疫"报道中的概念隐喻

赵 雪 牛良彤

中国传媒大学

1. 引言

新冠疫情暴发后,媒体上出现了许多"战疫"报道——抗击新冠疫情的报道,其中的概念隐喻(conceptual metaphor)格外引人注目。

我们对"隐喻"并不陌生,传统修辞学中就有比喻辞格。到了20世纪,人们逐渐认识到,隐喻不仅是一种修辞手段,更是一种基本的认知方式。1980年,乔治·莱考夫(George Lakoff)和马克·约翰逊(Mark Johnson)在《我们赖以生存的隐喻》中提出了概念隐喻理论。他们认为:"隐喻的本质就是通过另一种事物来理解和体验当前的事物。"(莱考夫、约翰逊 2015:3)所谓"另一种事物"指的是源域,"当前的事物"指的是目标域。源域与目标域具有相同或类似的结构,人们得以将源域映射到目标域中去。源域多为具体的概念,目标域多为抽象的概念。莱考夫和约翰逊认为,隐喻是人类用来组织概念系统不可缺少的认知工具,"日常生活中隐喻无所不在,我们思想和行为所依据的概念系统本身是以隐喻为基础"(莱考夫、约翰逊 2015:1)。

乔治·莱考夫和马克·约翰逊将隐喻分为本体隐喻、结构隐喻和方位隐喻。此后,许多学者对隐喻的类型也进行了划分,例如胡壮麟(2000)将隐喻分为常规隐喻和非常规隐喻;王寅(2003)等提出了语篇隐喻;李福印、秦进平(2007)将隐喻分为空间隐喻、时间隐喻、情感隐喻、人体隐喻、动植物隐喻、战争隐喻、婚姻隐喻、股市隐喻等。

乔纳森·查特里斯-布莱克(Charteris-Black,2004)认为隐喻同时具有语言、语用和认知三重特征。他试图通过引入语料库的方法来弥补隐喻分析所缺失的语境,综合运用批评话语分析、语料库、语用学和认知语言学理论研究隐喻,揭示隐喻背后的意识形态。他提出批评隐喻分析(Critical Metaphor Analysis,简称CMA)的三个步骤——"隐喻识别—隐喻阐释—隐喻说明":首先细读文本甄别"候选隐喻";其次借助语料库词频统计软件,发现隐喻使用的规律和特征;最后通过文本和社会语境分析确定隐喻的语用特征,继而揭示其所代表的意识形态。

新冠疫情报道中的概念隐喻,引起了国外学者的广泛关注。例如,安吉拉·鲁米娜·利奥和玛雅·凯姆拉尼·大卫(Leo & David,2020)采用MIPVU 隐喻识别程序(Metaphor Identification Procedure Vrjie Universiteit,简称MIPVU),探讨了马来西亚新冠疫情报道中隐喻表达的字面意义和隐喻意义,通过"健康是战争"等10个隐喻映射,揭示了概念隐喻对人们的概念化以及行动的影响;劳伦斯·伯克(Burke,2020)将媒体中新冠隐喻的类型分为数字和机械隐喻、军事隐喻、宗教和恶魔隐喻等;穆罕默德·亚当(Adam,2020)对印尼网络媒体头条新闻上新冠疫情报道中的战争隐喻进行了研究,认为战争隐喻表现出对减少和控制疾病的乐观态度,而"与某人或某物共同生活"(someone or something to live with)的隐喻则表现出悲观倾向。

国内学者对新冠疫情报道中的隐喻也进行了研究。例如张薇和汪少华(2020)运用架构理论、刻意隐喻理论分析了《人民日报》等媒体中的多模态隐喻,认为新冠疫情报道中架构和刻意隐喻的使用有助于激发受众的积极情感,唤起集体主义价值观,构建民众统一的防疫认知体系,实现了引导公众舆论的功能;丁建新和杨荟(2020)结合苏珊·桑塔格(Susan Sontag)、米歇尔·福柯(Michel Foucault)等人的隐喻和"他者"理论,以及玛丽·道格拉斯(Mary Douglas)、凯博文(Arthur Kleinman)等人的污名化理论,分析了疾病是如何被隐喻的,以及在新话语时代,患者、"武汉人",甚至"中国人"等群体被污名化背后所隐藏的微观话语权力的博弈。

总体来看,关于新冠疫情报道中概念隐喻的研究还有较大空间。本文在语料库的基础上,采用MIPVU 隐喻识别程序以及数据驱动的方法,运用批评隐喻分析,对新冠疫情报道中的概念隐喻进行识别,对概念隐喻的特征进行分析,并揭示其背后的动因。

2. 语料来源及研究方法

本文语料为2020年1月23日至2020年3月18日[①]发表在《人民日报》《北京青年报》《新京报》的纸媒数字版,"财新网""界面新闻"官网及《南方周末》微信公众号上的新闻报道。其中,《人民日报》《北京青年报》《新京报》属于传统媒体,"财新网""界面新闻"及《南方周末》微信公众号属于新媒体。我们采用随机抽样的方法从上述6家媒体的报道中各选12篇作为语料,总共72篇,97531个字符。详见表8-1:

表8-1 语料分布表

媒体类别	媒体名称	篇数(篇)	字符数(个)	合计(个)
传统媒体	《人民日报》	12	14952	44889
	《北京青年报》	12	12410	
	《新京报》	12	17527	
新媒体	《南方周末》微信公众号	12	29059	52642
	财新网	12	17523	
	界面新闻	12	6060	
合计		72	97531	

本文采用语料库等方法进行研究。我们将上述媒体中的新闻报道作为目标语料,自建小型语料库;用分词软件SegmentAnt 1.1.3分词,经人工校对后,得到46266个词(语);将分词后的语料导入词频统计软件AntConc 3.5.8.0中,该软件根据频次高低形成词语列表。同时,我们以北京大学语料库(CCL)、北京语言大学语料库(BCC)、国家语委语料库

[①] 1月23日,武汉"封城";3月18日,湖北省实现确诊病例零新增。

(语料库在线)中的语料为对比语料。

此外,在考察隐喻主题词的语义共现关系时,我们还用了复杂网络分析软件 Gephi 0.9.2。

3. "战疫"报道中概念隐喻的识别

隐喻的识别是隐喻研究中的首要问题。

我们采用 MIPVU 隐喻识别程序来识别语料中的隐喻。MIPVU 隐喻识别程序由阿姆斯特丹大学的斯蒂恩(Steen)团队在 Pragglejaz[①] 团队(2007)研发的 MIP 隐喻识别程序(Metaphor Identification Procedure,简称 MIP)的基础上改良而成。MIPVU 隐喻识别程序虽是基于英语而研发的隐喻识别步骤,但有研究表明,它同样适用于汉语文本中的隐喻识别(Lu & Wang 2017:666)。

具体操作如下:

第一,反复阅读文本,结合语境,我们采用 MIPVU 隐喻识别程序识别语料中的隐喻主题词(metaphor-related words,简称 MRWs)。根据语境中是否出现隐喻提示词(metaphor flag,简称 MFlag),我们将隐喻主题词分为直接隐喻主题词(MRW, direct)和间接隐喻主题词(MRW, indirect)。

直接隐喻主题词指无需通过隐喻提示词的引导,直接实现跨域映射的隐喻主题词。在确定直接隐喻主题词时,我们参考工具书、对比语料库考察备选隐喻主题词的本义、基本义、引申义及比喻义。

间接隐喻主题词指通过隐喻提示词的引导,实现跨域映射的隐喻主题词。斯蒂恩团队认为,当一个词充当着一个信号在跨域映射中发挥作用时,这个词就是隐喻提示词。因为有隐喻提示词作标记,所以间接隐喻主题词比较容易确定。

第二,我们使用复杂网络分析软件 Gephi 0.9.2 考察隐喻主题词的语义共现关系,这样更直观,同时也可以避免遗漏。

---

① Pragglejaz 为该团队 10 位成员名字的首字母缩写。

我们共识别出隐喻主题词(语)90个。其中,战争隐喻主题词(语)66个,动植物隐喻主题词(语)6个,神秘生物体隐喻主题词(语)4个,科技隐喻主题词(语)4个,空间隐喻主题词3个,刑侦隐喻主题词2个,比赛隐喻主题词2个,人体隐喻主题词1个,婚姻隐喻主题词1个,狩猎隐喻主题词1个。详见表8-2:

表8-2 各类隐喻主题词(语)分布表

隐喻类型	隐喻主题词(语)
战争隐喻	一线、指挥部、抗击、战斗、部署、打赢、动员、阻击战、战胜、集结、奋战、敌人、战场、冲锋、休整、前线、梯队、增援、入侵、动员令、请战、出征、硝烟、防控战、战斗堡垒、防线、战役、请战书、英雄、公敌、攻关、攻坚、攻坚战、驻地、主力军、战争、失守、请缨、持久战、回马枪、战线、来袭、白衣战士、主战场、后方、狙击战、入驻、战友、战衣、战术、战略、战斗力、严阵以待、全副武装、突击队、精兵强将、挂帅、号令、防御、参战、战前演练、助攻、待命、敌军、胜利、主力军
动植物隐喻	蔓延、环节、黑天鹅、灰犀牛、核心、分枝
神秘生物体隐喻	白衣天使、病魔、妖、死神
科技隐喻	窗口期、重心、弹性、扩容
空间隐喻	死角、走向、底线
刑侦隐喻	摸排、追踪
比赛隐喻	赛跑、较量
人体隐喻	骨干
婚姻隐喻	嫁接
狩猎隐喻	猎人

4."战疫"报道中概念隐喻的分析

我们对语料中的概念隐喻分布情况进行了统计,将概念隐喻的类型分为战争隐喻等 10 类。我们发现,在"战疫"报道中战争隐喻出现的频率最高;传统媒体比新媒体更偏好使用概念隐喻;传统媒体更重视鼓舞士气,更注重宣传党和政府在"战疫"中的核心作用。

4.1 概念隐喻的整体分布情况

语料中的隐喻类型包括战争隐喻、动植物隐喻、神秘生物体隐喻、科技隐喻、空间隐喻、刑侦隐喻、比赛隐喻、人体隐喻、婚姻隐喻和狩猎隐喻。例如:

(1)【战争隐喻】

新型冠状病毒感染的肺炎疫情发生以来,习近平总书记多次强调各级党组织和广大党员、干部要在打赢疫情防控阻击战中发挥积极作用……

——《人民日报》,2020 年 2 月 1 日

(2)【动植物隐喻】

各地有关部门收集武汉返乡人员信息的目的,是准确掌握潜在的风险点,这对于疫情防控也是必要的环节,原本无可厚非。

——《新京报》,2020 年 1 月 27 日

(3)【神秘生物体隐喻】

在实验室的工作台上,北青报记者还发现了一张小卡片,上面写着:"火神山、雷神山、钟南山三山镇妖……"

——《北京青年报》,2020 年 3 月 7 日

(4)【科技隐喻】

王玉梅介绍,除了医护的防护设备升级,发热门诊的隔离病房也扩容了,增加到了 11 间。

——《新京报》,2020 年 1 月 28 日

(5)【空间隐喻】

当前防控工作的效果将直接决定近期疫情的走向。

——财新网,2020 年 1 月 29 日

(6)【刑侦隐喻】

　　街乡、社区应当加强人员健康监测，摸排人员情况，防止疫情输入。

——《新京报》，2020年1月29日

(7)【比赛隐喻】

　　《与疫情赛跑的普通人》

——《北京青年报》，2020年2月12日

(8)【人体隐喻】

　　北京胸科医院的10人医疗队均为"80后""90后"的科室骨干力量，其中共产党党员3名，共青团员2名，平均年龄31岁，由院感办公室副主任谢忠尧带队。

——《北京青年报》，2020年1月28日

(9)【婚姻隐喻】

　　霍尼韦尔公关部有关负责人告诉南方周末记者，武汉肺炎疫情事发突然，确实超乎预期，公司正在尽最大力量满足消费者需求，即使生产成本有所上升，但公司已经明确不会将它转嫁给个人消费者。

——《南方周末》，2020年1月24日

(10)【狩猎隐喻】

　　在各级疾控中心微生物检测实验室里，有这么一群"病毒猎人"，他们在肉眼看不见的微观世界里，日日埋头寻找病毒的身影……

——《北京青年报》，2020年3月7日

　　例(1)中的"打赢……阻击战"是战争隐喻。例(2)中的"这对于疫情防控也是必要的环节"是动植物隐喻。环节指"某些低等动物如蚯蚓、蜈蚣等，身体由许多大小差不多的环状结构互相连接组成，这些结构叫作环节，能伸缩"，又"指互相关联的许多事物中的一个"。(中国社会科学院语言研究所词典编辑室 2016：568)例(3)中的"火神山、雷神山、钟南山三山镇妖"为神秘生物体隐喻。例(4)中的"发热门诊的隔离病房也扩容了"是

科技隐喻。扩容指"扩大通信设备等的容量","泛指扩大规模、范围、数量等"。(中国社会科学院语言研究所词典编辑室 2016:767)例(5)中的"疫情的走向"是空间隐喻。例(6)中的"街乡、社区应当加强人员健康监测,摸排人员情况"是刑侦隐喻。摸排指"(为侦破案件)对一定范围内的人进行逐个摸底调查"(中国社会科学院语言研究所词典编辑室 2016:918)。例(7)是一则新闻的标题,其中的"与疫情赛跑"是比赛隐喻。例(8)中的"科室骨干力量"是人体隐喻。骨干指"长骨的中央部分,两端跟骨骺相连,里面是髓腔",后"比喻在总体中起主要作用的人或事物"。(中国社会科学院语言研究所词典编辑室 2016:468)例(9)中的"即使生产成本有所上升,但公司已经明确不会将它转嫁给个人消费者"是婚姻隐喻。"转嫁"即"改嫁",例如《何典·第四回》:"雌鬼道:'这个自然。只是一桩:我却不肯转嫁出去,是要坐产招夫的。'"(张南庄 2000:75)后用来指"把自己应承受的负担、损失、罪名等加在别人身上"(中国社会科学院语言研究所词典编辑室 2016:1721)。例(10)中的"在各级疾控中心微生物检测实验室里,有这么一群'病毒猎人'"是狩猎隐喻。

语料中概念隐喻类型的分布情况,详见表 8-3:

表 8-3 各类概念隐喻主题词(语)频次及占比表

隐喻类型	隐喻主题词(语)数量(个)	隐喻主题词(语)频次(次)	各类隐喻主题词(语)数量占比	各类隐喻主题词(语)频次占比
战争隐喻	66	359	73.33%	76.87%
动植物隐喻	6	45	6.67%	9.64%
神秘生物体隐喻	4	11	4.45%	2.36%
科技隐喻	4	8	4.45%	1.71%
空间隐喻	3	5	3.33%	1.07%
刑侦隐喻	2	27	2.22%	5.78%
比赛隐喻	2	6	2.22%	1.29%
人体隐喻	1	2	1.11%	0.43%
婚姻隐喻	1	1	1.11%	0.21%

续表

隐喻类型	隐喻主题词(语)数量(个)	隐喻主题词(语)频次(次)	各类隐喻主题词(语)数量占比	各类隐喻主题词(语)频次占比
狩猎隐喻	1	3	1.11%	0.64%
合计	90	467	100.00%	100.00%

从表 8-3 来看,战争隐喻主题词(语)数量最多、频次最高,在各类隐喻主题词(语)中的数量占比也最多、频次占比也最高。而其他类型概念隐喻的隐喻主题词(语)的数量、频次、在各类隐喻主题词(语)中的数量占比以及频次占比,均远远低于战争隐喻。战争隐喻之所以高频出现在"战疫"报道中,不仅是因为战争和"战疫"在结构上具有相似性,二者能够建立起跨域映射关系来,而且是因为古今中外皆有以战争隐喻描述抗击疾病、瘟疫的传统。正如苏珊·桑塔格所说:"在对癌症的描述中,处于支配地位的那些隐喻事实上并不是取自经济学,而是取自战争语言:每一位医生,每一位患者,全都熟悉这种军事术语,即便他们或许不习惯这种军事术语。"(桑塔格 2020:67)

4.2 战争隐喻

同样,在我国战争隐喻也是一种常见的概念隐喻。我们以"疾""病""瘟""疫"为关键词,在北京大学语料库、北京语言大学语料库、国家语委语料库中,检索到与"疾""病""瘟""疫"共现的战争词有"伐、攻、侵、驱、斩、杀、戮、诛、灭、逐、断、遣、截、荡、伏、降、退、却、御"。例如:

(11)伐乱伐疾伐疫。

——《逸周书·卷二·武称解》

例(11)中的"疾""疫"是"伐"的对象。又如:

(12)……上不能调和阴阳,使年丰民富消灾却疫……

——《理惑论》

例(12)中的"却"是使动用法,表示"使之却",使之退去。"却疫"意为

"使疫退"。

在"战疫"报道的战争隐喻中,战争是源域,"战疫"是目标域。二者都具有交战双方、战场、战略战术、交战过程和战争结局等要素。详见图8-1:

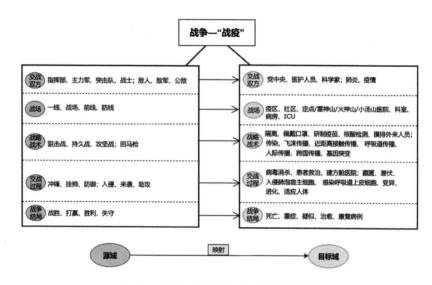

图 8-1 战争、"战疫"中结构要素对应图

在目标域中,交战双方有党中央、医护人员、科学家和肺炎、疫情等;战场有疫区、社区、定点/雷神山/火神山/小汤山医院、科室、病房、ICU等;战略战术有隔离、佩戴口罩、研制疫苗、核酸检测、摸排外来人员,传染、飞沫传播、近距离接触传播、呼吸道传播、人际传播、跨国传播、基因突变等;交战过程有病毒消杀、患者救治、建方舱医院、藏匿、潜伏、入侵肺泡宿主细胞、感染呼吸道上皮细胞、变异、进化、适应人体等;战争结局有死亡、重症、疑似、治愈、康复病例等。

在源域中,交战双方有指挥部、主力军、突击队、战士和敌人、敌军、公敌等;战场有一线、战场、前线、防线等;战略战术有阻击战、持久战、攻坚战、回马枪等;交战过程有冲锋、挂帅、防御、入侵、来袭、助攻等;战争结局有战胜、打赢、胜利、失守等。

"战疫"报道以战争隐喻记录、描述我们与新冠病毒、新冠疫情的斗争,起到了警示作用。

4.3 传统媒体与新媒体中的概念隐喻

我们对传统媒体和新媒体中的概念隐喻主题词(语)进行了统计。详见图 8-2:

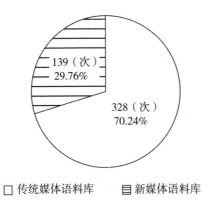

图 8-2 传统媒体与新媒体中概念隐喻主题词(语)占比图

从图 8-2 来看,传统媒体报道中的隐喻主题词(语)在数量上远多于新媒体,可见传统媒体更偏爱使用概念隐喻。这也许与传统媒体的正式程度较高有关,也许与所选语料来自主流官媒有关。

我们发现,传统媒体和新媒体中的战争隐喻高频主题词(语)在频序上也存在差异。在传统媒体和新媒体中,频序前 4 的战争隐喻高频主题词(语)详见表 8-4:

表 8-4 传统媒体和新媒体频序前 4 的战争隐喻主题词(语)及频次表

序号	传统媒体语料库		新媒体语料库	
	隐喻主题词(语)	频次(次)	隐喻主题词(语)	频次(次)
1	一线	52	指挥部	18
2	指挥部/部署	18	一线	11
3	抗击	17	抗击/敌人	6
4	打赢/战胜	11	部署	5

由表 8-4 可知,在传统媒体报道中,频序前 4 的战争隐喻主题词(语)分别是一线(52)、指挥部/部署(18)、抗击(17)、打赢/战胜(11);在新媒体报道中,频序前 4 的战争隐喻主题词(语)分别是指挥部(18)、一线(11)、抗击/敌人(6)、部署(5)。

较之于新媒体,传统媒体多出了"打赢"和"战胜"两个隐喻主题词;而新媒体比传统媒体多出了"敌人"这个隐喻主题词。可见,传统媒体更重视发挥其鼓舞士气的作用。

虽然传统媒体和新媒体中都有"部署"这个战争隐喻主题词,但是它在传统媒体和新媒体中的频序并不同。"部署"在传统媒体中频序为 2,在新媒体中为 4。这表明传统媒体更注重宣传党和政府在"战疫"中的核心作用。

5. "战疫"报道中概念隐喻的动因

概念隐喻之所以在"战疫"报道中广为使用,是因为它有助于理解"战疫"的残酷性和艰巨性;记录了举国上下团结一心,在党和政府的领导下抗击疫情的历史画面;赞美了奋战在一线的医护人员。

5.1 有助于理解"战疫"的残酷性和艰巨性

在新冠疫情暴发初期,人们普遍对病毒缺乏了解,对疫情的严重性认识不足。而"战疫"报道中的战争隐喻,突显了人类与新冠病毒的对立性,强调了"战疫"的残酷性和艰巨性,起到了警世作用。例如:

(13)病毒可以产生比任何恐怖主义活动更严重的后果,世界必须觉醒,将这一病毒敌人视为头号公敌。

——《新京报》,2020 年 2 月 12 日

(14)……为打赢新型疫情防控攻坚战提供坚强保障。

——《北京青年报》,2020 年 1 月 23 日

(15)1 月 24 日下午,在登机出发前,南方医院医疗队队长、南方医院感染内科副主任郭亚兵接受媒体记者采访时表示,他

担忧新型冠状病毒控制难度更大,流行时间更长,要做好打持久战的准备。

——财新网,2020年1月25日

例(13)通过新冠病毒是头号公敌的隐喻,说明了"战疫"的残酷性,以此警醒世人。例(14)和例(15)分别以"攻坚战""持久战"隐喻"战疫",说明"战疫"的艰巨性。

5.2 记录了全国人民在党和政府领导下抗击疫情的历史画面

"战疫"报道中的概念隐喻描绘出举国上下,万众一心,众志成城,在党和政府领导下抗击疫情的历史画卷。我们从与隐喻主题词"抗击"共现的词语可见一斑。详见图 8-3:

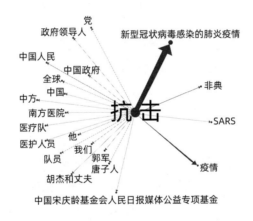

图 8-3　"抗击"隐喻主题词语义共现图

图 8-3 中的"抗击"是频序为 3 的战争隐喻高频主题词。"抗击"左边的节点是主语,右边的节点是宾语。"抗击"与节点连线的粗细,表示共现频率的高低。连线越粗,共现的频率就越高;反之亦然。左边较粗连线上的节点有"中国""中国政府""中国人民""医护人员""队员"等,右边连线上的节点有"新型冠状病毒感染的肺炎疫情""疫情""非典"等。隐喻主题词"抗击"及其共现的词语反映出全国人民在党和政府的领导下,万众一心抗击疫情的时代风貌。

5.3 赞美了奋战在一线的医护人员

"战疫"报道中的概念隐喻赞美了医护人员的大无畏精神,将医护人员英雄化。例如:

(16) 妈妈是白衣天使,向白衣天使学习!妈妈加油!

——《北京青年报》,2020 年 2 月 21 日

(17) 由于疫情的发展,我们医院的十二名白衣战士奉命前往武汉。

——《新京报》,2020 年 1 月 30 日

(18) ……包括夏思思等一线女医务人员,今后还将陆续发布,致敬抗疫巾帼英雄。

——《新京报》,2020 年 3 月 9 日

例(16)、例(17)和例(18)分别以"天使""战士""英雄"指代医护人员,歌颂了他们不顾个人安危,救死扶伤的精神。

6. 余论

诚如莱考夫、约翰逊所言:"隐喻的系统性使我们能通过彼概念来理解此概念的一个方面(比如以战争来理解争论),但这一系统性也必然会隐藏此概念的其他方面。"(莱考夫、约翰逊 2015:7)。"战疫"报道中的概念隐喻亦如是。

我们以战争隐喻为例。战争隐喻在突显"战疫"与"战争"的共性的同时,也遮蔽了"战疫"的特殊性,包括应对策略上和结局上的特殊性。在应对策略上,战争是攻守兼备;而"战疫"的应对策略是防守——防控,例如打疫苗、隔离、戴口罩、勤洗手、保持社交距离等。在结局上,战场上的敌对双方你死我活,不能共存;而新冠病毒可能与人类长期共存。因此,世界 COVID-19 突发流行病伦理委员会(World Emergency COVID-19 Pandemic Ethics)呼吁在有关新冠疫情的报道、交流中停止使用战争隐喻。(Lofredo, et al. 2020)

我们认为在"战疫"报道中使用概念隐喻,利大于弊。对于概念隐喻所遮蔽的问题,我们可以采取一些措施,将其揭示出来。同样以战争隐喻为例,在使用战争隐喻的同时,媒体可以加强有关"战疫"特殊性的宣传、科普工作,让人们能够更全面地认识"战疫"。

参考文献

Adam, M. "An Enemy to Fight or Someone to Live With, How COVID-19 Is Metaphorically Described in Indonesian Media Discourse," 2nd Online National Seminar on English Linguistics and Literature (ELLit), 2020.

Burke, L. "COVID-19: Of Gods, Demons, Armies and Profanities — The Language and Metaphors which Shape a Global Pandemic in the 21st Century," June 2020. https://www.researchgate.net/publication/341793071_COVID-19_Of_Gods_Demons_Armies_and_Profanities-The_Language_and_Metaphors_which_shape_a_Global_Pandemic_in_the_21_st_Century, accessed 11 December, 2021.

Charteris-Black, J. *Corpus Approaches to Critical Metaphor Analysis*, New York: Palgrave Macmillan, 2004.

Leo, A. R. & David, M. K. "A Critical Metaphor Analysis on Malaysia's Gazetted Metaphors amid the Movement Control Order: A COVID-19 Episode," *Horizon J. Hum. & Soc. Sci*, 2020, 2: 193—204.

Lofredo, M. P., Neves, M. P., Erbay, H., Chakraborty, R. & Ghotbi, N. "A Call to Cease the Use of War Metaphors in the COVID-19 Pandemic," June 2020. https://www.researchgate.net/publication/342232798_A_Call_to_Cease_the_Use_of_War_Metaphors_in_the_COVID-19_pandemic, accessed 11 December, 2021.

Lu, X., Wang, P. Y. "Towards a Metaphor-annotated Corpus of Mandarin Chinese," *Language Resources & Evaluation*, 2017, 51: 663—694.

Pragglejaz Group. "MIP: A Method for Identifying Metaphorically Used Words in Discourse," *Metaphor and Symbol*, 2007, 22 (1): 1—39.

丁建新、杨荟:《作为"他者"的病毒:关于新冠肺炎隐喻的话语分析》,载《广州大学学报》(社会科学版),2020年第4期,第107—112页。

胡壮麟:《隐喻与文体》,载《外语研究》,2002年第2期,第10—17,64页。

乔治·莱考夫、马克·约翰逊:《我们赖以生存的隐喻》,何文忠译,杭州:浙江大学出版社,2015年。

李福印、秦进平:《隐喻与认知研究 25 年(1980—2004):成绩、问题与展望》,载《中国外语》,2007年第4期,第17—22、28页。

刘美君、杨佳铭:《陶瓷文本中特殊的修辞策略》,载《当代修辞学》,2020年第2期,第24—35页。

苏珊·桑塔格:《疾病的隐喻》,程巍译,上海:上海译文出版社,2020年。

王寅:《认知语言学与语篇分析——Langacker的语篇分析观》,载《外语教学与研究》,2003年第2期,第83—88页。

张南庄:《何典》,成江点注,上海:学林出版社,2000年。

张薇、汪少华:《新冠肺炎疫情报道中刻意隐喻的认知力》,载《天津外国语大学学报》,2020年第2期,第114—127、161页。

中国社会科学院语言研究所词典编辑室编:《现代汉语词典》(第7版),北京:商务印书馆,2016年。

第三部分

多模态研究

多模态话语分析是否需要分析多模态语法

张德禄　赵　静

同济大学

1. 引言

从系统功能语言学的角度讲,多模态话语分析理论是基于韩礼德(M. A. K. Halliday)的"语言是社会符号"(Language as social semiotic)(Halliday 1978)的论断发展起来的。他说:"语言学是一种符号学,是研究意义的一个方面。……但在任何文化中,在语言之外确实还有许多其他表意方式,包括艺术形式,如绘画、雕刻、音乐、舞蹈等,和其他没有归在艺术中的文化行为方式,如交流方式、衣着方式、家庭结构等。"(Halliday & Hasan 1989: 2)。既然语言是一种符号系统,那么其他符号系统就和语言一样有表达意义的功能。这样,我们自然就会想到,我们是否也可以像研究语言那样研究其他模态的语法呢?

罗兰·巴特(Roland Barthes)在《图像的修辞》(The Rhetoric of the Image)(Barthes 1977: 32—51)一文中研究了图像的意义和修辞效果。他提出了"图像词汇"概念。他认为,单纯的图像本身的意义可以有多种解释,是多义性的,需要找到合适的方法来确定它的意义,其中最主要的手段是附加语言信息。他提出语言信息有两个作用:(1)定位(anchorage),把图像的流动的多义性固定为确定的意义;(2)转述(relay),对已有的图像意义附加解释、说明等。他还认为图像的一系列结构项目之间具有聚合关系和组合关系,但是并没有从语法的角度研究图像和文字的关系。

欧图尔(M. O'Toole 1994)在其《展示艺术的语言》(*The Language of Displayed Art*)一书中开始尝试研究多模态语法。作者把展览的艺术品当作语言来进行研究。借用系统功能语言学理论中语言体现三种意义的思想,他认为展示艺术品也同样实现三种意义:表现意义(representational meaning)、情态意义(modal meaning)和语篇意义(compositional meaning),分别对应于韩礼德的概念意义(ideational meaning)、人际意义(interpersonal meaning)和语篇意义(textual meaning)。另外,仿照韩礼德对语法单位的级阶划分,他把艺术语篇分为不同的级阶,包括作品(work)、情节(episode)、图形(figure)、成员(member),它们之间是包含与被包含的关系。同时,根据不同级阶的艺术语篇单位,他列出了体现不同语篇单位的具体因素,或者称子系统。尽管如此,从多模态理论建构的角度讲,这个分析也存在问题。首先,语篇和语法的关系没有分清楚。他划分的这些不同级阶的单位不清楚是语篇单位,还是语法单位。其次,各个因素的系统特征不明确,即各个因素可以自成系统,但其系统内部有哪些特征,特征之间什么关系还不清楚。最后,他并没有为不同符号系统建立相应的语法系统。

克莱斯和凡·莱文(Kress & van Leeuwen 1996/2006)根据视觉符号如何体现三个元功能,即概念功能(表现功能)(representational)、人际功能(交流功能)(interactional)和语篇功能(组篇功能)(compositional),发展了视觉语法(visual grammar)。他们提出了体现表现意义的叙述表现(narrative representation)语法和概念表现(conceptual representation)语法,类似于语言的及物性系统;体现人际意义的交流语法,包括情态(modality)、视点(angle)、距离(distance)等;体现语篇意义的组篇语法,包括信息值(information value)、突显(salience)、框界(framing)等。克莱斯和凡·莱文的这一研究具有开创性意义,第一次把语言语法扩展到视觉领域,形成一个语法体系。

颜色作为一个符号模态,也具有自身的语法。首先,从概念功能开始,色彩可以清楚地用来表示具体的人、地点、人物和人、地、物的分类,以及更有概括性的思想等。例如,国旗的颜色表示特定的民族和国家,汽车公司越来越多地使用特定的颜色或配色方案来表示其独特的地位。其次,颜色也用来传达"人际"意义,能使我们实现"颜色行为"。并且它可以被用来对彼此或为对方做事情,例如通过"权力伪装"来打动或恐吓,通过将障碍物和其他危险物涂成橙色来警告他们,甚至可以用来驯服他人。位于西雅图的美国海军惩戒中心发现,"粉红色,适当的应用,可以在15分钟内使敌对分子和好斗的人放松"(Lacy 1996:89)。最后,颜色也可以在语篇层发挥作用。正如在许多建筑中,门和其他特征的不同颜色一方面区分了不同的部门,另一方面在这些部门内创造了统一和连贯性,因此颜色也有助于创造语篇的连贯性。例如,在西班牙语教科书 *Pasos*(Martín & Ellis 2001)中,每章的章节标题和页码都由不同的颜色表示,所有章节的标题("Vocabulario en casa""Gramática", etc.)都呈现规律性的变化。

尽管如此,克莱斯和凡·莱文的研究也存在问题。他们在层次的确定、详尽程度的选择和语法如何用于分析语篇方面没有说清楚,所以大家感觉该研究:(1)主要是印象性的(impressionistic),具有主观性;(2)对多模态的研究主要是借用语言学的理论和方法,没有建立起自己独立的理论和方法(Jewitt 2009:26)。对于第一个批评,实际上是因为对于语言之外的模态,我们没有为其建立起其词汇语法系统的结果。如果没有一个明确的系统做基础,选择就会看起来是任意的,以感觉为基础的。对于第二个批评,则是我们从事多模态研究开始阶段的必经之路:由于我们根本没有研究语言之外的其他模态的理论和方法,借用语言学的方法是一个捷径。而且由于它们和语言在实现社会交际目标的一致性和相似性,从功能的角度研究这些系统也是有理据的。

马辰(Machin 2007)从社会符号学的角度探讨了多个模态如何体现意义的功能。他认为,不同的模态具有不同的系统特征。可以分为:两个层次的系统,没有语法层,意义和实体是一一对应的,即符号 → 意义;三个层次的系统,如语言,它需要一个词汇语法,即符号→词汇语法→意义。对于有词汇语法系统的符号系统,我们才需要为它建立一个词汇语法系统。所以,从马辰(2007)的角度讲,多模态语法实际上是隐喻性的,也就是说,它像语法,因为它能体现意义,至于它是不是真正的语法,还需要进一步确认和研究。

另外，马辰还研究了图像、颜色、书写符号、布局等是如何体现意义的，以及体现意义的主要因素。这应该是语法研究的范围。这里我们需要区分形式语法和功能语法，因为不是只从形式的角度进行的研究才是语法分析。在图像是否有语法的问题上，马辰认为，把现在已经发现的一些特征视为语法还为时过早，还需要继续研究，还有许多问题需要搞清楚。例如，图像很难自然地划分为成分；符号规则难以确定，符号的任何部分都可以同时得出一些规则，或者没有规则；图像不必通过语法来表达意义，图像符号的编码不都是在第一个层面上，即不是在字面意义层面上。由此可见，马辰虽然没有设计出新的多模态语法，但给我们发展这种语法提供了许多有意义的启示，例如，不同层次的符号系统、不同类型的符号系统等。

马辰的结论只能说明，现在研究出来的"多模态语法"的根基还不牢固，还需要继续研究，但不能否定多模态语法的存在。有两个方面我们还没有研究清楚：一是每个符号背后的符号系统，我们不是很清楚，包括它们的语法系统；二是这个符号系统的意义范围，和符号之间的关系不清楚。总而言之，对多模态语法进行研究是十分必要的。

2. 什么是语法

现代朗文英语词典（*Longman Modern English Dictionary*）记录了语法的两个定义：(1)相对于单个语言，语法是指"研究某个语言的系统性规则、形式、屈折变化和句法以及正确使用它们的科学"；(2)相对于所有语言，语法是指"所有语言的形式系统和句法用法"(Watson 1968)。这两个定义应该是语法最基本的意义。由此可以看出，语法有三个基本特点：(1)以结构为基础，是对结构的研究；(2)是一个形式系统；是对语言形式的阐释，可以从功能、形式、认知等不同的角度进行；(3)是对结构中的某个成分的作用的解释。由此可见，语篇语法(text grammar)是语法的隐喻用法，并不是真正意义上的语法，因它是对语篇结构的研究（语篇结构是意义结构），不是对语法结构的研究。

3. 是否需要分析多模态语法的决定因素

在多模态语篇分析中是否需要分析语法由多种因素决定。这些因素包括：(1)进行多模态语篇分析的目的；(2)相关模态或符号系统的特点；(3)多模态语篇分析的特点等。

3.1 研究目的

进行多模态语篇分析可以有不同的目的，包括：(1)理论建构，探讨非语言符号及其系统的稳定的内部特征；(2)解决实际问题，即解决一个实际或实践性问题；(3)从不同的角度研究，例如：功能、形式、认知、心理等。

3.1.1 理论建构

进行多模态理论建构的主要任务是探讨非语言符号稳定的内部特征。例如，在探讨多模态话语中的名词这个议题中，从多模态的角度看，名词是一个具有语法特性的术语。图 9-1 是一个电脑绘制的请柬，意思是"你被邀请赴宴"(You are invited to dinner)。这一意义通过四种模态及模态组合体现：书面、综合、空间和图像，表达了有参与者、环境、地点的过程，在语言上可以由小句、名词、名词词组、动词等体现。

图 9-1　电脑绘制的请柬

其中的非语言符号也包括名词和名词词组,如表9-1所示:

表 9-1　多模态语篇中的名词和名词词组

语篇	模态	功能	形式
You are invited	书面	有接受者的过程	小句
宴席	综合	情景:地点	名词
方形空间	空间	情景:地点	名词词组
刀叉　杯子和酒瓶	图像	参与者	名词词组

另外,笔者(Zhang 2017)曾对各类符号的名词性特征进行了研究,发现符号的名词性特征实际上形成一个连续体,不同类型的符号具有不同程度的名词性特征(见表9-2)。如认可了名词的存在,在三个层次的符号系统中,就可以确定语法的存在:

表 9-2　语言中的名词和非语言符号系统中名词性符号的特征

类别	象征		索引		图像			
特征	设计	双符	辅助	隐性	显性	相似	抽象	制作	复制
最名词化	←――――――――――――――――――――→								最非名词化
例子	语言	玫瑰	豪车	高温	烟	烟火	素描	绘画	照片

3.1.2 解决实际问题

大部分的多模态话语分析都是为了解决实际问题的。在解决问题的研究中,核心的要求是最终能够把问题解决掉。如果在意义层可以解决的问题,就没有必要再分析它的语法来解释它。如果在意义层不能很好地解释它,就需要到语法句法层来寻找解决方案。例如,课堂话语研究是为了提高教学效果,发现不同模态的配合在外语教学中的作用。如果模态配合是在意义层面,则可不需要探讨语法层面的配合;如果这种配合是在语法层面上,只探讨意义层面的配合可能说服力不强。例如,教师说的话与她的肢体动作，PPT 上的文字，图像之间的对应关系，可以通过语法解释它们的一致性和作用。例如，用口语可以说，"//limiŋ æ yitsi jiətəŋ ʃigu ʤɔŋ ʃould ʤɔŋ ʃaŋ//"；用书面语是"李明在一次交通事故中受了重伤"；用手势可以是（图 9-2）：

图 9-2　用手势表示"李明在一次交通事故中受了重伤"

用图像是（图 9-3）：

图 9-3　用图像表示"李明在一次交通事故中受了重伤"

在探讨语言与非语言模态的配合时，要探讨语言和非语言的语法是如何共同体现意义的，同时，还要探讨其他模态的形式特征与语言语法的对接问题，所以，探讨在语法层面的对接是必要的。再看下面这个例子（图 9-4）：

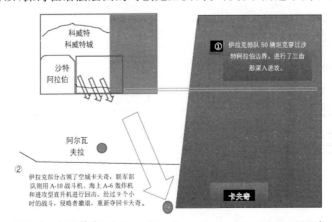

图 9-4　海湾战争（*Sydney Morning Herald* **14 February 1991**）

图 9-4 由两个图像语篇片段和两个书面语篇片段组成,还有一些孤立的词语和表达式。图像语篇片段和书面语篇片段具有不同的功能。图像语篇片段清晰地、生动地、鲜明地展示了部队从一个区域到另一个区域的运动。但是,他们不能显示具体的信息,如军队的行动和在不同时间的战果。这要由书面语篇片段来补充。第一个语篇片段通过提供关于海湾战争的背景信息来增强和修饰较大的图像语篇片段,因为在图像语篇片段中没有表明以前的攻击行为。第二个语篇片段主要对较大的图像语篇片段进行详述,它主要表现了伊拉克部队如何进攻,以及盟军如何给予还击。在图像语篇语法中,词和词组充当了结构成分,同时也提供了关于结构终点的更多信息(见表 9-3)。

表 9-3 海湾战争多模态语篇中各组成部分之间的关系

1	标题:卡夫奇
2	书面文字(1):背景资料 　　　↘ 增强
3	较小图像语篇片段和词与词组:背景信息 　　　↘ 增强
4	较大图像语篇片段和词:主要行动 　　　↗ 叙述
5	书面文字(2):详述行动

图像语篇片段和书面语篇片段是多模态语篇的主要组成部分,其中较大的语篇片段由行动小句实现,表明本文的主要内容:伊拉克军队对卡夫奇的进攻;较小的图像语篇片段,由相似的行动小句实现,为进攻行动提供了背景信息。孤立的词和词组实际上和图像语篇整合为一体,作为实现图像语篇片段的行动过程和分析过程的成分。

两个书面语篇片段具有相似的及物性结构(主要是物质过程),但在多模态语篇中却有不同的功能。第一个语篇片段由一个复句体现,通过提供关于海湾战争的背景信息来增强图像语篇片段,因它表明了图像语篇片段中以前的进攻行动。第二个语篇片段由一系列复句体现,对较大的图像语篇片段进行详述,主要说明了伊拉克部队如何进行攻击,以及盟军如何给予反击。四个语篇片段与词和词组之间的关系可以如表 9-3 所示。需要进一步解释的是:孤立的词和词组不能独立起作用,而是作多模态语篇的成分(分类过程),或作图像语篇片段的成分。

图 9-4 由两个图像语篇片段和两个书面语篇片段组成,并有一些独立的词语和表达式。图像语篇片段只表示行动的主要方向,即从一个地方到另一个地方的运动。书面语篇片段清楚显示详细的行动。独立的词、词组与图像语篇片段整合为一体,作为实现图像语篇片段的行为和分析过程。所有的小句,无论是书面的还是图像的,都是物质或行动过程,这突出表现了战争的特点(参见表 9-4)。

表 9-4　多模态语篇"海湾战争图"的及物性分析

1	图像	甲	穿过撒哈拉沙漠	向前移动	
		行为者	地点	行动	
	书面语	伊拉克人	用 50 辆坦克	进行了	三齿形深入进攻
		行为者	方式	物质过程	范围
		名词词组:科威特、沙特阿拉伯、科威特城,在多模态语篇中作地点、区域名称				
2	图像	甲	从阿尔瓦夫拉向卡夫奇	移动	
		行为者	地点	行动	
	书面语	1.伊拉克部队		占领了	空城卡夫奇
		行为者		过程	地点
		2.联军	用 A-10 战斗机、海上 A-6 轰炸机和进攻型直升机	进行反击	
		行为者	方式	物质过程	
		3.这个城市	经过 9 个小时的战斗	被夺回来了	

续表

2	书面语	目标	时间	物质过程	
		4.侵略者		撤退了	
		行为者		物质过程	
		名词词组:阿尔瓦夫拉和卡夫奇,作为战斗开始和结束的地点			

这样,我们可以说,当多模态语篇由不同模态的语篇片段组成时,多模态语篇可以用以下方式进行语法分析:(1)找出那些不同模态被整合成同一语法结构中的模式,无论是语言还是视觉的。(2)分析每个语篇片段的语法,发现由特定模态体现的语篇片段的语法模式。(3)把不同模态体现语篇片段的语法模式联系起来,发现它们是如何相互联系的。

3.1.3 从不同的视角分析

到目前为止,多模态话语研究,在语言学领域,主要是从功能(Kress & van Leeuwen 1996/2006;O'Halloran 2004)、认知(Forceville 1996;Forceville & Urios-Aparisi 2009)和语用(Mubenga 2009)几个视角进行的。在其他领域,如计算机、医学领域,也有从形式角度进行研究的,如图形语法(graph grammar)(Ehrig, Nagl & Rozenberg 1983),指把语言形式语法延伸到研究图形结构上,如图形、地图等。大部分多模态话语研究是从功能的角度进行的,并且已经证明多模态语法研究的必要性和有效性,而从语用的角度进行的研究,似乎刚刚开始,所以,这里主要简单探讨从形式和认知的角度进行的研究。

从形式的视角进行分析,核心是找到模态的形式特征,然后分析其是否有词汇语法特征,从而为它建立词汇语法系统。例如,图9-5是一个用PASCAL类语言编辑的小型编程语言句法图。这个图形是计算机程序图形,具有稳定和固定的特征,又是模拟语言的形式语法编写的,所以,具有形式语法的某些特性。但由于它是对整个计算机语言语篇的描述,又相似于语篇语法。无论如何,找到程序运行的句法轨迹对于这个学科领域是有效的。

从认知的角度分析,多模态语法在多模态语篇分析中基本不用,主要从概念化及投射等角度进行分析。本文以赵秀凤、冯德正(2017)的《多模

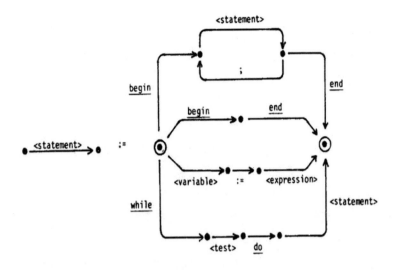

图 9-5　用 PASCAL 类语言编辑的编程语言句法图(Kreowski & Rozenberg 1990)

态隐转喻对中国形象的建构——以〈经济学人〉涉华政治漫画语篇为例》为例来看从认知的角度对多模态语篇的分析。从认知的角度研究多模态语篇主要以多模态隐喻和转喻为核心,主要是在语篇层面探讨多模态隐喻现象及其功能。例如,在这篇文章中,可以识别出 11 个"根源域"(不包括转喻或隐喻链中的次源域),它们分别是中国领导人、中国地图、人民币、中国红、五星红旗、长城、熊猫、龙、孔明灯、脸谱、植物。其中,"4 个源域:'长城''国家领导人''熊猫'和'龙'往往呈现为转喻和隐喻同体,在转喻指称中国身份的同时,自身作为独立的隐喻源域,同体内部激活转喻和隐喻互动,构建意义"(赵秀凤、冯德正 2017:33,见图 9-6)。这样,同一幅漫画往往涉及多个隐转喻,构成系列转喻链和隐喻丛,但都没有涉及多模态语法的研究。

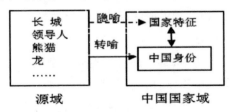

图 9-6　同体式隐转喻运作过程

3.2 模态或符号系统的特点

模态系统千差万别,它们之间的关系难以确定。如果我们能够为每一个模态建立一个语法系统,我们就可以以语法为基础把各个模态联系起来,并据此探讨它们之间的协同、互补、交叠等关系。

3.2.1 不同层次的符号系统

模态要建立在一定的物质基础之上,如交通信号灯的物质基础是灯光和颜色;口语的物质基础是声音。在物质基础与符号意义之间总要有一定的关系。这种关系就是模态的形式系统。这样,模态可分为两种。两个层次符号系统——符号的物质实体和符号的意义是一一对应的,如交通信号系统。由于符号的意义和符号的物质实体体现的符号本体是对应的,符号的形式特征只表现为词汇,成为冗余的。例如,在选择[停]的过程中,首先选择的是媒介红色,但一旦选择了媒介红色,就同时选择了词汇红色,同时选择了"停止"意义。从这个角度讲,我们没有必要为它建立一个结构语法或功能语法,但需要描述它的系统性。

但如果某个符号系统的符号实体和意义各自有自己的系统,那么就需要另一个系统来把它们联系起来,这就是词汇语法系统。例如,语言是一个三个层次的系统。媒介系统包括音系统和字系统;词汇语法系统包括词汇和语法两个系统;意义系统是由概念意义、人际意义和语篇意义三个意义成分组成。这三个层次的系统各自是独立的,选择了媒介系统不等于同时选择了词汇语法系统,而是要重新进行选择。对于三个层次符号系统,我们有必要分析它们的语法系统。这样,如果要对某个模态系统进行描述,我们需要先分清它是两个层次的模态系统,还是三个层次的模态系统,然后探讨他们的词汇语法系统。同时,还应该为它建立媒介系统,因为仅仅为它建立词汇语法系统是不够的。

3.2.2 不同类别的符号

在多模态语法建构中,是否需要为不同类型的符号系统建构不同特点的语法系统是第二个需要研究的问题。皮尔斯(C. Peirce)把符号的类别归纳为三个类型——图像(icon):图像符号的基础是它的能指所指的相似性(similarity);索引(index):索引符号的基础是它的能指所指的关联性;象征(symbol):象征符号的基础是在能指和所指之间存在一种约定俗成的规定,一种"定律"(law)。(Pharies 1985:34—42)

符号的类别似乎和是否需要建立语法系统无关:无论图像符号、索引符号和象征符号都可以是两个层次的符号系统,也可以是三个层次的符号系统。但从符号的识别和解释的角度看,图像符号的基本特点是相似性,而相似性的识别主要是在感觉和直接识别的层面上。也就是说,对这类符号的识别和解释可以不通过语法,而是直接通过感觉即可。

例如,一张照片是一个符号,照片上的图像和某个人、某个场景或者某个物体相似,释者会把它解释为那个人、那个场景,或者那个物体,不需要通过语法来解释。至于是否为这种符号系统建立语法会使理解更加精确、有规律可循,或者有利于与其他符号对接和联系,则是需要进一步研究的问题。对于索引性符号,识别的重点是发现关联性。例如,冒烟了可以解释为着火了。烟和火的关系是因果关系,有火才产生烟。然而具体的识别过程还要复杂得多。冒烟可以表示做饭了,或有人在这里,或那里有人烟等。索引性要靠推理,通过思考把它们的关系建立起来,如许多破案线索的推理过程。如果是三个层次的系统,则需要建立结构(功能)语法系统,从而把解读的过程规则化。

象征符号的能指和所指之间没有自然的联系,是通过人约定俗成的行为和习惯形成的。例如,通过技术手段:交通信号通过红灯、绿灯、黄灯来表示;通过多年的习惯形成,如语言;通过立法,如用某种旗子代表这个国家,用某种花代表这个城市,用某种标志代表不同的警种或者兵种。这种符号系统是建立多模态语法的理想符号系统,因为它们无论是从直观上还是从推理上都没有办法把两者联系起来,唯一的办法是通过学习认识能指和所指的象征关系。而当即使能够认识这种关系,如认识某个语言的词汇,你仍然不能解释它们的意义时,就需要通过语法来把媒介和意义联系起来,把符号媒介通过语法解释为有意义的符号或符号组合。当需要多个符号同时出现组成一个新的更大的符号或者符号组合时,仅仅认识词汇是不够的,还需要语法来把选择的符号组成一个有意义的符号组合。

综上所述,对于任何类别的符号系统,如果是图像性的,就可以通过相似性直接识别和解释它,一般情况下不需要为它建立结构(功能)语法系统。这样,需要建立语法系统的符号系统就只有具有三个层次的索引符号系统和象征符号系统。

3.3 多模态语篇分析的特点

当我们谈论视觉设计语法时,我们假设不同模态在词汇语法层面是互补的。但是,如果我们仔细研究多模态语篇,我们可以发现并非总是如此,与之互动和互补的大多是小语篇或由不同模态实现的语篇片段(成分)。这样,我们至少可以识别多模态语篇分析中不同类型的组合模式。

在图 9-7 中,图像表示一个多模态语篇(不是句子或小句),它由三部分组成:(1)饮水图像;(2)书面词语;(3)水瓶图像。每一个都是一个通过某种逻辑语义关系相互关联的小语篇(或称"语篇片段")。在图像部分,男人似乎试图从水池里喝水(这是可以看到的),而女人则面带微笑地看着他。在语篇部分,"纯粹的活力"可以被看作是文章的标题,它显示了水的来源和矿泉水所含的健康成分。然后是正文,由七个小句组成,主要是省略句来描述水的质量和来源。水瓶图像本身可以独立地作为一个"单字"语篇,因为它代表一个真实的实体。另外,它还包含瓶子上的品牌和产品介绍,这是水瓶内的嵌入型语篇。然后,三个"段落"或语篇片段连接在一起,形成一个多模态语篇,其中每一个语篇片段充当语篇中的一个组成部分,并有自己的功能。水瓶语篇片段显示了广告产品的标志;外部的文字和图片一起显示产品的质量和功能,因此它们被用来增强水瓶语篇片段。

图 9-7　Vittel 广告(*New Idea* 5 December 1987)(Kress & van Leeuven 2006)

图像语篇片段通过表现这样的事件来吸引观众的购买欲望,而书面文字则通过增加更详细的关于水的质量、用途和来源的信息来补充它。

在图 9-8 中,词汇部分似乎与视觉结构的成分相结合,用以实现多模态语篇。从图像上看,澳大利亚地图分为六个部分,每一部分占据一定的比例。如果它是一个小句,它是一个及物性的分析过程。词汇部分可以看作是一系列具有相同结构的关系过程(标记—过程—价值):奋斗者占 23%;适应者占 13%;成功者占 27%;有压力者占 13%;传统者占 14%;其他人占 10%。因此,这个多模态语篇被视为由一个图像语篇片段和六个语言片段组成,每一个都被视为一个单独的成分。语言片段首先对图像语篇片段的一个独立成分相关,然后相互联系形成互文衔接。

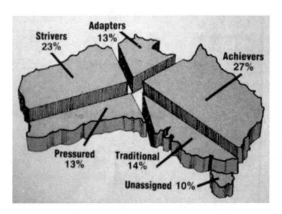

图 9-8　澳大利亚的组成成分(*Bulletin* 10 January 1989)
(Kress & van Leeuwen 1996/2006)

一个二维图形单位中的意义实际上与语言中的一系列小句的意义相当。由于语言是线性的,所以二维图像中的部分可以成为语言语篇的一个整体。这表明不同的符号系统可能有不同的语法模式。语言有线性语法,而图像有二维语法。在这个意义上,在多模态话语分析中,我们应该首先从多模态语篇中区分语言片段与图像片段;其次,根据语法分析每个片段(语言或图像)的意义。如果可行,比较不同模态的片段的意义,看看它们是如何协调、合作和相互关联的;如果不可行,将它们整合到另一种模态的语篇片段的语法单位中,反之亦然,然后做多模态分析。

事实上，大部分的多模态语篇都是由单模态语篇片段组成的。只有当一个模态所实现的片段不能独立地作为小句或小句结构时，多模态语法才能从另一种模态中吸收成分，构成一个完整的小句或小句结构。

语言部分可以根据情景语境的需要通过词、词组、从句、句子或一系列句子来实现。同时，图像部分可以在简单符号系统中通过一个词符号或一系列符号来实现（如交通信号语篇），或一个复句符号，或一个多符号系统中的一系列复句。

4. 结语

多模态语篇分析是否需要同时分析多模态语法受到多种因素的制约。第一，分析的目的或目标是一个关键因素：如果不分析多模态语法即可达到既定的研究目标，就可以不分析多模态语法。第二，多模态语篇中不同符号是在什么层次和结构中相互结合或融合组成多模态语篇的；如果在语篇层面，则首先在语篇层面分析它们各自的功能和作用，然后看是否有必要再在语法层面进行分析；如果涉及语法层面，则需要同时分析多模态语法。第三，多模态语法分析是从什么理论视角进行的。有些研究视角提倡研究多模态语法，如系统功能语言学，有些则不提倡，如认知角度等。这样，在进行多模态话语分析中，要首先清楚自己的分析目的或目标是什么，看如何进行研究才能达到目的。其次，看分析的多模态语篇的特点，看是否必须进行语法分析；最后还要根据自己的研究视角做出决定。

当然，还可能有其他因素需要考虑，这个研究还是初步的，还需要进一步深入的研究。

参考文献

Barthes, R. *Image, Music, Text*, London: Fontana, 1977.

Ehrig, H., Nagl, M. & Rozenberg, R. (Eds.) *Graph-Grammars and Their Application to Computer Science*, Berlin, Heidelberg and New York: Springer Verlag, 1983.

Forceville, C. *Pictorial Metaphor in Advertising*, London: Routledge, 1996.

Forceville, C. & Urios-Aparisi, E. (Eds.) *Multimodal Metaphor*, Berlin: Mouton de Gruyter, 2009.

Halliday, M. A. K. *Language as Social Semiotic: The Social Interpretation of Language and Meaning*, London: Edward Arnold, 1978.

Halliday, M. A. K. & Hasan, R. *Language, Context and Text: Aspects of Language in a Social Semiotic Perspective*, Oxford: Oxford University Press, 1985/1989.

Jewitt, C. *The Routledge Handbook of Multimodal Analysis*, London & New York: Routledge, 2009.

Kreowski, H. J. & Rozenberg, G. "On Structured Graph Grammars. I," *Information Sciences*, 1990, 52: 185—210.

Kress, G. & van Leeuwen, T. *Reading Images: The Grammar of Visual Design*, London: Routledge, 1996/2006.

Lacy, M. L. *The Power of Colour to Heal the Environment*, London: Rainbow Bridge Publications, 1996.

Machin, D. *Introduction to Multimodal Analysis*, London: Hodder Arnold, 2007.

Martín, R. M. & Ellis, M. *Pasos I*, London: Hodder and Stoughton, 2001.

Mubenga, K. S. "Towards a Multimodal Pragmatic Analysis of Film Discourse in Audiovisual Translation," *Translator's Journal*, 2009, 54(3): 466—484.

O'Halloran, K. (Ed.) *Multimodal Discourse Analysis: Systemic Functional Perspectives*, London: Continuum, 2004.

O'Toole, M. *The Language of Displayed Art*, London: Leicester University Press, 1994.

Pharies, D. A. *Charles S. Peirce and the Linguistic Sign*, Amsterdam: Benjamins, 1985.

Watson, O. (Ed.) *Longman Modern English Dictionary*, Harlow & London: Longman, 1968.

Zhang D. "Grammar, Multimodality and the Noun," *Language and Semiotic Studies*, 2017, 3(4): 1—6.

赵秀凤、冯德正:《多模态隐转喻对中国形象的建构——以〈经济学人〉涉华政治漫画语篇为例》,载《西安外国语大学学报》,2017 年第 2 期,第 31—36 页。

多模态与跨文化交际研究

王伊蕾　冯德正

香港理工大学

1. 引言

在全球化背景下,文化的流动正以前所未有的规模发生在世界各国的现实与虚拟空间里。受此影响,跨文化交际研究中的核心议题(如文化差异、文化身份等)也经历了从本质主义到建构主义的范式转变。(冯海颖、黄大网 2016)建构主义认为文化并非先定的、一成不变的,而是体现在具体的社会实践中,是通过一系列的话语、活动积极建构的结果,具有流动性、复杂性和语境敏感性。(Holliday 2010)随着经济、政治、文化的日益"符号化"(semioticised)(Aiello & Thurlow 2006),越来越多的研究者认为,文化的传播和交际是行为主体使用多种模态资源(如语言、服装、手势和行为),不断做出选择的过程。Aiello & Thurlow(2006)指出,在社交媒体时代,世界范围内的文化传播与交流越来越多地依靠象征符号、图片、音频、视频等多媒体资源。在此背景下,多模态分析能够为深入理解跨文化交际提供新的视角。然而纵观国内外关于跨文化交际的研究,绝大部分仍是基于语言语篇的分析,而对多模态语篇中的跨文化交际的探讨寥寥无几。迄今为止,学界尚未介绍具有普遍意义的理论模型阐释跨文化交际语篇中的多模态分析。鉴于此,本文将介绍将多模态理论运用到跨文化交际研究的路径。我们提出将广义的跨文化研究分为跨文化对比(cross-cultural comparison)、跨文化沟通(intercultural communication)与超文化传播(transcultural communication)三个视角,并讨论多模态理论在不同研究视角中的应用。

2. 跨文化交际研究的三个视角

虽然"跨文化"这一概念在不同学科研究领域中频频出现,但不少学者仍质疑其价值,批判其刻板、公式化的倾向,认为其只是一个"理论空洞的流行词"(theoretically hollow buzzword)(Collins 2018:168)。为了全面理解其内涵,我们可以通过区分跨文化对比、跨文化沟通与超文化传播三个视角阐释跨文化交际研究这一领域的不同范式。

跨文化对比研究关注的是"两个或多个文化在交际中存在[的]文化差异现象"(张德禄、郝兴刚 2019:58)。对于文化差异的界定,Hofstede(1980,1991)的文化维度模型与 Schwartz(1992)的文化价值观理论是最有影响力的理论构架。Hofstede(1980)通过长期的调查研究,总结出四大文化维度,分别为:权力距离(Power Distance)、个人主义/集体主义(Individualism/Collectivism)、男性化/女性化(Masculinity/Femininity)和不确定性规避(Uncertainty Avoidance)。Hofstede(1991)后对文化维度进一步扩充,归纳出第五个文化维度:长期导向/短期导向(Long-term Orientation/Short-term Orientation)。其中,长期导向是指基于未来回报的美德培养,例如,坚韧和节俭;短期导向是指与过去和现在相关的美德培养,例如,面子行为和履行社会义务。这种文化模型代表了本质主义范式的文化研究,反映出文化主体意识,在很大程度上忽略了文化的丰富性、复杂性和流动性。例如,Holliday(2010)从社会学与地缘政治学角度出发,对 Hofstede 文化理论提出一系列批评。他认为 Hofstede 文化模型中的两分法论述(如个人主义和集体主义的对立)看似中立,实则近乎文化沙文主义,是文化描述"他者化"(othering)的体现。

与跨文化对比不同,跨文化沟通是指"来自两个或多个文化中的个体在交际语境中协商、共享意义符号的过程"(Ting-Toomey 1999:16)。这个过程是动态的、多维的,建立在不同的社会环境中,形成跨文化流动(intercultural flows)(Appadurai 1996)。全球化发展之初,文化一直是由欧美"核心"国家向"边缘"国家的单向流动。例如,20 世纪 70 年代

Hall(1976)将日本文化列为高情境,而90年代Trompenaars(1994)却将日本文化列为低情境,中国文化为高情境;随着时间推移和全球化的发展,Li & Wu(2018)发现,中国和日本这些曾被认为受儒家文化影响的高情境国家都日益低情境化,呈现出个性化的文化特征。除了由欧美"核心"向"边缘"国家的单向文化流动以外,随着全球化的进一步发展,越来越多非西方的文化逐渐活跃在国际舞台上:中国的武术电影、日本的动漫、韩国的流行音乐都努力让本地文化、伦理和美学走出国门,在"逆向"文化流动中争取一席之地。总体来说,全球化下的文化流动给予了世界公民更多选择,双向渗透似乎变得更加普遍、简单,从食物到潮流服装,再到建筑,具有民族标记的文化形式都可以迅速"符号化",成为供消费者选择的商品。(冯海颖、黄大网 2016:63)

　　超文化传播是跨文化沟通深入发展的结果,指不同社会文化背景下的交际者不再拘泥于自己的文化,而是能够理解并融合其他文化的交际和行为模式。超文化传播除了多文化的成员相互交际外,同时还具有包容文化差异性、建立理想多元文化交际的内涵。(张德禄、郝兴刚 2019:58)例如,Bhabha(1994)为了描述文化差异的再现与协商,提出了文化杂糅(hybridity)的概念。杂糅化策略有助于疏远权威、专制的文化符号,建立文化协商的"第三空间"(third space);文化交流双方的权力虽可能仍不平等,但不再是简单的二元对立。在全球化与新媒体时代,超文化研究对促进国际理解与合作有着重要意义。在经济领域,为了扩大全球影响力,许多跨国公司(如可口可乐、迪士尼、麦当劳)都成功树立了"全球本土化"(glocalization)的情感品牌战略,保持高度的当地文化差异敏感性,以创新的沟通方式来满足本地消费者的偏好。(Robertson 2001:464)

　　随着交际方式的日益多模态化,无论是探讨文化差异、跨文化沟通,还是超文化传播,都不能只关注语言,而要对非语言符号进行系统分析。正如Lyons(2016:269)指出的,文化交流与传播是基于交际者的意义建构,而意义建构是在交际中不断"选择"和"配置"不同模态资源的结果。鉴于视觉图像在传播和多模态研究中的重要地位,下面我们将讨论如何将视觉语法(Kress & van Leeuwen 2006)应用于跨文化对比、跨文化沟通与超文化传播研究。

3. 视觉语法理论与跨文化交际研究

Kress & van Leeuwen(2006)的视觉语法理论是在系统功能语法(Halliday 1994)的基础上发展起来的;他们认为概念意义、人际意义、语篇意义三大元功能不仅适用于语言符号分析,同时也适用于图像、声音、颜色、版面等非语言符号研究。基于系统功能语法的三大元功能,Kress & van Leeuwen(2006)提出图像的三种意义,即再现意义、互动意义和构图意义。

再现意义主要反映图像中人物、环境、地点、事件的关系,可分为叙事过程和概念过程。其中,叙事过程分为行为过程、言语过程、反应过程和心理过程;概念过程包括分类过程、分析过程和象征过程。我们在本文中主要关注角色的行为动作和分析过程中的外貌、服饰等特征。互动意义反映构建图像参与者与观众的关系,包括接触、距离和视角三个维度。"接触"指的是图像参与者与观众之间的关系。Kress & van Leeuwen(2006)将图像分为索取和提供两类。索取类图像指构建图像参与者和观众有目光交流;而提供类图像指参与者和观众间没有互动交流。就"距离"而言,近景图像可用于表示与观众亲密的人际关系,中景表示关系适中,远景则表示疏远的社会关系。此外,构建图像参与者和观众间的关系可以通过"视角"建构:水平视角表示平等关系,俯视体现观众的权威;仰视体现图像参与者的权威。构图意义主要通过信息值、显著性、框定三种方式实现。Kress & van Leeuwen(2006)认为在构图中,重要信息一般会被放置在中心位置,次要信息放置在边缘位置。从左到右的图像是从已知信息到新信息的分布,从上到下传递的是理想到现实信息。显著性旨在吸引观众的注意力,通过背景前后位置、大小、色调和对比度等方式表现。框定指图像中各元素之间编排的是否存在明显的边界线,以此反映出元素配置的连贯性。

下面我们将简要介绍如何将视觉语法理论应用于跨文化对比与跨文化沟通的相关研究,并在第 4 节中探讨其在超文化传播研究中的应用。就跨文化对比而言,学者尝试用视觉语法考察不同国家征兵宣传片设计

(潘艳艳、郑志恒 2018)、大学网站主页设计(Zhang & O'Halloran 2012; Zhang, et al. 2020)、社交媒体上表情符号的使用(Rui & Stefanone 2013;Park, Baek & Cha 2014)中的文化差异等。这些文章的着眼点不是为了证明文化差异的先验假设,而是探究多模态话语实践体现了怎样的文化差异。例如,潘艳艳、郑志恒(2018)分析了中美征兵宣传片中图像互动意义的差异。研究发现,美国的征兵宣传片总体采取近景镜头拍摄士兵;他们采用直视的目光,微笑着向镜头展示他们和女友或者妻子的合影,从而和观众建立起密切的关系。中国征兵宣传片中的人物大多表情严肃,目光没有和观众有所接触,从而拉开与观众的距离。两则宣传片的鲜明对比是受到两国不同社会政治语境的影响:近年来面对复杂的国际环境,中国的宣传片是为了塑造中国军队能打胜仗、维护国家安全的恢宏气势;而美军宣传片中表现出人文关怀的画面是为了缓解近年来美国人民对战争的恐惧以及减轻虐囚事件对美军形象的负面影响。Zhang, et al. (2020)通过分析中澳两国的六所大学留学生网页设计,发现虽然这六所大学都试图通过运用短景和中景镜头交替、平视角度的构图策略缩短留学生和大学的距离,但图片中人物关系的设计仍然能够反映出两国的文化差异:在中国的大学网站上,老师总是站在学生中间或是讲台之上,显示出师生间正式且等级分明的关系;而澳大利亚大学的老师在网站图片中总会和留学生们一起围坐在圆桌前,从而构建出一种更为平等、随意的关系。

就跨文化沟通而言,近年来,一些学者将视觉语法理论应用到了中国文化的对外传播领域,试图从中国的对外宣传片、旅游宣传海报中探讨跨文化传播的方式和特点。例如,刘嘉辉、刘立华(2019)以视觉语法的互动意义理论为框架,对新华网上自 2001 年至 2016 年的发布的五部宣传片进行分析。研究表明,宣传片从过去的仅仅关注于"信息传递"逐渐变得更加关注"人际意义的建构";从过去的"以宏观角度切入为主"(向观众展示中国的悠久历史文化)逐渐转向"以讲故事的形式向观众呈现宣传对象"(从而增加了情感表达);人物呈现上从单一的国人镜头逐渐转向到不同种族、不同国籍的人共聚一堂。这些转变一方面能够让外国观众感受到中国的多元文化,另一方面反映出中国日渐强大的文化自信。除了国家的外宣话语外,机构、企业情感品牌在新媒体平台上的传播也是跨文化研究的一个重点领域。已有学者(例如,李朝渊、吴东英 2016)研究不同文化背景下的企业如何在社交媒体上使用不同的言语行为建构品牌与公众之间的关系。

在跨文化交际研究中,越来越多的学者认为我们应该将研究重点放到文化的实践性、情境性和策略性上来,探索世界公民如何在存在文化差异的情况下利用不同的协商策略"共同构建可理解性(intelligibility)"(Canagarajah 2013)。在全球化和新媒体技术广泛应用的今天,不同社会群体、机构、企业和国家密切接触、相互作用,超文化现象日益明显;文化已渐渐失去其独立存在的辖域,具有多重性、流动性、混合性和不稳定性。在此背景下,我们需要通过多模态分析考察超文化传播的特征。下一节我们将会以一个具体的案例分析,探讨视觉语法如何用于超文化传播研究。

4. 超文化传播的多模态分析

本节将以当下流行的抖音短视频为例,探究中国"网红城市"西安的超文化身份是如何由话语、手势、动作、服饰、场景等多模态资源共同建构的。在抖音平台上,以西安为代表的新一线城市借助抖音的渠道优势,成功地实现了形象优化,成为新晋"网红城市"。我们将以西安文旅局从 2018 年 5 月到 2019 年 5 月在抖音平台上发布的 294 个短视频为例,借助视觉语法框架分析其超文化城市身份建构。

视频资源设计包括角色设计和场景设计,其中,角色设计涵盖视频中人物的动作过程与分析过程。(Kress & van Leeuwen 2006:113)动作过程是指视频中不同角色在表演中的动作、舞步等;分析过程是指主人公的外貌、面部表情、目光、发型、服饰、首饰等;场景设计指视频中关于西安风景名胜、街道的拍摄。通过对所有直播视频进行标注,我们发现视频一方面将西安塑造成年轻时尚的国际化大都市,另一方面凸显其辉煌的历史与丰富的传统文化资源。值得注意的是,虽然一些视频只是专门建构西安的某一文化特征(如国际化、悠久历史等),但很多视频中都出现了融汇中外、贯通古今的超文化特征。

分析发现,在国际化大都市的身份中,年轻时尚特征的主要建构方式是角色设计;在39个抖音视频里,网络红人、流量明星在西安的知名旅游景点"打卡"拍摄视频。在分析过程和动作过程中,年轻人时尚的着装风格(如牛仔裤、短裙、帆布鞋)与他们展示的个人才艺(如跳街舞、秀球技、滑滑板等)既反映出了西方时尚潮流文化的影响,又从侧面传递出了西安的青春气息。例如,图10-1展示的是一个穿着时尚的年轻女孩跟着抖音热门音乐跳舞。视频中女孩直视观众,用时髦的动作凸显青春活力,增进与受众的互动关系。同时,该视频的场景是西安著名的历史景点华清池。该视频体现了超文化融合的重要方式:将年轻时尚这一特征前景化(角色设计),将历史古城这一特征背景化(场景设计)。

图10-1　年轻时尚与历史古城特征的融合

在国际化大都市身份建构中,除了现代与传统的融合,很多视频体现出了东方与西方的融合,其建构方式同样也是通过角色设计与场景设计来实现的。就角色设计而言,这种融合主要通过外国友人在西安穿中国传统服饰(如唐装、汉服)、进行具有中国文化特色的活动来实现的(如享受中国传统美食、唱中国戏曲、学习民族舞蹈等)。就场景设计而言,有些视频将历史遗迹(如兵马俑、大雁塔、华清池等)与传统文化艺术(如书法、剪纸等)等作为背景。图10-2是该类超文化融合的典型例子。来自摩洛哥的驻华大使在西安按照中国的风俗祝贺新年:他戴着红色围巾,用中文送出新年祝福。同时,该视频的场景设计以红色为主色调,下方设计有舞龙、大雁塔等,凸显中国文化元素。

图 10-2　国际化与中国传统文化的混合

传统历史古城的身份特征主要通过重塑大唐盛世体现,其主要建构方式是场景设计。23个视频使用丰富和饱满的色彩,以"一点灯,西安就回到了长安"为标题,重塑古代长安的繁荣景象。这些视频以长镜头拍摄的方式展现了西安历史名胜古迹在夜色中的辉煌景象。值得注意的是,这些视频同时体现了明显的现代特征,将古代建筑与先进的灯光技术融合。这些历史景点的霓虹灯秀增强画面的整体亮度和色彩饱和度,从而为观众带来具有强烈科技感的视觉体验。例如,在图 10-3 中,灯光秀将西安古城墙的繁华表现得淋漓尽致,从而增强感染力以及大众对西安的情感投入。

图 10-3　历史古城与现代科技的混合

西安抖音短视频中表现出的另外一个突出的身份特点是西安现代身份和传统身份之间的"穿越"。32 个以"穿越"为主题的短视频,情节曲折离奇,叙事方式天马行空,集玄幻、历史、言情为一体,对年轻观众具有独特的吸引力。近几年,这种将古今言行方式杂糅的穿越小说、电视剧深受年轻人喜爱。通过抖音的特效处理,现代都市生活中的人物会通过各种各样的穿越方式(如在博物馆中发生意外事故、触电、乘坐时空穿梭机等)回到"大唐盛世"。在分析过程中,穿越的主角年轻靓丽,他们现代的流行服饰会转变为工艺复杂的唐装、汉服(如图 10-4 所示);在动作过程中,穿越到古代的现代人的言行举止遵循唐朝的社交礼仪文化,而他们无意间的现代行为又增加了视频的喜剧效果。除了现代人物穿越回古代,传统的历史人物在抖音视频中也可以穿越到当今社会。在角色设计中,历史人物（如杨贵妃、李白）与西安的传统文化形象（如兵马俑、财神爷）通过形象重塑，变成了一个个憨态可掬的卡通人物。其中最有名的卡通人物形象是以兵马俑为原型的秦风小子。就分析过程而言，秦风小子将严肃的秦代兵俑形象漫画化，他眼大脸圆，憨态可掬，个性十足；他的服饰非常考究：一席紫色长袍，罩着银色秦代铠甲，发髻盘在头顶，系在下巴的红色头巾一直垂到胸前。就动作过程而言，秦风小子在抖音视频里为传统找到了新的叙事方式。例如，在一则则不超过 15 秒的视频中，他在西安的夜色里、古城墙前、熙熙攘攘的车流中打着快板、吼着秦腔、扭着秧歌或者参与其他西安特色的民俗文化活动。在这些视频中，秦风小子都是以直视目光和丰富的表情邀请观众加入（如图 10-5 所示），与观众产生互动，从而激发观众来西安旅游的热情。不同于传统的城市宣传片，这种穿越主题的宣传视频将传统和现实相结合，利用古代与现代生活的碰撞制造出更多的戏剧性效果，将枯燥的历史加入戏说的成分，使得原本厚重的历史变得更加风趣，从而实现城市的超文化身份建构。

图 10-4　现代穿越到古代

图 10-5　古代穿越到现代

5. 结语

本文提出将跨文化交际研究分为跨文化对比、跨文化沟通与超文化传播三个视角并介绍了多模态分析（视觉语法理论）的应用。在具体的案例分析中，我们通过对西安文旅局抖音视频的分析，介绍了新媒体环境下超文化身份的多模态建构。在全球化时代，东方与西方、传统与现代交汇融合，形成超越国别或区域限制的文化杂糅现象。超文化同时也是新媒体发展的产物。网络媒体，尤其是社交媒体的发展使跨文化交际变得大众化、日常化、多模态化。视觉语法框架可以用于考察复杂的多模态语篇形式，尤其是新媒体环境下个人、企业、机构、国家的跨文化身份构建的语篇。

在全球化的进程中，我国的"一带一路"倡议以及"人类命运共同体"

等理念无疑将使中国成为更包容、更多元的社会。跨文化交际研究应该通过系统分析多模态文化实践,深入理解当代中国的超文化特征。同时,在提高国家文化软实力、中华文化"走出去"的大背景下,研究融汇中外、贯通古今的超文化身份策略对构建多模态中国话语体系、扩大中华文化影响力具有积极意义。我们需要积极探索如何运用新的媒体技术手段与平台,促进国际理解与合作,推出具有中国特色且为世界人民喜爱的文化内容。

参考文献

Aiello, G. & Thurlow, C. "Symbolic Capitals: Visual Discourse and Intercultural Exchange in the European Capital of Culture Scheme," *Language and Intercultural Communication*, 2006, 6(2): 148—162.

Appadurai, A. *Modernity at Large: Cultural Dimensions of Globalization* (Vol. 1), Minneapolis: University of Minnesota Press, 1996.

Bhabha, H. K. *The Location of Culture*, New York: Routledge, 1994.

Canagarajah, A. S. "From Intercultural Rhetoric to Cosmopolitan Practice," D. Belcher & G. Nelson (Eds.), *Critical and Corpus-based Approaches to Intercultural Rhetoric*, Ann Arbor: University of Michigan Press, 2013: 203—226.

Collins, H. "Interculturality from Above and Below: Navigating Uneven Discourses in a Neoliberal University System," *Language and Intercultural Communication*, 2018, 18(2): 167—183.

Hall, E. T. *Beyond Culture*, New York: Doubleday, 1976.

Halliday, M. A. K. *An Introduction to Functional Grammar*, London: Arnold, 1994.

Hofstede, G. *Culture's Consequences: International Differences in Work-related Values*, Beverly Hills, CA: Sage, 1980.

Hofstede, G. *Cultures and Organizations: Software of the Mind*, London: McGraw-Hill, 1991.

Holliday, A. "Cultural Descriptions as Political Cultural Acts: An exploration," *Language and Intercultural Communication*, 2010, 10: 259—272.

Kress, G. & van Leeuwen, T. *Reading Images: The Grammar of Visual Design* (2nd ed.), London & New York: Routledge, 2006.

Li, C. & Wu, D. D. "Facework by Global Brands across Twitter and Weibo," *Discourse, Context & Media*, 2018, 26: 32—42.

Lyons, A. "Multimodality," Z. Hua (Ed.), *Research Methods in Intercultural Communication*, Hoboken, NJ: John Wiley & Sons, 2016: 268—280.

Park, J., Baek, Y. M. & Cha, M. "Cross-cultural Comparison of Nonverbal Cues in Emoticons on Twitter: Evidence from Big Data Analysis," *Journal of Communication*, 2014, 64: 333—354.

Robertson, R. "Globalization Theory 2000+: Major Problematics," G. Ritzer & B. Smart (Eds.), *Handbook of Social Theory*, London: Sage, 2001: 458—71.

Rui, J. & Stefanone, M. A. "Strategic Self-presentation Online: A Cross-cultural Study," *Computers in Human Behavior*, 2013, 29: 110—118.

Schwartz, S. H. "Universals in the Content and Structure of Values: Theory and Empirical Tests in 20 Countries," M. Zanna (Ed.), *Advances in Experimental Social Psychology*, New York: Academic Press, 1992: 1—65.

Ting-Toomey, S. *Communicating Across Cultures*, New York: The Guilford Press, 1999.

Trompenaars, F. *Riding the Waves of Culture: Understanding Diversity in Global Business*, New York: Irwin, 1994.

Zhang, Y. & O'Halloran, K. L. "The Gate of the Gateway: A Hypermodal Approach to University Homepages," *Semiotica*, 2012, 190: 87—109.

Zhang, Z., Tan, S., Wignell, P. & O'Halloran, K. "Addressing International Students on Australian and Chinese University Webpages: A Comparative Study," *Discourse, Context & Media*, 2020, 36: 1—12.

冯海颖、黄大网:《跨文化交际研究:从本质主义到批判现实主义》,载《外语界》,2016年第1期,第61—69页。

李朝渊、吴东英:《跨国公司社交媒体话语中的关系言语行为分析》,载《中国ESP研究》,2016年第2期,第30—40页。

刘嘉辉、刘立华:《中国对外宣传片交互意义的多模态话语建构》,载《跨文化研究论丛》,2019年第1期,第44—56页。

潘艳艳、郑志恒:《多模态话语分析中的批评特征探析》,载《天津外国语大学学报》,2018年第2期,第78—87页。

张德禄、郝兴刚:《超文化交际能力培养模式构建探索》,载《外语界》,2019年第5期,第57—63页。

Persistence and Decay of Trends: Dynamics of News and Social Media as COVID-19 Emerged and Spreads

Gautam Pal, Kay L. O'Halloran, Minhao Jin
University of Liverpool

1. Introduction

Social media such as Twitter are considered to be platforms where everyone can publish, and everyone's voice is heard which otherwise was limited to mass media outlets with specific points of view. (Lin, Bagrow & Lazer 2011; Eveland & Shah 2003) The alternative opinions expressed in social media provide scope for a balancing effect in relation to authoritative mainstream media voices. However, news media effectively creates an echo chamber effect within the social media reactions, where people selectively amplify or supplement their own beliefs inside a closed system that they choose to create, insulating them from rebuttal. In this way, social media platforms are used to post and access information that is favourable to users' prevailing ideologies.

Do mainstream news media influence social media trends? If so, can that effect be quantified and predicted? Identifying the impact of mass media is challenging due to its intrinsic noise, variability, and volume and the nature of social media itself. At the time of writing, Twitter posts are just limited to 280 characters, with only 12% of Tweets posted exceeding 140 characters. Twitter *microposts* are more often written in response to another Tweet or a current event that makes it harder to establish the connection between a message post and the context. Each Tweet can be attached up to four photos, one animated GIF, or one video. Therefore, devising a scheme for joint representation of lexical and visual modalities is essential to analyse the impact of online news on social media impulses. Although there have been some recent successes in modelling inter-modal and intra-modal dynamics, the text-image-video embedding task is not explored to its fullest potential, despite advances in NLP and computer vision techniques.

Answer to the aforementioned research gaps requires a new multimodal analytical system that is capable of collecting data from both mainstream news media and Twitter posts (text, image, and video) over time. Most significantly, the system needs to meaningfully integrate language and visual modalities, discarding the irrelevant noisy data. Pairwise comparison of trend dynamics, i.e. growth, persistence, and decay of trends on time-series data between both media can formally characterise the pattern and help measure the temporal impact of news stories driving the social media reactions.

Research Questions. The paper sets out with a description of the proposed the Multimodal Analytics Platform (MAP) that provides an end-to-end multimodal analytics solution, data generation (i.e. data collection) to reporting, on big social and news media data. This is followed by a case study on COVID-19 and Black Lives Matter to illustrate the data growth dynamics and prediction of information diffusion in media using MAP. We attempt to answer the following research questions:

RQ1 What is the multimodal response function that describes social media reactions in relation to published news events that guide the trend dynamics in social media?

RQ2 How is it possible to predict the persistence or decay of social media trends with respect to the volume of additional news articles posted on a similar topic?

2. State of the Art Social Media Analysis Platform

According to *Social Media Monitoring Tools and Services Report* published by Ideya Inc.[1], there are at least 157 social media analysis tools available, with the majority being paid subscriptions. None of the tools, however, provides an analysis of both news and social media data within the same application. Existing tools analyse the following social media platforms: Twitter, Facebook, Instagram, YouTube, Reddit, Pinterest, LinkedIn, and Tumblr. But the same tools cannot *aggregate* the data across the platforms (Moon, Neves & Carvalho 2018; Maynard, Dupplaw & Hare 2013). For example, Twitter and Facebook data cannot be combined to analyse the *aggregated sentiment* of the textual data and compare it with the combined image analysis data. A popular tool like *Sprout Social*[2] analyses Twitter data to evaluate Hashtag performance, track Tweet clicks, measure Facebook page impact and LinkedIn connections, evaluate Pinterest post sentiments, etc. However, the majority of the tools lack advanced filtering options. Therefore, they are incapable of complex queries such as the following: Analyse the Tweets that are related to Donald Trump but not related to Coronavirus and contain both images and videos posted from Washington. Commercially available tools offer easy-to-use web-based

---

[1] ideya. eu. com/publications/social-media-monitoring-tools-and-services-report. html, accessed 1 August, 2020.

[2] https://sproutsocial.com/, accessed 1 August, 2020.

interfaces that allow users to graphically interact with the system without the need to write software code (Dumas, Lalanne & Oviatt 2009; Atrey, et al. 2010). Applications, therefore, can easily be used by researchers without any knowledge of data science or programming languages. Nevertheless, in-depth analysis often requires custom functionality that extend beyond the out-of-the-box features that exist within the tools. For this reason, advanced analytics tools should be extendable to incorporate the custom data science logic through Structured Query Language (SQL) or programming languages like Python and Java.

Many existing platforms (Reilly & Thompson 2017; Guinness, Cutrell & Morris 2018; Tan, et al. 2018) offer sophisticated image analysis like Reverse Image Lookup. Visual evidence of the number of times an image is used across social media platforms is a powerful metric. Nevertheless, the same frameworks cannot aggregate multiple image searches together. Moreover, photos, videos, and textual results are interpreted separately instead of producing a joint multimodal analysis produced by the tool. A comprehensive and *overall* outcome is thus only achieved through a manual process of interpretation from each of the reports separately.

The traditional multimodal analysis is based on data stored in flat-files or Relational Database Management System (RDBMS) as a single standalone desktop (Hoel, Heng & Honeycutt 2005; Larios, et al. 2012). These tools cannot offer an effective solution for a collaborative, centralised application where multiple users can simultaneously access the system. Computing processing power requires to scale up incrementally with a fresh inflow of real-time stream data that are added up with existing historical data. Without *indexing* the large volume of textual data, applications fail to achieve a useful interactive reporting experience as each report can take several hours to complete.

In summary, the current applications still fall short of combining multiple modalities in regard to enhancing the objective of multimodal understanding.

3. Feature of the Proposed MAP Platform

As a potential solution to the limitations of the existing tools due to the heterogeneity of data and their multimodality, this paper presents a cloud-based platform for real-time data collection, big data analytics, and reporting. The primary contributions of the paper are as follows:

1. Social and News Media Data Generation — Collecting Text, Image and Video Data at Scale: This paper presents a real-time data collection framework from Twitter and five leading UK newspapers *The Guardian*, *The Independent*, *The Evening Standard*, *The Metro*, and *The Sun*. For Twitter, the user explicitly collects data through a real-time Twitter search using a keyword or user profile name. Data from news media, on the contrary, are generated at a scheduled interval by an automated process from a list of newspapers.

2. Indexing and Semantic Annotation: The data collection process generates a number of JSON formatted files that are subsequently indexed to improve search performance at least *ten times* faster than would otherwise be achieved. Image and video data are semantically annotated using the image and video analysis tools.

3. Search and Interactive Reports: Multiple search results are combined at the data collection step through an easy-to-use web-based interface. The aggregation is applied across Twitter and multiple newspapers for text, image, and video by clicking on the appropriate options in the interface. Any unwanted data is filtered using the advanced Structured Query Language (SQL) and a date range. The resultant charts and tables can be exported in PDF, CSV, JSON, or

XML formats.

MAP is hosted on the Google platform. The news media trends are tracked in social media for impact analysis of one media platform on another. As shown in Figure 11-1, the raw stream is first loaded into the flat files and in the downstream processing pipeline, data moves to the Splunk indexer after cleansing. Splunk is subsequently used for search, and to create dashboards.

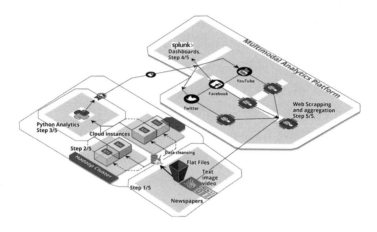

Figure 11-1 MAP deployment architecture into the Cloud Platform

4. Information Discovery and Data Collection from Social and News Media

Data ingestion is as important as the analytics itself. The bottleneck of many analytics solutions is the ingestion component itself. MAP lets users search Twitter in real-time through an easy-to-use web interface. In the data discovery phase, users' *keyword* search filters all possible *matching Tweets* in the Twitter database. Users can refine the search query using a date range and optional location filter. In the subsequent data collection phase, *Python Beautiful Soup* (Nair 2014) APIs *scrapes* the Twitter pages and saves data into local file system as

JSON formatted data. Each Tweet contains the meta fields along with actual Tweets including the following metrics: Tweet text, Hashtags, retweets, Tweet user name, tweet, image and video URLs, number of likes, replies, and retweets. Also, each record contains two other meta fields indicating if the Tweet is a reply to *another Tweet* or the Tweet is an original post. Each Tweet contains a *primary key* field as *Tweet ID* that uniquely refers to a Tweet post.

Contrary to the manual searches with Twitter data generation, *newspaper* data generation is an automated backend process. A Python process scheduled through the *Linux Cron job* incrementally updates the database with all the news articles published on that day from a list of newspapers. The newspaper data collection process is programmed once in 24-hour intervals. Each news article contains the following fields: article title, date of publication, publisher (i. e. name of the newspaper) (*The Guardian*, *The Independent*, etc.), author, image URLs, article URL, keywords, video URLs, article summary, and the full text. Similar to Twitter, newspaper scrapping uses *Python Beautiful Soup* APIs to identify HTML elements (like title, author, etc.) from each of the article URLs.

The success of news and social media relies on instantly capturing users' interest through various images and videos. MAP uncomplicates the process to track media data (images and videos) for Twitter and newspapers. A joint representation of text, image, video is highly conducive for impactful case studies. In this regard, MAP offers a robust cross-modal text-image-video retrieval system. However, MAP does *not* download and semantically annotate media data (i. e. images and videos) during the data discovery and collection phase described above. Downloading millions of images and video data for all the Tweets and news articles is unnecessary and economically unviable in the cloud infrastructure using its disk and internet bandwidth. Furthermore, meaningful reports are based on filtered datasets of relevant topics and date ranges. Hence, the proposed MAP extracts images and videos, and annotates them through a media analysis tool by ad-hoc user requests. Within the MAP's media generation interface, users have complete control over the context and subject of the media that are retrieved. Users can refine media search criteria based on complex date range, name of one or multiple newspapers, a count of media searched and analysed, and can apply a joint embedding of the texts, images, and videos using the buttons provided in the interface. Figure 11-2 shows a screenshot of the proposed Multimodal Analytics Platform.

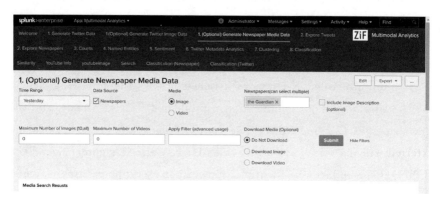

Figure 11-2 Screenshot of the Multimodal Analytics Platform. The platform contains different 18 menus. The displayed page in the screenshot extracts images and videos from the newspapers and annotates them by converting image/video into textual descriptions. The user can apply a complex query and date range to filter the required data.

5. Indexing and Semantic Annotation

This research primarily addresses the multimodal correspondences between texts, images, and videos. In general, the method is based on studying the latent space of these media resources by annotations describing the media and projecting the embedding space between words and associated media. MAP's interactive dashboard feature lets users choose from possible combinations in the user interface to compare and build interactive reports. One of the critical characteristics of MAP is that it computes NLP and machine learning tasks very quickly to create a useful interactive dashboard experience. Each record processed in MAP is time-series data, i. e. data attached to a timestamp. The timestamp field for news articles and Tweets are the date of publication and the date when a Tweet is posted respectively. For indexing on the collected data, MAP breaks the events based on the timestamp and ingests data into the Splunk database. The most recent and frequently accessed information is also stored in a cache for an even faster response. Therefore, in MAP, searching through 50,000 news articles, downloading and creating thumbnails of 50 images can be completed within 10 seconds, for example.

Images and videos resulting from users' explicit searches are sent to *Clarifai* computer vision APIs (Krizhevsky, Sutskever & Hinton 2012; Kalchbrenner, Grefenstette & Blunsom 2014). *Clarifai* is an external service to MAP that uses Convolutional Neural Networks (CNN) (Kim 2014), a class of deep neural networks to analyse and identify media and annotate them. The automated tagging for each image or video generates metadata describing the media in a set of English words. MAP annotates thousands of images and videos into textual descriptions filtered on a time range, personality (e. g. a well-known celebrity), headline, or location. Aggregation of all the annotations along with associated Tweets and news article texts provides a 360-degree media monitoring and comprehensive coverage of the spread of information across news and social media platforms. Video recognition algorithms are used to tag the videos, grouped according to a time unit (e. g. second, minute, or hour). The *confidence score* (Mandelbaum & Weinshall 2017; Koo, Lee & Juang 2001) ranges between 0 and 1, denoting the level of certainty attached to the description of the image or video. The higher the score, the greater *confidence* of accuracy in the result, with a score of 1 indicating the highest level of certainty.

6. Search and Interactive Report

The research aims to construct an embedding space where texts, images, and videos can be combined. The resultant data can be jointly analysed through computer vision tools and NLP techniques like n-grams, parts of speech, lemmatisation, sentiment classification, similarity, etc. The core functionalities of the MAP include the aggregation of multiple Twitter searches or news articles and the removal of unwanted noisy data. Existing social media analysis tools provide insights that simply fail to aggregate temporal modalities between social media and news media. Therefore, MAP sets out to develop an embedded space to combine the modalities between not just text, image, and video but also across social and news media, batch data, and real-time data with multiple time-series properties.

The text, image and video data collection and integration pipeline in the cloud environment are illustrated in Figure 11-3.

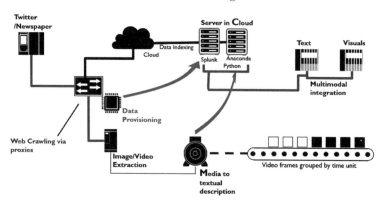

Figure 11-3　Social and news media data is collected through web scrapping. Image and video data are converted into textual descriptions and moved to the cloud environment for integration by Splunk and Python.

7. Motivating Case Study

For most of 2020, COVID-19 has taken over both social media and news media coverage. In comparison, the intense public interest in events like *George Floyd's death* died down within one month. Also, content like *Black Lives Matter* dominated news headlines in conventional newspaper sources. Recurrent retweets or shares subsequently amplify these original sources on Twitter and Facebook. The initial spurt of trends on *George Floyd* faded away with time while persistent topics like COVID-19 continued to dominate media spaces. Yet again, the fresh incidence of black discrimination in parts of the world reinvigorated the past events to become trending topics again. The persistent dominance of COVID-19 biases trend assessment with the traditional tools, however. The existence of *trend peaks* makes it challenging to track *decaying* characteristics of previous short-term trends. MAP eliminates intrinsic *noise* using SQL and Search Processing Language (SPL) which is capable of realistically separating events. From here, it is possible to undertake case studies to identify the dynamics of growth, decay, and re-emergence of trending topics during the COVID-19 pandemic.

8. Growth Dynamics

Growth dynamics of information diffusion in media through the reproduction, amplification, and recontextualisation of the original data follows the same principle as the spread of infectious diseases like COVID-19. The *infodemic* spreads intrinsically through the same model as the *Reproduction Number* (R_0) in pandemics. With the $R_0 > 1$, the disease spreads as one person passes it to more than one person. In terms of information growth, "*infection*", i.e. *diffusion* is the process of *reiterating* an existing post by means of sharing, retweets etc. The popularity of a trending topic is defined as the numerical count of the *number of articles* published on the *news media* relating to topic *plus* the volume of social media mentions, shares, Tweets, retweets, etc. In the case study, we identify the spread of information through keywords relating to the topic that undergoes a change in volume and semantics over time. Therefore, if N_n is the total number of all the *news articles* associated with a topic and N_s is the amount of *social media coverage*, then growth in popularity at time t is defined as: $N_n + N_s = (N_{n-1} + N_{s-1}) + (\delta_n + \delta_s)$, where δ_n and δ_s are the incremental growth in number of posts in social and news media since the time $t-1$. The growth of follow-up articles and posts (δ_n and δ_s) are *growing* and eventually *decaying* over time. We can observe from the experimental data that the shape of the increment function can either be *Linear*, *Exponential*, or *Parabolic*, similar to the decaying principle of *radioactivity disintegration* (Tsytsarau, Palpanas & Castellanos 2014). In the event of *Linear Decay*, news articles are published less often, decreasing at a linear rate until a *cutoff* time is reached. The *cutoff* time is synchronised by either no new development of the prevailing topic, or a new trend emerges, or the content fails to attract interest in social media. In the event of *Parabolic Decay*, the new publication and popularity shrink at a much higher rate, reducing the volume by almost *four times* in each new iteration than its previous timestamp. *Parabolic Decay*, similar to its shape, declines much faster at the most part after the peak but retains its horizontal, linear shape at the end for a very long period. *Exponentially decaying* events are, in reality, another variant of *Parabolic Decay*, where initial loss is more profound than *Linear Decay* but less than *Parabolic Decay* and continues to linger for a very long time. Any decaying pattern, however, *can reincarnate* with a greater surge in trend as a second wave. A generic outline of each of the curve fitting series of data points is provided in Figure 11-4.

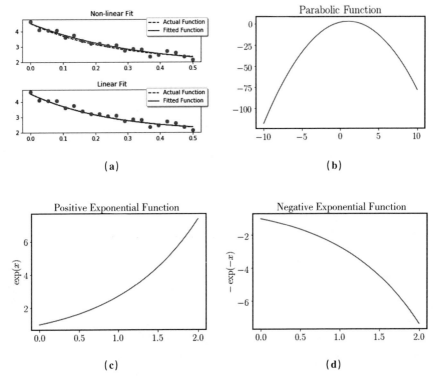

Figure 11-4 Linear and non-linear fit of non-linear (actual) data series (a). Parabolic growth and decay function (b). Exponential growth (c) and decay functions (d).

The most common way the data expands (the spread of information) is through initial transmission from *news media* to *social media*, followed by subsequent expansion within the social media sphere. However, the other permutations are plausible, such as *news media* to *news media* and *social media* to *social media*. Let us consider the *first scenario*, the impact of news media (as the independent variable) over social media (as the dependent variable). Any increase and decrease in the volume of news articles and the corresponding ripple effect in social media posts are *directly proportional* to each other. If the total volume of decay is x in social and news media, then the linear growth curve equation is given by:

$$f(x) = (\delta_n + \delta_s)p + q \tag{1}$$

where coefficient p is the slope of the function and q is a constant. Both δ_n and δ_s are *negative* and the intensity of the slope is determined by the value of p. If the size of news articles and media posts remains constant, then the value of δ_n and δ_s are *zero*, therefore, the shape turns to be a horizontal line.

The persistence of trends in social media is measured by the proportion $\theta = \dfrac{\delta_n}{\delta_s}$. When θ is less than a threshold value k then a topic is assumed to *stopped trending*. The probability of persistence and decay of a social media trend at time t depends on the volume of additional news articles posted on the topic. Therefore, the probability of trending as linearly decaying function is given by the following equation:

$$\delta_s = \beta_0 + \delta_n \beta_1 + \varepsilon \tag{2}$$

For the *exponential* and *parabolic* trend curves, the probability of social media popularity as a dependent parameter to the volume of posts in the news media, is given by the following second-order polynomial function:

$$\delta_s = \beta_0 + \beta_1 \times \delta_n + \beta_2 \delta_n^2 + \varepsilon \tag{3}$$

Where β_0 is the *y intercept* coefficient, β_1 and β_2 are the *slope* coefficients and s is the random error term. The coefficient values are gained with *observed* dependent and independent parameters from the past data. Table 11-1 displays the experimental values for the parameters relating to the COVID-19 trend analysis, aggregated on data from Week-1 to Week-4:

Table 11-1 Experimental Parameter Values

Intercept	$\beta_0 = 3426.78$	$t = -5.1083182$	$p <.0019$
δ_S	$\beta_1 = 1548.32$	$t = 7.947019$	$p < .0001$
δ_S^2	$\beta_2 = -0.000478$	$t = -8.841034$	$p < .0001$

Based on the observed parameter values in Table 11-1, the probability of persistence (or decay) of social media trend as a dependent parameter to that of news media is defined by:

$$\delta_s = 3426.78 + 1548.32 \times \delta_n - 0.000478 \times \delta_n^2 \qquad (4)$$

9. Experimental Evaluation

This section evaluates the proposed MAP with the data from *five* leading English newspapers and Twitter. The high-level objectives are to:

- To evaluate the growth dynamics between newspaper articles and follow-up posts on Twitter.
- To predict the persistence and level of contradiction within social media conversations against the impending effects of news media.

9.1 Data

The experiments focus on the long-term persistence of the topics relating to COVID-19 along with the other short-term spikes in trend like the killing of George Floyd and the subsequent *Black Lives Matter* protests. Contrary to traditional tools collecting one-time static data, MAP continually collects news articles (at an interval) through real-time searching on the web. The Twitter database is also searched in real-time for a date range — past or the most recent. Traditional tools using Twitter APIs to query the Twitter database can only return 500 results on each search as the APIs are restricted to a small number of records on each call to Twitter. The alternative method to collect data is by *web scraping* Twitter pages without using the APIs. However, Twitter, like other popular websites, use advanced *scrape-detection* software to protect sites from continuously scrapping, since crawling through the pages slows down the websites. (Stevanovic, Vlajic & An 2013; Zhuang, Jiang & Xiong 2012) These limitations are virtually eliminated in the MAP using multiple proxies and integrating the results from several searches. Proxies hide the identity of the actual server while making data request to the Twitter server. Using proxies, requests originate from multiple, virtual *proxy servers*, without revealing the identity of the actual server that crawls the Twitter pages. The unique data collection technique can reliably collect the maximum amount of data from Twitter without data loss or violating any terms and conditions of service. The results presented here are based on a representative dataset of approximately 1 million Tweets, 50,000 news articles, and 5,000 associated images and videos.

Combining many search results on different topics, date range, and eliminating noisy unrelated topics is one of the core functionalities of the proposed framework. In this way, MAP measures government responses in different countries towards the COVID-19 using news and social media data lens. The data are searched and filtered based on the following topics: diagnostic testing, contact tracing, restrictions in the movements, international travel ban, vaccine trials, cancelled public events, school closure, workplace closure, general public awareness campaign (stay at home order), etc. As the media conversation of the events changes over time, the analysis attempts to make sense of the sequence of events and the persistence and the decay of trends.

9.2 Results

This section provides fact-checking with the data from five leading UK newspapers and Twitter and characterises the persistence and decay of trends when COVID-19 emerged and spread. The trend is compared for the following *four* time ranges:

1. Week-1: 1 − 8 February 2020, one-week following WHO's reporting of COVID-19 as a global emergency on 30 January 2020.
2. Week-2: 13 − 19 March 2020, one-week following WHO's declaration of COVID-19 as a pandemic on 12 March 2020.
3. Week-3: 26 May − 1 June 2020, the aftermath of the death of George Floyd on 25 May 2020.
4. Week-4: 16 − 23 June, after the UK opens the shops and restaurants on 15 June 2020.

MAP generates dashboards to visualise large datasets with an ability to customise, filter, or combine multiple datasets to create the right kind of reports using *Splunk* and *Python*. The news media responses are based on more than 50,000 news articles published in the five UK newspapers. During the initial period from February 1st to March 12th 2020, world news coverage was only less than 1% of all articles published. In the first full month of January 2020, according to the magazine *Time*, 41,358 news articles worldwide were related to COVID-19. (Ducharme 2020) Out of that 18,800 headlines mentioned the term Coronavirus. Despite the extensive censorship by several governments, information about the virus proliferated much rapidly compared to the Ebola outbreak one and half years back. In August 2018, when the Ebola outbreak was first reported, only 1,800 English language news articles covered the news worldwide with only 700 mentioning the term *Ebola* in the headline. This was partly contributed to the fact that the Ebola outbreak was hardly a new trend in 2018, as there has been a previous history of the epidemic, lasting between 2014 and 2016. On the contrary, COVID-19 was relatively unknown and a novel phenomenon where everyone was eager for information as the crisis unfolded. Widespread public interest from the emergence of COVID-19 is substantiated by the fact that 1% of published articles generated user views over 13%. However, several prominent analysts and world leaders refuted the trend and criticised the excessive media coverage for COVID-19. For example, Donald Trump criticised CNN news, on the date as late as 27th February 2020, for *"doing everything they can to instil fear in people"*. Despite the initial downplaying of the dangers of the emerging pandemic, the COVID-19 news trend continued to dominate news spaces. The responses on Twitter are displayed in Figures 11-5, 11-6, and 11-7 which show the *weekly moving average* of Twitter metrics on sentiment, cluster and tag cloud analysis. Results are presented through a joint representation of texts and images by MAP as discussed before.

  The analysis reveals a greater level of engagement with the published news relating to COVID-19. As people read more news because of COVID-19, social media trends closely followed the news articles. Following the first reported death in China, WHO's first situation report and the subsequent declaration of global emergency, the first week of February 2020 (Week-1), contrary to the week before that (Week-0), made COVID-19 the dominant topic in social media. The overall sentiment about the COVID-19 remained negative since Week-1 (See Figure 11-6). However, social media conversation in Week-1 did not *yet* initiate debates about *social distancing* or *self-quarantine*, but instead scrutinized the source and cause of the virus. Subsequently, *No_Meat_No_Coronavirus* turns out to be the most popular Twitter Hashtag relating to COVID-19. Highlights of a few trending conversations were: *Stop eating meat, Coronavirus came from wild or domestic animals*, and *Coronavirus precaution alerts issued by WHO.*

One and a half months later, after WHO's declaration of COVID-19 as a *pandemic*, during the period of 13 — 19 March 2020 (Week-2), COVID-19 rapidly spread across the world. Still, the social media opinion seems to have been divided between topics like the restriction of movement and the effectiveness of masks. As expected, panic, anxiety, and loneliness soon settled in the social media sphere. The most popular Tweets were: *CoVid19 is real*, *I am on days home isolation*, *This whole working from home is going to change things* and *So many people are going to need help in the coming days*.

The news coverage on George Floyd and the broader issue of *Black Lives Matter* considerably changed the dynamics of the interplay between social and news media, however. The trend about the George Floyd incident and the ensuing protests completely eclipsed the COVID-19 issue, which has been the massive trend partly due to the fact that it was the *only story*. The week between 26 May and 1 June 2020 (Week-3) saw at least *7 times* more demand in news consumption and at its peak, social media reactions were *14 times* higher than that of COVID-19. The reciprocity between news and social media seems to have altered. Much of the news articles included government statistics and press briefings fed to social media feedback. On the contrary, social media produced content about the grief and protest-induced stories, directly from the ground. Unsurprisingly, the peak-trend was *not* short-lived and continued to suppress COVID-19 even after three weeks.

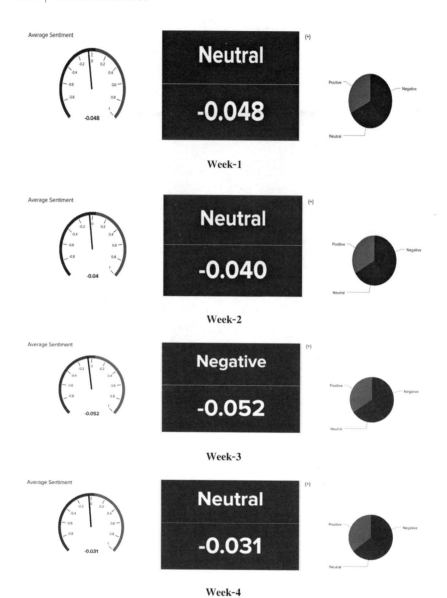

Figure 11-5 Overall sentiment scores trend for Twitter data from Week-1 to Week-4.

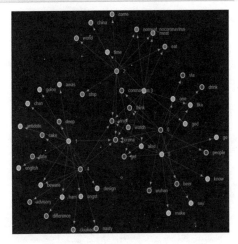

Week-1

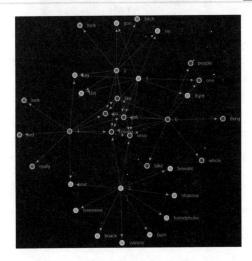

Week-2

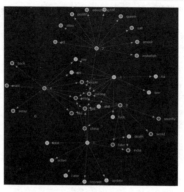

Week-3

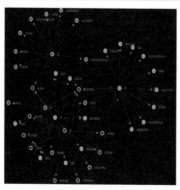

Week-4

Figure 11-6 Cluster trend for Twitter data by K-Means algorithm from Week-1 to Week-4. Clusters are created based on Co-occurrence of terms. The graph shows the *top terms* for each cluster and how the *top term* counts per cluster compare. Clustering also reveals insights about the terms that exist in multiple clusters and where clusters overlap with each other. Figures on the left are the raw data for the plotting that are shown on the right.

(a)
Week-1

(b)
Week-2

(c)
Week-3

(d)
Week-4

Figure 11-7　Tag and n-grams cloud trend from Twitter data from Week-1 to Week-4. Virus related terms such as Corona, COVID, etc. are excluded from the results as the common stop words. n-grams which counts the most frequent *n* consecutive words are often more useful than word cloud in terms of detecting patterns.

During Week-4 between 16 and 23 June 2020, widespread panic and grief about COVID-19 set the mood of the social media community. A heart-wrenching Tweet accounts for the death and loss: *Just buried my grandma next to my brother. My sister mama & brother died in the past three weeks. Found out I got a 14-year-old ill brother. And my two cousins that did not show up to the funeral at home dealing with corona*. Nevertheless, the overall *sentiment polarity* came to be close to neutral attributing to the government's decisions in the UK and around the world to open shops and markets.

Figure 11-8 shows the daily distribution of total Tweets relating to *Coronavirus* and *Black Lives Matter* from February to June 2020. The persistence and decay pattern closely resembles the *parabolic* response function with a distinct peak followed by gradual decay and long horizontal ends. Modelling of trend dynamics reflects the uniqueness of each trend. However, a closer look at the growth, persistence, and decay of several trends proves that the life expectancy of a curve can be predicted from the previously observed patterns from the first week of

February 2020:

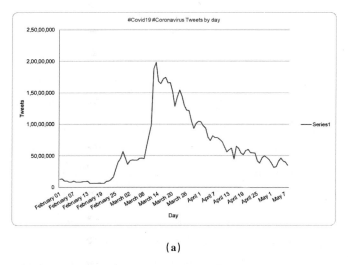

(a)

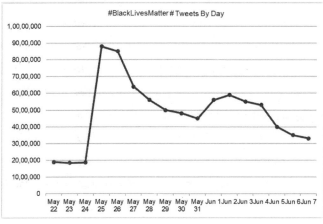

(b)

Figure 11-8 Distribution of Tweets for (a) *Coronavirus* and (b) *Black Lives Matter*. The topic on *Coronavirus* was trending most during the second week of March, while the topic related to *Back Lives Matter* reached its peak during the fourth week of May.

10. Discussion

The results illustrate that social media reactions can be described by a special *Multimodal Response Function* in relation to published news events regulating the dynamics of social media trends in relation to a trending topic. Much of the trends in social media are the direct consequence of recent news topics as an *external simulator*. However, there are instances where social media *trend* grows all by itself, just like the pandemic that can spread domestically, without an *external carrier*. Readers' level of interest in specific news articles is highly uneven. The majority of news articles receive insignificant amounts of attention from readers, with only very few articles being shared or deemed retweet worthy over social media. However, right from the start of the COVID-19 outbreak, the dynamics of trend growth in news media profoundly tilted towards the pandemic situation. The news about the virus entirely overshadowed several trend-worthy articles related to Brexit, the crisis in Venezuela, or Refugee problems.

The analysis reveals differing levels of emotion in relation to major trends in social media. Despite the stress and anxiety caused by the COVID-19, overall *sentiment* of each week remained neutral (although there is a slight tendency towards negative). On the contrary, the debate around racism and prejudice resulted in the highest level of negative emotions, as observed from the third week's data. Aggregation of sentiment in accordance with the time dimension strongly correlates to the timing before and after the publication of news posts on the same topic in the traditional print media. The results testify that the news events associated with COVID-19 typically lead to an increase in *contradiction level* where opinions greatly swung between positive and negative, bringing the overall sentiment close to neutral. The rationality behind the wide contradiction in sentiment polarity and having the mean sentiment μ_s close to *zero* is that, large variance σ_s^2 is present due to diversity in opinion about different aspects of the pandemic. Using σ_s^2 and μ_s the level of contradiction is measured by:

$$f(c) = \frac{k \times \sigma_s^2}{k + \mu_s^2} \times \omega(n) \qquad (5)$$

where n is the sample size, $k \neq 0$ is the normalisation constant, and ω is the variable weight function adjusted according to the significance of the comment used for sentiment measure. (Siira & Törmänen 2010; Tsytsarau, Palpanas & Denecke 2011; Tsytsarau, Palpanas & Castellanos 2014)

Social media *catches up* with the *newspaper trends* with some *time lag*. On 30 January 2020, the WHO reported COVID-19 as a global emergency. While the news articles put significant importance on the WHO's announcement, social media users fail to react to the news immediately. Experimental results observed the *lag* in overall social media responses during the initial days of the COVID-19 outbreak. Contrary to this, on 12 March when WHO declared COVID-19 as a pandemic, news and social media coverage almost *immediately* took off exponentially. For the trend on *Black Lives Matter*, persistence and sentiment were *synchronous* in both media. On the topic of COVID-19, however, newspaper sentiment was significantly more *positive* than social media posts for the entire time duration. As it is apparent from the results, established news media has shown a greater tendency to cover events in a more positive/neutral manner compared to social media which highlights negativity more frequently.

11. Conclusion

This work introduced a novel Multimodal Analysis Platform that is capable of deriving critical attributes from multiple modalities, e. g. text, image, and video. The proposed platform exploits the cross-modal integration of disparate datasets across social and news media. Advanced levels of *information feature fusion* enabled by the latest technologies from data science and cloud computing empower the platform towards a next-generation analytical platform that is both powerful in functionalities and easy to use. Empirical observation shows the trend dynamics of the social media response as a consequence of published news events. Persistence and decay of trends can be mathematically modelled by linear and polynomial regression functions (exponential and parabolic) or any possible combinations of them. Experimental results establish evidence for the growth model on Coronavirus and Black Lives Matter. Despite the unusual long-term persistence of trends, the stochastic process, in reality, exhibits finite variance in the expected life expectancy of the curve. Therefore, in spite of uniqueness in every pattern, we speculate the *decay* of a trend can be predicted if the *growth* trend resembles any of the previously observed patterns.

Despite the innovations in computational approaches to multimodal discourse analysis introduced in the study, we find that the actual computational overheads of machine learning and NLP models are scaling up swiftly, suggesting that further improvements towards faster computation might be possible as a future research direction. However, the challenge remains as to how to integrate linguistic analysis and visual analysis computationally, beyond the techniques introduced in this study.

References

Atrey, P. K., Hossain, M. A., El Saddik, A. & Kankanhalli, M. S. "Multimodal Fusion for Multimedia Analysis: A Survey," *Multimedia Systems*, 2010, 16 (6): 345−379.

Ducharme, J. "News Coverage of Coronavirus in 2020 Is Very Different Than It Was for Ebola in 2018," https://time.com/5779872/coronavirus-ebola-news-coverage/, accessed 1 August, 2020.

Dumas, B., Lalanne, D. & Oviatt, S. "Multimodal Interfaces: A Survey of Principles, Models and Frameworks," D. Lalanne & J. Kohlas (Eds.), *Human Machine Interaction*, Berlin & Heidelberg: Springer, 2009: 3—26.

Eveland Jr, W. P. & Shah, D. V. "The Impact of Individual and Interpersonal Factors on Perceived News Media Bias," *Political Psychology*, 2003, 24(1): 101—117.

Guinness, D., Cutrell, E. & Morris, M. R. "Caption Crawler: Enabling Reusable Alternative Text Descriptions Using Reverse Image Search," *Proceedings of the 2018 CHI Conference on Human Factors in Computing Systems*, 2018: 1—11.

Hoel, E. G., Heng, W.-L. & Honeycutt, D. "High Performance Multimodal Networks," *International Symposium on Spatial and Temporal Databases*, 2005: 308—327.

Kalchbrenner, N., Grefenstette, E. & Blunsom, P. "A Convolutional Neural Network for Modelling Sentences," *Proceedings of the 52nd Annual Meeting of the Association for Computational Linguistics*, 23—25 June 2014, Baltimore, Maryland, USA. Association for Computational Linguistics, 2014: 655—665.

Kim, Y. "Convolutional Neural Networks for Sentence Classification", *Proceedings of the 2014 Conference on Empirical Methods in Natural Language Processing* (EMNLP), 25—29 October 2014, Doha, Qatar. Association for Computational Linguistics, 2014: 1746—1751.

Koo, M.-W., Lee, C.-H. & Juang, B.-H. "Speech Recognition and Utterance Verification Based on a Generalized Confidence Score," *IEEE Transactions on Speech and Audio Processing*, 2001, 9(8): 821—832.

Krizhevsky, A., Sutskever, I. & Hinton, G. E. "Imagenet Classification with Deep Convolutional Neural Networks," *Advances in Neural Information Processing Systems*, 2012: 1097—1105.

Larios, E., Zhang, Y., Yan, K., Di, Z., LeDévédec, S., Groffen, F. & Verbeek, F. J. "Automation in Cytomics: A Modern RDBMS Based Platform for Image Analysis and Management in High-Throughput Screening Experiments,"

International Conference on Health Information Science, 2012: 76—87.

Lin, Y.-R., Bagrow, J. P. & Lazer, D. "More Voices than Ever? Quantifying Bias in Social and Mainstream Media," *Proceedings of the 5th International AAAI Conference on Weblogs and Social Media (ICWSM 2011)*, 2011. Retrieved from http://arxiv.org/pdf/1111.1227.pdf, accessed 11 December, 2021.

Mandelbaum, A. & Weinshall, D. "Distance-based Confidence Score for Neural Network Classifiers," 2017. Retrieved from https://arxiv.org/abs/1709.09844, accessed 11 December, 2021.

Maynard, D., Dupplaw, D. & Hare, J. "Multimodal Sentiment Analysis of Social Media," *BCS SGAI Workshop on Social Media Analysis, 2013*. ePrints Soton, 2013. Retrieved from https://eprints.soton.ac.uk/360546/, accessed 11 December, 2021.

Moon, S., Neves, L. & Carvalho, V. "Multimodal Named Entity Disambiguation for Noisy Social Media Posts," *Proceedings of the 56th Annual Meeting of the Association for Computational Linguistics (Volume 1: Long Papers)*, 2018: 2000—2008.

Nair, V. G. *Getting Started with Beautiful Soup*, Birmingham: Packt Publishing Ltd., 2014.

Reilly, M. & Thompson, S. "Reverse Image Lookup: Assessing Digital Library Users and Reuses," *Journal of Web Librarianship*, 2017, 11(1): 56—68.

Siira, E. & Törmänen, V. "The Impact of NFC on Multimodal Social Media Application," *Second International Workshop on Near Field Communication*, IEEE, 2010: 51—56.

Stevanovic, D., Vlajic, N. & An, A. "Detection of Malicious and Non-malicious Website Visitors Using Unsupervised Neural Network Learning," *Applied Soft Computing*, 2013, 13(1): 698—708.

Tan, S., O'Halloran, K. L., Wignell, P., Chai, K. & Lange, R. "A Multimodal Mixed Methods Approach for Examining Recontextualisation Patterns of Violent Extremist Images in Online Media," *Discourse, Context & Media*, 2018, 21: 18—35.

Tsytsarau, M., Palpanas, T. & Denecke, K. "Scalable Detection of Sentiment-based Contradictions," *DiversiWeb, WWW*, 2011, 1: 9—16.

Tsytsarau, M. , Palpanas, T. & Castellanos, M. "Dynamics of News Events and Social Media Reaction," *Proceedings of the 20th ACM SIGKDD International Conference on Knowledge Discovery and Data Mining*, 2014: 901—910.

Zhuang, W. , Jiang, Q. & Xiong, T. "An Intelligent Anti-phishing Strategy Model for Phishing Website Detection," *32nd International Conference on Distributed Computing Systems Workshops*, IEEE, 2012: 51—56.

* This research was funded by the Center for Interdisciplinary Research (ZIF), Bielefeld University, Germany 2019/2020.

Introducing Spatial Discourse Analysis: A Multimodal Case Study of a University Library in China

Xiaoqin Wu, Louise Ravelli

西南大学, University of New South Wales

1. Introducing Spatial Discourse Analysis

Multimodal studies have already demonstrated the importance of expanding our analytical and theoretical lens beyond the confines of language, to recognize not just the inherently multimodal nature of all communication, but that a framework is needed to account for this. (Jewitt 2009) In this paper, we demonstrate how a multimodal approach can be extended to texts of the built environment, using *Spatial Discourse Analysis* (Ravelli & McMurtrie 2016a). Multimodal scholars have long established the importance of this enterprise, particularly Kress and van Leeuwen (2006), O'Toole (2011), Ravelli (2000), and Stenglin (2004). The built environment has also been approached from other perspectives where history, style, form and meaning are discussed, for instance, Ching's (2007) comprehensive account of form, space and order; Unwin's (2009) perspectives on the concepts of stratification, social geometries, transitional space; as well as Leach's (2010) account of architectural history. However, it is the social semiotic approach to space that is of immediate relevance to this paper as it has a number of distinctive features. Social semiotics sees meaning as being multi-pronged; that is, several types of meaning work together to create the whole, and that "these meanings arise in and from social and cultural contexts, simultaneously contributing to those contexts also" (Ravelli & McMurtrie 2016a: 3). Social semiotics also proposes explicit links between materiality and meaning, that is, interpretation needs to be based on explicit evidence. And it is concerned with the ways people use semiotic resources to make and interpret meanings in the context of specific social situations and practices (van Leeuwen 2005: xi).

Although this approach draws on a wide range of works, the key impetus is Halliday's (1978) social semiotic view of language, including Halliday's notion of agency and the idea that meaning is made and expressed, and also emphasizing that meaning-making is not just about choosing from existing resources but about actively making signs (Hodge & Kress 1988). Social semiotics argues that signs are always newly made in the act of sign-making, so "it is a theory not of use but of constant remaking" (Kress 1997: 286). It is also argued that these systems change over history in specific ways by "the actions of many individual social actors in the system, with the system and on the system" (Kress 1997: 285). In other words, social semiotics recognizes the potentials and effects of human actions and puts innovation, transformation, creativity, at the centre, as entirely usual.

Following Ravelli and McMurtrie, spatial texts are understood as "the synthesis of building, space, content and users." (2016a: 1) As McMurtrie says, spatial texts refer to "the built structure, the content within that structure as well as people's movement through the built structure and their engagement with the content." (2013: vi-vii) Their definition of space indicates the inherent multimodal nature of space, that is, spatial texts are made up of a multiplicity of semiotic resources and these multiple semiotic resources all contribute to meaning-making in spatial texts. Drawing on Halliday's (1978) metafunctional hypothesis, adapted by Kress and van Leeuwen (2006) to the study of images, spatial texts need to be understood in terms of three different types of meaning, all co-occurring and intersecting: *representational meaning*, which constructs representations of human experience; *interactional meaning*, which enacts social relationships, and *organizational meaning*, which organizes the text into a meaningful whole. A fourth type of meaning, *relational*, is also included by Ravelli and McMurtrie, but will not be addressed in this paper.

This paper will outline the framework of Spatial Discourse Analysis, and apply it to the analysis of a newly-built university library in China. Libraries are particularly important places for communities to come together. As Barclay says, a "library space makes it possible for people to learn, socialize, escape, and connect in ways that no other present-day space—private, governmental, or commercial—can." (2017: 272) Even in the context of the digital age, where some might argue that physical libraries could become irrelevant (e. g. Buss 2016; Carlson 2002; Scott 2011), it seems that physical libraries are not only surviving, but thriving (Bailin 2011; Barclay 2017; Hill 2009; Jolly & White 2016; Novacek 2001; Watson 2010). In the context of a university, libraries play an especially important role, not only establishing the "persona" of the institution in relation to users (Ravelli & McMurtrie 2016b), but forming an integral part of the learning landscape (Holmgren 2010). In other words, "learning spaces convey an image of the institution's philosophy about teaching and learning" (Somerville & Harlan 2008: 17), and it is argued that spatial design affects learning behaviours (Oblinger 2006). Studies suggest that changes over the past decade in academic libraries correspond to the re-orientation of knowledge in higher education (e. g. Sullivan 2010), when the pedagogy in higher education has shifted "away from a teaching culture and toward a learning culture" (Bennett 2003: 10).

Studies so far have demonstrated the value of physical library spaces, validated the interconnection among library design, learning activities and community building, and advocated the need to couple library studies with social contexts. Yet, there is a paucity of empirical studies that investigates exactly how library design facilitates community building and affords learning activities, and how such design relates to its social contexts. Further, the studies which do exist are primarily concerned with libraries in the west (e. g. Willingham 2008) and little is known about libraries in China. On this basis, we argue for a complementary approach using a social semiotic perspective that prioritizes users' interpretation of and response to the built library spaces. Instead of focusing on how library spaces can be designed to satisfy user needs via such strategies as surveys and interviews, we argue that the design of library spaces interacts and communicates with users and that these communicative meanings can affect how users engage with libraries. In sum, we propose a social semiotic meaning-based approach to library studies.

Our focus is Southwest University Library[①] in Chongqing, China. This library system consists of three individual libraries, and we further focus on just one of them, the recently-built Central Library. This enables a contrast to be made with the two older libraries, which are still in operation, in terms of the design of the physical environment and how this might affect users' experience. The Central Library Building, built in 2013, represents an image of a modern university library building in China. While it is only one example, the aim is to

---

① Further information about the libraries can be found at http://www. lib. swu. edu. cn (accessed 11 December, 2021) as well as https://baike. baidu. com/item/西南大学图书馆 (accessed 11 December, 2021).

demonstrate the nature of Spatial Discourse Analysis and how this can be applied to a specific text. We aim to reveal the metafunctional nature of the built environment, and how the design of this specific library affords different user behaviours, especially in relation to community building and learning activities.

2. Contextualizing the Research: Library History and Higher Education in China

Inspired by aspects of Marxism, one of the key theoretical understandings in social semiotics is that a social and economic base produces superstructural categories such as representation and communication. As such, representation and communication are socially and economically shaped. Representation and communication are closely bound up with the social, the political and the economic and have to be seen in these wider frameworks. (Kress 2005) A social semiotic approach to space necessitates an understanding of social contexts as, in the words of Kress, "meanings are socially made, socially agreed and consequently socially and culturally specific."(2010: 93)

The history of libraries in China can be dated back to 3000－4000 years ago, when libraries functioned as private book storage for prominent officials and eminent personages. (Chen 2002) In other words, the possession of a library was largely considered a symbol of economic wealth and high social status. Exclusivity was a key feature of libraries at that time. (Chen 2002) In ancient times, *fu* (府, storehouse), *ge* (阁, pavilion), *shi* (室, section), *tai* (台, tower), *dian* (殿, palace), *yuan* (院, college), *tang* (堂, hall), *zhai* (斋, study), *lou* (楼, building) were often used to refer to buildings that stored books. The term *library* (*tushuguan*/图书馆) was in fact borrowed from Japan at the end of the 19th century. (Liu 2018) The first university library, *cangshulou* (藏书楼, library trove), was established in 1898 at the Imperial University of Peking. ① Also at this time, the functionality of libraries in China was expanded to include book lending services. (Yao 2013)

Libraries in China have experienced two major historical transformations: the transformation from ancient book storage to education-oriented libraries by the end of the 19th century, and the transformation from education-oriented libraries to information-oriented libraries by the end of the 20th century. (Lu 2002) As in the west, modern libraries in China are regarded as a social and cultural mechanism to spread knowledge and exchange ideas, rather than just a place to store books. (Wu 2002) In the mid-1980s, China also experienced similar concerns as in western countries, that the rise of information technology and the Internet could lead to the demise of physical libraries. However, also as in the west, there has in fact been an unprecedented upsurge of new library construction in China towards and since the end of the 20th century (Wu 2002), with new systems of information storage and transmission not replacing the original systems, but supplementing them.

China also has a long history of higher education. Higher education in ancient China can be traced back to the Shang Dynasty②(c. 1600 BC—c. 1046 BC) and today 2560 Higher Education Institutions are accommodating over 36 million university students (over 28 million full-timers; Gu, Li & Wang 2018). Corresponding to other aspects of economic reform and development, higher education in China has experienced several stages of change since the founding of the People's

---

① Imperial University of Peking has been known as Peking University since 1912.
② According to Gu, Li and Wang (2018: 1), there is no consensus among historians about the exact origin of higher education in China, but they claim that most scholars agree that the institution of university in China originates from *youxue* (右学) in Shang Dynasty.

Republic of China in 1949. In the era of planned economy, higher education was considered a pure public good in China, meaning that the government undertook all responsibility for education and no fees were charged to students. (Tian & Liu 2019) In the 1990s, with the development of a socialist market economy, higher education in China shifted from a dominating national power to a focus on social needs, and students have been charged fees. (Tian & Liu 2019) Since China's accession to the World Trade Organization in 2001, the view that higher education has the property of a service commodity has also been recognized. (Tian & Liu 2019) On this basis, Tian and Liu suggest that higher education in China, as in many other countries, manifests a tendency to marketisation and privatization that legitimizes the sale and purchase of higher education.

Despite the ongoing changes in the functions of libraries and higher education, one feature remains constant in them both and that is the unchanging "hard-working learning spirit" that is endorsed throughout Chinese history. It is documented that students of the ancient era① sometimes tied their hair to a beam and pricked their thigh with an awl in order to prevent sleepiness and continue learning at late night (see Figure 12-1). This is known as *touxuanliang zhuicigu*②(头悬梁锥刺股, hair tied to a beam and thigh pricking with an awl), a practice in ancient China. Today such practices are no longer promoted but the hard-working learning spirit is still the mainstream and is even legalized and reflected in the *Higher Education Law of the People's Republic of*

---

① In ancient China, students were typically males with long hair. Women were of low social status, and mediocrity/being illiterate was regarded as a virtue for women. Filial piety was highly valued and the basic filial piety was to protect the body, hair and skin that were deemed as a gift from parents. Thus, male students would not cut their hair as that was deemed disrespectful.

② This is documented in the ancient book *Taiping Yulan*《太平御览》.

China①(Gu, Li & Wang 2018). It is against this broad social and educational background that this study is carried out.

Figure 12-1 Ancient learning practice — hair tied to a beam; piercing thigh with an awl

3. Data and Method

After gaining copyright consent from Southwest University to take and use photos of the libraries as well other relevant information on websites, a three-day observation was conducted in June 2019② at all three libraries. Photos of the design and use of the libraries were taken and casual interviews were conducted with random users to collect

---

① In Article 53: "Students of higher education institutions shall abide by laws and regulations … respect teachers, work hard in their studies, build up their physiques and the concepts of patriotism, collectivism and socialism…" In Article 59: "The State encourages graduates of higher education institutions to go and work in outlying areas and places where conditions are hard." *Higher Education Law of the People's Republic of China*, http://en.moe.gov.cn/documents/laws_policies/201506/t20150626_191386.html, accessed 28 September, 2022.

② This is close to the final semester examinations in China so a high frequency of library use is expected.

information about their experience and evaluation of the libraries. The analysis is largely based on the observation and collected photos. However, it is important to emphasize that the analysis is not of the photos per se but of the space itself.

The analysis proceeds on a metafunctional basis, as described further below. Two additional principles are important to remember for Spatial Discourse Analysis. Firstly, spatial texts need to be considered in terms of three perspectives: *"looking at"* the spatial text, almost as if it is a two-dimensional object; *"moving through/being in"* the spatial text, that is, accounting for its three-dimensionality; and *"looking around"* the spatial text, considering how spatial texts connect with each other, including across time. (Ravelli & McMurtrie 2016a: 15)

Secondly, spatial texts need to be considered in terms of the concept of rank. Rank is a scale of abstraction in Halliday's grammar, providing a hierarchical arrangement of constituents, with a fixed number of layers, whereby each rank defines a point of origin for structures and systems. (Halliday 2002: 120) This means that each rank has its own system networks and its idiosyncratic structural patterns. Constituency refers to the way in which larger units are constituted of smaller units, while smaller units create larger units. (Eggins 2004) Any meaningful unit can be split into smaller units at the rank below, each with its unique grammatical organization, "until we arrive at the units of the lowest rank, which have no internal constituent structure." (Matthiessen & Halliday 2009: 71) Rank has been a useful concept in linguistic analysis but its utility in other semiotic analyses remains contested[1]. Following Ravelli (2005), O'Toole (2011) and McMurtrie (2013), we argue that rank can inform our analysis of space

---

[1] For further discussion on how rank informs analysis of other types of texts, see Ravelli (2005) and McMurtrie (2013).

and we draw on the notion of rank in the built environment as proposed by O'Toole (2011: 65), who suggests a building can be split into floors, rooms and elements. Therefore, in this paper, we will explore the library building from three perspectives① in combination with rank and on a metafunctional basis.

Spatial Discourse Analysis proceeds with a number of steps. First, the text being analyzed needs to be described verbally, so that readers can "see" what the analyst is examining. Photos and figures are important to supplement this but cannot on their own identify exactly what is being described. (see Ravelli 2019) Following the description, a metafunctional analysis is undertaken and this analysis is always tied to specific meaning-making resources, as meaning is expressed by specific resources that are analyzable and explicable, and so the analysis is not dependent on a "gift of insight" (Ravelli & McMurtrie 2016a).

As noted, representational meaning is concerned with "what the building is, what it is used for and what types of processes or activities configured with participants and circumstances are enabled through the spatial settings" (Ravelli & McMurtrie 2016a: 20). Representational analysis begins with a simple account of what is denoted and connoted by the shapes, materials and general design features of a spatial text, and thus what functions and uses are indicated. Then processes, participants and circumstances are identified. Following Kress and van Leeuwen's analysis of images (2006), Ravelli and McMurtrie (2016a) propose two different types of processes: narrative processes that are of a dynamic nature, and conceptual processes that are of a static nature.

---

① In Ravelli and McMurtrie's model, the three perspectives apply to all ranks in spatial texts while in this paper for a more focused analysis, the "looking at" perspective is mainly applied to the rank of building on its exterior; the "moving in" perspective is mainly applied to the rank of floor on the interior, and the "looking around" perspective is mainly applied to the rank of building on the exterior.

The criteria to distinguish narrative processes and conceptual processes is based on the presence or absence of a vector that suggests movement. Further sub-categorizations of each type are also possible (see Figure 12-2) as discussed in Ravelli and McMurtrie (2016a). A system network for representational process types in spatial texts is illustrated in Figure 12-2.

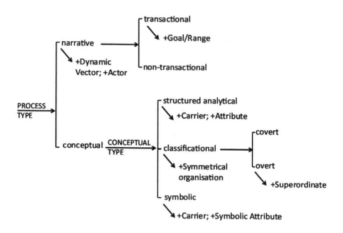

Figure 12-2　System Network for Spatial Representational Process (Kress & van Leeuwen 2006:45—78)

　　Interactional meaning is concerned with social relations between the institution and users, enacted through the design and use of space. Variables contributing to the interactional meaning are CONTACT, POWER, INVOLVEMENT, SOCIAL DISTANCE (Kress & van Leeuwen 2006) and CONTROL (Ravelli 2008) and these variables are gradable. In spatial texts, CONTACT refers to the visibility enabled between the institution and its users, through windows, signage and so on. POWER refers to the relative equality or dominance of user to institution, typically created by height on the vertical line or heaviness on the base plane. INVOLVEMENT refers to the extent of engagement between institution and user that is often enabled by the orientation to the horizontal plane. SOCIAL DISTANCE establishes how close users and institution are to each other, enabled by factors such as spatial distance and accessibility. CONTROL refers to the degree of freedom afforded to users by the institution, created by the presence or absence of gates, restrictions, and so on. A system network for interactional meaning is presented in Figure 12-3.

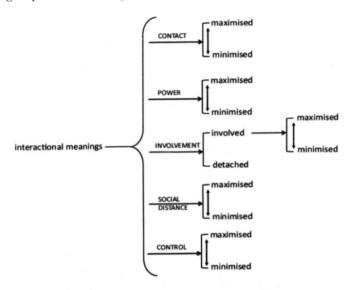

Figure 12-3 System Network for Interactional Meaning by Ravelli and McMurtrie (2016a: 55). Options in the system are gradable and realizations are not included

Organizational meaning is concerned with "the way in which the representational and interactive elements are made to relate to each other, the way they are integrated into a meaningful whole" (Kress & van Leeuwen 2006: 176). Variables contributing to the organizational meaning of spatial texts are INFORMATION VALUE, SALIENCE, FRAMING as well as NAVIGATION PATH. INFORMATION VALUE in spatial texts is concerned with the relative value of elements dependent on their placement within a space, or on the order in which they are experienced. SALIENCE is a semiotic principle that creates a hierarchy of importance among different elements (Kress & van

Leeuwen 2006: 201), created by a range of devices including size, cultural value, lighting and so on. FRAMING is concerned with the degree of connectivity or separation between different components (Kress & van Leeuwen 2006: 176) and may be indicated by literal frames such as doorways and walls, or by the continuity or otherwise of decoration and furnishing. NAVIGATION PATHS are related to vectors and can be realized by literal pathways such as footpaths, elevators and staircases which facilitate movement, or are indicated by lighting and furniture placement (Ravelli 2008: 21). A system network for organizational meaning is presented in Figure 12-4. Together, the three metafunctional analyses in combination with rank and the three perspectives provide a framework for analyzing the meaning of spatial texts, which includes the denotation and connotation of space, the activity types, the social relations between institution and user as well as the organization of elements in relation to the whole.

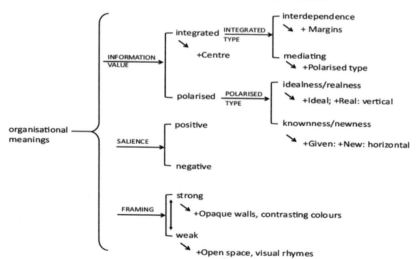

Figure 12-4 System Network for Organizational Meaning. Fundamental organizational meanings — INFORMATION VALUE, SALIENCE, and FRAMING (NAVIGATION not included), adapted from Kress and van Leeuwen (2006: 210) and McMurtrie (2013: 128)

4. Description and Metafunctional Analyses

Southwest University Library is situated at Southwest University (西南大学), in the city of Chongqing in the southwest part of China. As one of the top five teacher-training universities in China, this university was built in 1906 and has more than 50,000 staff and students as well as an area of 6,000,000 square meters. There are three libraries at Southwest University including Central Library, North Library and South Library. Our focus is on the newly-built Central Library.

As indicated by its name, Central Library is the nub and centre in the library system at Southwest University. It was built in 2013 with a total investment of 134,968,212.53 yuan (about 20 million USD). Integrating the services of borrowing, reading, collecting and consulting, it can provide nearly 6700 reading seats. With a building area of 37213.12 square meters, it has 15 floors above ground and 1 floor below ground. Floor B1 is separated from the other floors and is where a cafe is located. Floors 1 to 5 are for locating books, reading and studying, and are equipped with advanced multimedia information technology tools as well as other amenities. Floors 4 and 5 include some exhibition-style displays of special books. Floor 1 includes many comfortable (easy) chairs and a sofa, as well as some conventional chairs and tables, of high quality but mostly plain and in light colours. Floors 2 to 5 have predominantly conventional furniture, in the same style and some comfortable furniture as well. Floors 1—5 also have exterior balconies, with casual seating available, though the doors to the balconies are often locked.

From floors 6 to 10, there is an increased heaviness and luxury in the decoration. The use of dark colours and materials connotes a more traditional Chinese aesthetic and conveys a serious and old-fashioned sense. The functions of these floors include safe storage of rare and precious literature (not accessible without special permission) and studying. From floors 11 to 15, the furniture and decorations become plain and modest again and the functions of these floors include office administration and academic exchange in designated seminar rooms, used for meetings and small conferences.

To enter the library, users need to swipe their campus card or show their ID card. Once they enter the first floor, users have free access to floors 2 to 5 as well as floors 11 to 15. However, users need to show their ID card or campus card again, as well as register the purpose of their visit, to enter floors 6 to 10. With the increased heaviness of furnishings, there is an increase in entry condition and a decrease in accessibility. The cafe is open to everyone and free of entry conditions and is directly accessible from the outside, as it is isolated and attached to Central Library Building on its right side.

Although the management models are the same in the three libraries at this university, the infrastructure within the libraries varies. It is immediately clear that Central Library is equipped with abundant digital equipment such as computers, robots, retrieval machines and so on, while in the older libraries only a limited number of retrieval machines are available. Central Library also manifests a more human-centred design and an obvious objective to build community by catering to different user needs. For instance, seminar rooms with projectors are provided so that students can give presentations and have group discussions. Stools are provided around the bookshelves so that readers can sit and rest if tired, while in the older libraries users need to stand to read. Various aspects of the library are illustrated in Figures 12-5 and 12-6.

Figure 12-5 An overall view of Central Library — top row: a bird's view of the campus landscape and floor signage of Central Library; bottom row: Central Library floor plan from above, two exterior views of Central Library.

Figure 12-6 Contrast of Central Library with older libraries — top row: digital equipment of Central Library (left) and older libraries (right); bottom row: learning spaces at Central Library (left) and the older libraries (right).

In sum, there is an increased level of comfort and range of choices for learning at Central Library. However, what is noticeable in our observation is that despite the increased comfort in the new library, the older libraries are in fact quite busy while the new library, even on the lower floors, is relatively empty. Users of the site have suggested to us that this is because the older libraries are closer to student accommodation and cafeterias, and therefore more convenient in terms of time taken to reach them. This further suggests that user activities cluster together to influence user choices, and that in this case, the choice of one learning space over another seems to be conditioned by time cost, and not just the quality of the facility.

The analysis presented here will focus on the first floor and the ninth floor, as these are representative of the majority of floors in their design. We will also include an analysis of the café, for its contrast with more typical floors. A number of photos of these floors are illustrated in Figure 12-7:

Figure 12-7　Photos of Central Library from left to right: cafe, floor 1 and floor 9

4.1 Representational meaning

The representational analysis in spatial texts begins with a simple identification of the space. The footprint of the library is divided into three sections (A, B, and C, see Figure 12-5, bottom row, left) and comprised of two different shapes: a vertical rectangle that represents section A, a horizontal rectangle that represents section B, and a three-quarter circle that represents section C. Section B bridges sections

A and C and links them as a whole. Section A has 15 floors, while section B and Section C have 5 floors each. The interfacing of section A and section B is commonly said by users to represent the inserting of a USB drive①, which symbolizes one of the key functions of a library: information transaction. The integration of the two sections also symbolizes the historical fact that Southwest University was a combination of Southwest Normal University and Southwest Agriculture University.② Section B (see Figure 12-5, bottom row, right) has the shape of an opening ancient book③ that represents knowledge and functions as the entrance of the building. This suggests that the journey toward the library building represents the acquisition of knowledge④.

Looking at the building from the front, as if it is in two dimensions, the overall shape of section B is rectilinear, but also concave (U-shaped; see Figure 12-5, bottom row, left and middle) as if the library is embedded within the surrounding environment. The curved section, C, is convex, as if the library is engaging with the surrounding environment. The simultaneous use of round and square shapes in this building carries culture-specific meaning, as it manifests the ideology of *tianyuan difang* (天圆地方, round heaven and square earth). This represents an ancient conceptualization of the universe where the "round" and the "square" do not simply refer to a narrow sense of geometry. Rather, the "round" indicates a sense of mobility, change and flexibility (as heaven is a dome above the earth, embracing it but also always changing), while the "square" indicates a sense of

---

① This building is sometimes referred to by its users as *the USB building*.
② These two universities merged and formed Southwest University in 2005.
③ Ancient book in China refers to inscribed bamboo strips that are linked with thin ropes.
④ This interpretation is based on the design document of Central Library, which for copyright reason will not be available to readers.

immobility, stability and bearing (as earth is fixed, and should be ordered). This ideology indicates a balance of stability and mobility in buildings and has become an indispensable part of all kinds of buildings in China. (Wang 2003)

Looking around the Central Library Building as well as the two other library buildings, the location and surroundings of these buildings stand out and communicate culture-specific meanings as well, especially the *fengshui* culture in Chinese architecture. A bird's eye view of the whole campus (see Figure 12-5, top row, left) indicates that all library buildings have a north-south orientation, all facing water, located on hills, and surrounded by trees. These features reflect some architectural concepts in *fengshui* (风水, geomantic omen) such as *zuobei chaonan* (坐北朝南, a north-south direction), *mianshui* (面水, face water) and *tianren heyi* (天人合一, the harmony between man and nature). (Dong & Li 2008) Located on a hill with a lake in the front, the Central Library building manifests a Chinese-specific ideology that the learning environment has an edifying effect on people, as the mountain view can please people and water can calm people down. It is believed that a peaceful learning environment can help cultivate a correct view of life and a calm disposition. (Liu & Zhang 2014) As the building is set up on a hill and away from the main road on campus, users need to climb stairs and walk along a pathway to get to the entrance. Interestingly, in the middle of the pathway, there is a round water pond that is made of small curved stones in the shape of waves. The trees are framed and protected by stone fences in the shape of boats. Arguably the pathway can be interpreted as a representation of the bumpy road to the knowledge mountain, the water pond and stone waves can be interpreted as a representation of the surging ocean of knowledge and the boat as a representation of the journey of acquiring knowledge. These actually vividly represent a famous poem by Han Yu, a poet in

Tang Dynasty, *shushan youlu qinweijing*, *xuehai wuya kuzuozhou*（书山有路勤为径，学海无涯苦作舟）, meaning "there is no royal road to learning"① and this is translated as: *If you want to succeed in reaching the top of the knowledge mountain, diligence is the only way to reach the top; if you want to swim in the boundless ocean of knowledge, patience, effort and assiduous learning attitude will be a ship that can carry you to the other side of success.* A number of photos of this design feature are illustrated in Figure 12-8.

Figure 12-8　Pathway, trees and water pond around Central Library co-construing learning ideology

As suggested by Somerville & Harlan (2008: 17), learning spaces reflect the institution's philosophy about learning. A simple identification of the space from "looking at" and "looking around" perspective indicates that the educational value of calmness and hard work is promoted and materialized through a combination of shapes, location and collocation of elements.

Moving within the Central Library, floors 1 to 5 contain books on shelves, tables with seating on either side, individual seating in comfortable chairs, computer terminals, staff desk at the entrance of each floor and in the centre of floor 1, decorative elements such as pot

---

①　This interpretation is also based on the design document of Central Library, which for copyright reason will not be available to readers.

plants, and some signage, e. g. forbidding talking. It's notable that the books are grouped together and separated from the tables and chairs for working. Staff and students are clearly distinguished by their different attributes of dress: staff in uniforms, and students in casual clothes. They are also distinguished by their circumstances of location: only staff can be behind the service desks.

Overall, the placement and configuration of furniture and other elements afford multiple user activities. In the words of Goodyear and Carvalho, "activity is shaped by the physical setting in which it unfolds." (2014: 62) Narrative processes are particularly prioritized. Both transactional processes such as communicating with staff and non-transactional processes such as walking and meandering are observed in all three parts of the library. Sleeping is also observed, e. g. at desks, even though no specific provision has been made for this (as might be the case in other contemporary libraries, see Ravelli & McMurtrie 2016b), indicating that users can transform the meaning potential of spatial designs. Learning activities such as browsing for and selecting books, reading, note-taking and so on are afforded, in both individual and collaborative settings. However, what stands out in the observation is the low noise level and the tendency to use the library for individual learning. Chairs and tables are often grouped in the same space, suggesting the potential for collaborative learning[①]. However, as speaking is not allowed in most parts of the library (see Figure 12-9), only individual activity is afforded. Therefore, narrative processes with one participant are common in the observation, which indicates learning in this library is often intransitive and individual. Following the

---

① In combination with social geometries (Ravelli & McMurtrie 2016a), users who sit side-to-side typically create the meaning of collaborating.

argument of Ravelli and McMurtrie (2016b), users[①] who sit relatively motionlessly reading books represent a symbolic attributive process where the Carrier (users) is ascribed the Attribute of knowledge, represented by books. This symbolizes the transmission model of learning whereby knowledge is transferred to students by the authorial institution through books. The absence of collaboration as a mode of learning on these levels is notable.

The café, with the additional provision of food and drink for sale, a service counter, and collaboratively-arranged chairs and tables, along with the absence of signage preventing talking, evidently enables processes of eating and drinking (in addition to reading, note-taking and so on, which also occur here), and suggests that talking is more welcome. And yet the café is also very quiet, with speakers keeping their voices to a minimum, indicating that the behaviour established elsewhere in the library is carried over to this space.

The presence of the café, as well as the book exhibition, indicates that apart from learning, users can relax and entertain themselves, expanding users' participatory roles and social relations. This relates to the concept of hybridization and bonding where the functionality of space has been hybridized by providing users with more activity choices and aligning people into "a complex communality" (Stenglin 2004: 404). On floors B1—5, hybridization is primarily in terms of individual versus collective learning (through different seating arrangements), and

---

① This points to the issue of rank in spatial discourse analysis. At the rank of floor (looking at the activity), the act of users reading alone in the library can be interpreted as a narrative process, with users acting as Senser in the narrative process of reading, or Actor in the narrative process of holding the book. However, at the rank of element (looking at the users in isolation) they can be interpreted in terms of a conceptual process, with users as Carrier and their book as Attribute of book—knowledge, which symbolizes the transmission model of learning. van Leeuwen (2005) discusses this phenomenon in his analysis of image as embedding. For further discussion on rank, see McMurtrie (2013).

learning versus pleasure (through the learning spaces versus the café). On the upper floors, hybridization includes more formal activities, such as presentations and seminars, group meetings, and library administration. Hybridization and bonding in fact relate primarily to the interactional aspect of meaning, but have a clear representational impact also, which suggests that the same resources contribute to different strands of meaning and that different strands of meaning are co-presented in one text and work together to achieve communicative effects. A number of photos of taboo signs and user activities in different parts of the library are shown in Figures 12-9 and 12-10.

Figure 12-9　Taboo signs

Figure 12-10　Spatial layouts in the Central Library which afford hybridized activities

Thus in terms of representational meaning, the design of the library indicates contrary trends. On the one hand, design choices on the exterior and behavioural choices enforced and self-imposed on the interior maintain the "hard-working learning spirit" of ancient scholars. On the other hand, the provision of diverse seating configurations, functional elements, and relaxation opportunities as in the café, along with high-quality fixtures and furnishings, all suggest that pleasure and relaxation can also be a part of the learning culture.

4.2 Interactional meaning

Looking at the exterior of the overall building as illustrated in Figure 12-11, a strong sense of dominance and therefore strong institutional power is conveyed by the library's position as the highest building on campus. The heavy base plane (see Figure 12-5) reinforces the dominant effect. This is potentially intimidating as some users might be hesitant to enter and use the building if they feel overwhelmed by the institutional power①. This is especially true if the building directly faces users on entry, presenting a confronting angle. However, this building is situated on an oblique angle to the road and there is a meandering pathway on approach to the building②. The pathway can serve as a buffer and in this sense, the oblique angle③ actually facilitates Involvement between users and the institution, as suggested by Ravelli and McMurtrie (2016a). Walking along the pathway, users face Section

---

① The dominating effect conveyed by the height of a building is likely to affect first-time users. It may decrease and fade out as users become more familiar with the building. This view relates to early work on interpersonal meaning in language where Cate Poynton (1985) noted the effect of FREQUENCY of contact (*cf.* Eggins 2004).

② However, the abundant trees surrounding the building reduce the visibility to some extent.

③ This is different from face to face human interaction where an oblique angle will reduce involvement.

B which is only five floors high and the highest part, section A, is located to the side, therefore peripheral in their vision. Further, there is strong institutional Contact because of the exterior glass wall that affords high visibility to its interior. This enables users to see some of the activities within the library, increasing a sense of familiarity and decreasing a sense of alienation. Thus, despite the library's impressive overall exterior and location, a number of other features serve to mitigate the potentially dominating effect, and suggest an invitation to users to enter.

Moving into the library, there continues to be a counter-balancing of potentially contradictory elements, but also a distinction between sections in interactional terms. At the entrance, power is indicated by a particularly high ceiling (Figure 12-11, right), but mitigated by an oblique, zig-zagging pathway. There are numerous staff, all in uniforms, and they stand and face users behind a counter that is about waist-height, and users are required to swipe in in order to enter. This indicates Power and Control to the institution, as users' entry is explicitly monitored by staff, but their clear visibility and only minimal framing (behind the counter) also increases Contact, so the Power and Control are not hidden. The physical distance between users and the institution is relatively close, as the entry space is relatively small overall, but the framing of the barriers and service counter separates users from staff, and thus increases Social Distance.

Figure 12-11　Interpersonal resource: height on the exterior and entrance construing power

Moving from the entry-level up to floor 5, there is decreased institutional Contact, as there are fewer members of staff, and they may be sitting behind computers which hinders their visibility. While physical distance between staff and users is still distinct (as they use different areas), users are free to navigate the space and so can achieve a personal Social Distance by approaching a member of staff, or vice-versa. Nevertheless, some Social Distance is maintained due to the differences in dress, with staff wearing uniforms. Students seated side-by-side at a group table have evident Contact, and are ostensibly in personal Social Distance with each other, but the separation afforded by individuated activities and silence elides this potential. The furniture is not fixed in place, but nor are students allowed to move it around. The presence of staff and the fact that they can enforce regulations means that the institution retains its Control.

Moving from floor 5 to the upper floors, the majority of the interactional variables change. Contact, Control, and Social Distance increase again, as there is another service counter to enter here, and further requirements to swipe in and justify entrance. Power is indicated by a distinct change in decorations, with more luxurious fittings and furniture and a greater heaviness of elements on the base plane (cthonicity; O'Toole 2011), particularly on floors 6—10, although this reduces again from floors 11 — 15, where office administration is located. Thus a sense of hierarchy is construed across the different floors through the changes in design and regulation.

Overall, the design of the library construes strong institutional Control over its users, which distinguishes it from many contemporary libraries in the west where users are relatively free to use and reconfigure the learning spaces and to speak to and work with each other. (Ravelli & McMurtrie 2016b) This strong institutional Control is manifested in a variety of ways — in the presence of staff who wear uniforms and supervise entry; in strong regulations that prohibit speaking and eating, which are enforced through staff patrol; and in taboo signs that are placed throughout the library to remind users of correct behaviour.

In contrast, however, the interactional variables in the café are different again. Here, no staff are visibly present, nor are there explicit taboo signs reinforcing regulations, nor are there any specific barriers to entry. Thus, anyone can enter and use the café, and the presence and Control of the institution is backgrounded. Curiously, however, users seem to bring and obey the rules themselves: user behaviour observed in the café is very similar to behaviour elsewhere in the library — quiet and (largely) individuated. A number of photos that suggest social relations in the design of the library are illustrated in Figures 12-11, 12-12 and 12-13.

Figure 12-12　Interpersonal resource: variable institutional Contact indicated by varying potential of staff placement

Figure 12-13　Interpersonal resource: an increased heaviness of furniture and increased binding on the base plane above the fifth floor

A further important observation regarding interactional meanings in the library is that there is a social hierarchy of users according to user affiliation and educational qualification, indicated by users' entry conditions and afforded activities. Users affiliated with Southwest University can enter the library by swiping their student or staff card, and they are also able to borrow books. Users not affiliated with the university need to show their ID card to the security staff and then state the purpose of their visit, and they cannot borrow books. Affiliated users with higher educational qualification are afforded further choices. For instance, they have priority to place orders for restricted literature, and with prior permission from the relevant department, they can also have access to the Ancient Books Documentation Center① on the eighth floor. In this sense, an implicit and unequal social relation is construed among different groups of users, with institutional practices according a higher value to some rather than others.

4.3 Organizational meaning

Looking around the building and at its exterior, the library is salient in comparison with other buildings on campus because of its newness, its particular size and height as well as its central location. Both geographically and symbolically, the library functions as apparently a centre to all the other buildings on campus, the nucleus of its activities (see Ravelli 2008). However, as noted above, usage of the library does not always reinforce this role, with students often preferring to study in the older libraries, because of their proximity to accommodation. As users navigate their way towards the library, going up the hill, there is a Before/After information structure, with what

---

① This floor is typically closed to users and access is only given under the conditions described.

comes before (being outside the library/on the path to learning) construed as Given, and what comes after (being inside the library, in the place of learning) as New[①]. Thus the transformative nature of this journey reinforces the symbolic elements of the exterior design which reference the Han Yu poem. While the library is strongly framed as being different from its surrounding environment — an inorganic, built structure, as opposed to the trees and meandering path outside — the strength of this frame is weakened by the transparency of the glass, and the meandering nature of the path. In this way, the overall frame is evident and visible, but also permeable (Boeriis & Norgaard 2013), enabling users to cross the threshold. There is a certain degree of framing between the three sections A, B, and C as evidenced by differences in their shape, height, and window design. However, the uniform use of glass, concrete and white colour weakens the framing, unifying them.

At the rank of a floor, floors 1 — 5 each have an integrated information value, as there is a Center/Margin configuration. From above, the central space of Section B mediates Sections A and C to either side[②] (see Figure 12-14). In Section B, diverse functions are present, such as service counters, book borrowing, and seating. Sections A and C are predominantly allocated to bookshelves and books, with a small number of tables and some retrieval machines, etc. Thus, the diversity of functions associated with learning, and the (potentially) more social and collaborative nature of these activities, are given salience by being informationally central in the layout of these floors.

[①] This of course reverses on exiting, with learning/knowledge construed as Given, and the world outside construed as New. (See McMurtrie 2011)

[②] In a two-dimensional image, this would suggest a triptych (Kress and van Leeuwen 2006), but in a three-dimensional space, moving through the spaces makes Section B centre, as Sections A and C are hypotactially dependent on B (cf. Ravelli & McMurtrie 2006: 136).

Introducing Spatial Discourse Analysis: A Multimodal Case Study of a University Library in China | 243

However, no specific elements are inherently salient within these floors; salience will depend on users' preferences: do they need a book? need to sit? need help from the service counter? The floor plan (floors 1—5) "from above" is illustrated in Figure 12-14.

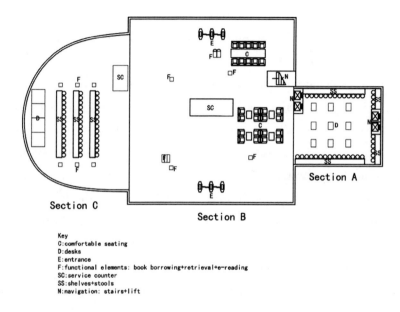

Figure 12-14 Floor plan "from above" (floors 1—5), approximate

The regular placement of furniture such as bookshelves and tables indicates orderly navigation around them, but open space between such areas indicates otherwise free navigation for users. This is reinforced by framing which is distinct but also weak: the different functions and furnishings of the seating area versus the book storage separate the spaces, but the absence of dividing walls and doors, along with uniform flooring, enables them to be integrated. Between floors 1—5 the framing is also relatively weak. Each floor is evidently its own physical entity, but they share a similar design aesthetic, and movement between them is facilitated by stairs and an elevator, both of which have free access. Thus floors 1—5 function together as a unit.

The transition from floors 1—5 to floors 6—15 is highly marked, however, by the reinsertion of explicit institutional control and strong framing at this point. Control is asserted through the additional entry requirements to reach these levels, as described above, and by a clear change in design and decoration, towards a more traditional style, which contrasts with the floors below. In this way, the activities associated with floors 6—15 and the users who are allowed there, are construed as being different and, indeed, highly valuable.

The café is equally marked, but in other ways, and with other effects. It is highly salient within the context of the library as a whole, because of its physical separation away from the main floors, clearly indicating the separation of the functions of learning and relaxation①. The absence of explicit institutional control, through the free access to it, suggests that it is a space where users are welcome. Its furnishing and decoration maintain continuity with floors 1—5 through similar chairs and tables (see again Figure 12-7), but also mark its difference through the functional elements which indicate eating and drinking (coffee bar, drink machines), and "fun" elements such as irregular book shelves. Thus, a combination of weak and strong framing counterbalances both continuity and separation from floors 1—5. The design contrast with floors 6—15 reinforces the strong framing and separation of these areas, indicating that the café serves students more than staff and special guests.

At the rank of element, there is a certain degree of framing between students and staff as indicated by their different clothing and association with specific areas.

---

① The café is isolated and attached to Central Library Building on its right side. From the outside, as a result of abundant trees, it is mostly hidden from sight.

5. Conclusion

By recasting space as a communicative text, this paper has proposed an alternative meaning-based social semiotic approach to library studies that focuses on the interpretation of meaning in relation to social context. We have demonstrated how a newly-built university library in China manifests both continuities with and differences from traditional ideologies around learning and higher education in China. The status and achievement indicated by learning is sustained by the quality, placement and presence of this building, and by the traditional references to learning featured on the exterior. On the interior, the higher status accorded to some learners and some learning practices continues to be manifested on the upper floors, with their restricted access and particular decorations and furnishings, affording a range of specific functions. However, distinct changes in cultural attitudes are evident in other ways. Even on the upper levels, the degree of luxury and comfort in the fittings suggests that learning does not have to be unpleasant. On the lower levels, the open-access between floors 1—5 and between spaces within floors, the variety of seating configurations and seating styles, the abundant light, presence of the café and pot plants and so on, indicate that here, too, learning should be pleasant, and can take place in multiple ways.

The Spatial Discourse Analysis presented here indicates that the new library provides users with a more comfortable learning environment and more types of activities, which corresponds to the changing educational and technological realities in China. The fact that the design of spaces is responsive to social changes and human needs relates to the concept of generic transmutation (McMurtrie 2011) and adds further evidence to the social aspect of semiotics. However, in our observation, although the changing spatial design affords an increase of comfort and choice, the strict institutional regulations exclude many such choices and make it challenging to fully satisfy different user needs. This suggests that the overarching institutional ideology is relatively stable and potentially at odds with a rapidly changing social reality. It also points to the fact that spatial affordance is not only materially built but also socially and culturally shaped. The relatively quiet behaviour observed in the café indicates that users indeed play a significant role in the meaning-making process, and thus it is important to extend the famous Winston Churchill quote, "We shape our buildings, and afterwards our buildings shape us" (cited in Hall 1966: 106), to include "and we continue to reshape our buildings" (Ravelli & McMurtrie 2016a: 18).

A metafunctional analysis of representational, interactional, and organizational meanings reveals that the design of the Central Library at Southwest University manifests culture-specific meanings such as *tianyuan difang* and *fengshui*. It is also clear that relative to the older libraries, the functionality and comfort of learning spaces has been increased for users, and that the library is presented as open and inviting. As in the west, a library such as this in China manages the potential threats posed by the digital environment by expanding the functions the library offers, and building community with users in its physical spaces.

Nevertheless, it is also the case that the institution retains — on the whole — strong Control over users' behaviour, and that users extend these practices themselves into areas where such Control is not necessarily exerted, such as the café, perhaps cognizant of the "hard-working learning spirit" that has imbued histories of learning in China. Thus, some of the potentials for collaboration afforded by the arrangement of seating in the learning spaces, and for relaxation and casual encounters afforded by the café, is negated.

The framework of Spatial Discourse Analysis provides a rich array of tools for analyzing how spaces of the built environment make use of multimodal resources to structure social life and convey its values. With a building as large and complex as the Central Library, it is not possible to present a fully systematic analysis in the space available here, but the analysis reveals the potential of a metafunctional approach which takes some account of rank, and the role that expressive resources such as layout, furnishing and decoration play alongside actual users' practices in the construal of meaning, and how it is necessary to interpret these in relation to both the historical and current social context. Texts of the built environment do communicate powerful meanings to and through us, and we believe that a social semiotic study of space opens up an exciting area for future explorations.

References

Bailin, K. "Changes in Academic Library Space: A Case Study at the University of New South Wales," *Australian Academic & Research Libraries*, 2011, 42(4): 342—359.

Barclay, D. "Space and the Social Worth of Public Libraries," *Public Library Quarterly*, 2017, 36(4): 267—273.

Bennett, S. *Libraries Designed for Learning*, Washington, DC: Council on Library and Information Resources, 2003.

Boeriis, M. & Norgaard, N. "Architectural Discourse: The Material Realization of Framing and Discourse in a University Building," *International Journal of Language and Communication*, 2013, 38: 71—100.

Buss, S. "Do We Still Need Reference Services in the Age of Google and Wikipedia?" *The Reference Librarian*, 2016, 57 (4): 1—7.

Carlson, S. "Do Libraries Really Need Books?" *The Chronicle of Higher Education*, 2002, 48(44): 31—33.

Ching, F. *Architecture: Form, Space and Order*, New Jersey: John Wiley and Sons, 2007.

Eggins, S. *An Introduction to Systemic Functional Linguistics* (2nd ed.), New York: Continuum, 2004.

Goodyear, P. & Carvalho, L. "Framing the Analysis of Learning Network Architectures," L. Carvalho & P. Goodyear (Eds.), *The Architecture of Productive Learning Networks*, London: Routledge, 2014: 48—70.

Gu, J.(顾建民), Li, X.(黎学平) & Wang, L.(王莉华) *Higher Education in China*(《中国高等教育》), 杭州: 浙江大学出版社, 2009年。

Hall, E. *The Hidden Dimension*, New York: Doubleday, 1966.

Halliday, M. A. K. *Language as Social Semiotic: The Social Interpretation of Language and Meaning*, London: Edward Arnold, 1978.

Halliday, M. A. K. *On Grammar*. J. Webster (Ed.), *Collected Works of M. A. K. Halliday* (Vol. 1), London: Continuum, 2002.

Hill, C. *Inside, Outside and Online: Building Your Library Community*, Chicago: American Library Association, 2009.

Hodge, B. & Kress, G. *Social Semiotics*, Cambridge: Polity Press, 1988.

Holmgren, R. "Learning Commons: A Learning-centered Library Design," *College & Undergraduate Libraries*, 2010, 17(2—3): 177—191.

Jewitt, C. "An Introduction to Multimodality," C. Jewitt (Ed.), *The Routledge Handbook of Multimodal Analysis*, New York: Routledge, 2009: 14—27.

Jolly, L. & White, S. "Communication, Collaboration, and Enhancing the Learning Experience: Developing a Collaborative Virtual Enquiry Service in University Libraries in the North of England," *New Review of Academic Librarianship*, 2016, 22 (2—3): 176—191.

Kress, G. "Interview with Gunther Kress, London 22 April (interviewed by Noal King)," *Social Semiotics*, 1997, 7(3): 285—295.

Kress, G. "Gains and Losses: New Forms of Texts, Knowledge, and Learning," *Computers and Composition*, 2005, 22: 5—22.

Kress, G. *Multimodality: A Social Semiotic Approach to Contemporary Communication*, London & New York: Routledge, 2010.

Kress, G. & van Leeuwen, T. *Reading Images: The Grammar of Visual Design*

(2nd ed.), London & New York: Routledge, 2006.

Leach, A. *What Is Architectural History?* Cambridge: Polity Press, 2010.

Matthiessen, C. M. I. M. & Halliday, M. A. K. *Systemic Functional Grammar: A First Step into the Theory*, Beijing: Higher Education Press, 2009.

McMurtrie, R. "The Genre of Foyers in the Contemporary High-rise: A Study of Harry Seidler's Work," *Linguistics and the Human Sciences*, 2011, 5(1): 59—92.

McMurtrie, R. "The Meaning of [Exiting]: Toward a Grammaticalization of Architecture," *Text & Talk*, 2011, 31(6): 705—731.

McMurtrie, R. *Spatiogrammatics: A Social Semiotic Perspective on Moving Bodies Transforming the Meaning Potential of Space*, PhD Thesis, School of the Arts and Media, Faculty of Arts and Social Sciences, University of New South Wales, 2013.

Novacek, J. "Coping in New York," *American Libraries*, 2001, 32(10): 18—19.

Oblinger, D. G. "Space as Change Agent," D. G. Oblinger (Ed.), *Learning Spaces*, Washington: Educase, 2006: 11—14.

O'Toole, M. *The Language of Displayed Art* (2nd ed.), London: Leicester University Press, 2011.

Poynton, C. *Language and Gender: Making the Difference*, Geelong: Deakin University Press, 1985.

Ravelli, L. "Beyond Shopping: Constructing the Sydney Olympics in Three-dimensional Text," *Text & Talk*, 2000, 20(4): 489—516.

Ravelli, L. "Shopping with Ranks," R. Hasan, C. M. I. M. Matthiessen & J. Webster (Eds.), *Continuing Discourse on Language: A Functional Perspective*, London: Equinox, 2005: 165—166.

Ravelli, L. "Analyzing Space: Adapting and Extending Multi-modal Frameworks," L. Unsworth (Ed.), *Multimodal Semiotics—Functional Analysis in Contexts of Education*, London: Continuum, 2008: 17—33.

Ravelli, L. "Pedagogical Strategies for Developing Interpretive Language about Images: A Tertiary Experience," *English Teaching: Practice & Critique*, 2019, 18(1): 100—118.

Ravelli, L. & McMurtrie, R. *Multimodality in the Built Environment: Spatial*

Discourse Analysis, New York: Routledge, 2016a.

Ravelli, L. & McMurtrie, R. "A Social-semiotic Analysis of a Redesigned University Library," L. Cavalho, P. Goodyear & M. de Laat (Eds.), *Place-based Spaces for Networked Learning*, New York: Routledge, 2016b: 111—130.

Scott, R. "The Role of Public Libraries in Community Building," *Public Library Quarterly*, 2011, 30(3): 191—227.

Somerville, M. & Harlan, S. "From Information Commons to Learning Commons and Learning Spaces: An Evolutionary Context," B. Schader (Ed.), *Learning Commons: Evolution and Collaborative Essentials*, Oxford: Chandos, 2008: 1—36.

Stenglin, M. *Packaging Curiosities: Towards a Grammar of Three-dimensional Space*, PhD Thesis, Department of Linguistics, University of Sydney, 2004.

Sullivan, R. M. "Common Knowledge: Learning Spaces in Academic Libraries," *College and Undergraduate Libraries*, 2010, 17(2—3): 130—148.

Tian, L. & Liu, C. "Rethinking Higher Education in China as a Common Good," *High Education*, 2019, 77: 623—640.

Unwin, S. *Analysing Architecture*, London: Routledge, 2009.

van Leeuwen, T. *Introducing Social Semiotics*, London: Routledge, 2005.

Watson, L. "The Future of Library as a Place of Learning: A Personal Perspective," *New Review of Academic Libraries*, 2010, 16 (1): 45—56.

Willingham, T. L. "Libraries as Civic Agents," *Public Library Quarterly*, 2008, 27 (2): 97—110.

陈海东:《中国图书馆历史探源》,载《情报科学》,2002 年第 8 期,第 875—877 页。

董睿、李泽琛:《易学视野下的建筑风水研究》,载《东岳论丛》,2008 年第 5 期,第 50—52 页。

刘静、张建林:《从功能到形式——记西南大学中心图书馆外部环境设计》,载《中外建筑》2014 年第 2 期,第 92—96 页。

刘满平:《汉语"图书馆"一词来源小考》,载《图书馆杂志》2018 年第 2 期,第 24—25 页。

卢子博:《关于中国图书馆事业未来发展走向的几个问题》,载《中国图书馆学报》,2002 年第 2 期,第 14—18 页。

王胜利:《"天圆地方"观探源》,载《江汉论坛》,2003 年第 11 期,第 75—79 页。

吴建中:《中国图书馆发展中的十个热点问题》,载《中国图书馆学报》,2002年第2期,第7—12页。

姚伯岳:《在古籍编目中发现京师大学堂藏书楼的源头》,载《大学图书馆学报》,2013年第6期,第103—108页。

第四部分
司法语言研究

提升法律语言应用能力，
推进语言应急法制建设

张法连
中国政法大学

习近平总书记在 2020 年 3 月 1 日出版的《求是》杂志发表重要文章，强调要从立法、执法、司法、守法各环节发力，全面提高依法防控、依法治理能力，要求各级党委和政府要全面依法履行职责，坚持运用法治思维和法治方式开展疫情防控工作。在重大传染性疾病、自然灾害等国家突发公共事件面前，危机治理每一环节的有序进行，公共安全、人民权益等都依赖于法律的保障。突发公共事件的治理是一场全面战，除了法律，语言的作用同样不可或缺。危机预警、医患沟通、事件命名、危机信息的多语言公布、社会动员、语言翻译服务、新闻宣传用语、谣言防控、国际合作等危机治理的方方面面都离不开语言助力。要同时发挥好法律和语言在危机治理中的作用，就必须重视法律语言的使用，提升法律语言应用能力，以法制的方式保障语言应急在国家突发事件治理中发挥应有之力。这也是习近平法治思想的重要内涵。

1. 应急语言能力建设中需强调法律语言应用能力

作为利用语言资源提供语言应急援助，应对突发公共事件的重要能力，我国当前语言应急能力还比较欠缺。各类应急语言服务供不应求，各领域语言问题层出不穷。针对此现状，不仅应从建立语言应急机制、建立语言应急队伍、提供语言技术支持、制定语言应急规范方面提升应急语言能力(李宇明、王海兰 2020:18－19)，还应注重在语言应急中提升法律语言应用能力,将其作为衡量应急语言能力的重要标准之一。

法律语言是表达法律意义,承载法治思维的语言。法律语言应用能力是指应用法律语言处理各类事务所需要的语言能力。在国家紧急状态下,需提高各类主体的法律语言自觉意识,运用法治思维提高危机治理能力。

第一,法律语言与法治思维相互依存、辅车相依。习近平总书记不断强调要用法治思维和法治方式开展疫情防控工作。法治思维无法脱离法律语言而存在,法律语言是蕴含了法治思维的语言,可以说法治思维和法治方式都与法律语言不可分离。在紧急状态之下,社会在一定程度上呈现出异于平常的混乱状态。越是混乱,越需要遵循统一的法律规则行事。政府依法治理危机,公众遵循法律、崇尚法律,才能更好地维持秩序,保障各方权益。政府、公众遵照法律在语言上就体现为使用法律语言。

第二,法律语言准确严谨、凝练简明、庄重肃穆等特性使得其在应急语言服务中不可或缺。使用法律语言能够保证在危急时刻及时有效地传递信息,保障顺畅地交流和沟通。以疫情信息为例,其属于政府应依法通报、公布的信息,所使用的语言只有准确严谨,才能确保权威的疫情信息没有歧义,有效指引公众做出科学有效的应对措施;只有简洁凝练,才不至于使公众迷失在冗长无用的言辞中;只有语体规范,庄重肃穆,才能使疫情公布语言等发挥更好的警示和提醒作用。

第三,在全面依法治国的时代背景下,处理突发公共事件更应该重视法律语言应用能力。法律语言是当前衡量国家法治建设水平的重要指标,与法治国家、法治政府、法治社会建设紧密相连,也与公众的权益息息相关。尤其对于行政机关而言,在非常时期不得不限制公民的部分自由和权利,这必然涉及语言的可接受性问题。使用法律语言,运用法治思维应对危急,有助于提高政府危机治理行为的可接受性。此外,公共安全危机的治理无法脱离公众的参与,所以公众法律语言应用能力也非常重要。如今自媒体异军突起,个人拥有了更多的话语权。在发生公共危机之时,公众习惯于使用网络自媒体宣泄情绪、发表个人观点。这可能会引起公众与政府之间的话语冲突。对于情绪宣泄,公众需要学会客观理性地表达,所使用的语言要符合法律规定,不能制造、传播谣言;政府也需对公众话语进行公正、理性地回应。法律语言恰好提供了客观理性、有效传递信息的规范。如果缺乏法律语言的规范，必然导致社会中话语系统紊乱，阻碍各方力量的统筹，损害危机治理效果。

第四，在重大传染病等世界公敌面前，各国需要通过话语建立和传递共识。在全球化背景下，国家间的最大共识就是法治。灾难无国界，灾难当前，各国不宜再使用语言互相猜忌、指责、抨击、嘲讽，而是应秉持"人类命运共同体"等法治外交理念，使用法治外交语言，促进交流，深化合作，共同抗击灾难。提升我国的法律语言应用能力更有助于中国分享防控经验、加强国际协作。当面对他国的污名化言语行为时，中国政府也有责任通过法律外交语言及时消除国际社会的误会、偏见与隔阂，塑造负责任的大国形象。

2．应急语言的法律语言标准

为保证语言应急治理的有效性，需进行应急语言服务标准化工作，其中也包括针对应急语言的标准。法律语言至少为应急语言提供了如下的标准：

2.1 合法性

合法性要求应急语言符合我国法律规范。目前网络成为各类信息传播的主要途径。应急语言必须遵守如《即时通信工具公众信息服务发展管理暂行规定》《网络信息内容生态治理规定》等规制网络言论的相关法律法规及司法解释，同样不能触犯保护国家安全、社会秩序和名誉权、隐私权等公民人身权利的其他法律法规的规定。紧急状态下，公民的言论自由不应以侵犯其他合法权益为代价；国家机关及其工作人员还需要积极履行语言方面的法定职责，如《中华人民共和国传染病防治法》《中华人民共和国政府信息公开条例》等关于依法准确透明地公布信息的法定职责。

2.2 真实准确性

突发公共事件事发后,公众依赖于政府发布的权威信息,并以此为根据实施应对措施。所以这些信息必须确保是真实且准确的,此乃应急语言的核心要求。危机下的谣言混淆视听,迷惑、误导公众,甚至造成社会恐慌,危害极大。对于国家机关及其工作人员而言,若发布权威信息,则必须保证其真实性和准确性,让社会各界了解危机防控的最新进展和应对措施,才能最大程度消除社会恐慌、凝聚群众力量;对于还没有充分科学依据的,就不能使用确切肯定的语言,以免误导公众。公众也应多一些法律语言自觉意识,具备判断信息真实性、准确性的法律语言思维能力,不制造、传播谣言。

2.3 规范性

规范性是指应急语言应遵守语言规范,包括语音、词汇、语法、书写等基本语言规范以及法律文书等专业领域的语言规范。尤其对于突发公共事件信息中的上报、通报和公布以及政府工作人员的新闻发布而言,它们属于政府部门的法定文书或发言,具有正式性和权威性,不仅需要符合基本的语言标准,还必须符合法律语言的词法、句法和语篇规范。以新冠肺炎的命名为例,从"不明原因的肺炎"到"新型冠状病毒感染的肺炎",简称从"NCP"修订为"COVID-19",就是体现出不断规范化的过程。如果语言不规范,不仅会破坏信息本身的信度,而且会降低发布机关的公信力。

2.4 重视社会效果

在实践中慎重考虑社会后果是一种重要的法治思维。语言应急不仅仅体现在语法、修辞等语言规范,更重要的是从语言维度促进危机解决,从信息的公布和获取的各方面为危机的应对和处理提供保障。针对不同语境下的应急语言,并非一定要强调形式的统一,也并非尝试树立法言法语的垄断地位,去替代多元化、趣味性的其他语言表达形式。紧急状态下的语言尤为重要,不仅要保障信息通畅,指引危机防控、还要稳定、凝聚、温暖人心。语言使用若能达到此效果,就是值得肯定的。"国泰闽安"等抗疫一线医疗队的谐音成语代号就是充满力量、鼓舞人心的语言典例。如同法律仅仅是行为的底线，基于法治思维的法律语言也仅仅提供了合法、真实、准确等应急语言规范的基本底线。要紧紧依靠人民群众控制危机的局势，就需要人民群众对语言无限的创造力。重视社会效果标准所强调的就是在满足法律语言规范基本底线的前提下，尽可能地发挥语言的多样性和创造性，让紧急状态下的语言发挥更大的作用。

3. 关于建设语言应急法制的建议

针对新冠肺炎疫情，习近平总书记多次强调要在法治的轨道上统筹推进防控工作，明确了法治保障突发事件治理的基本思路。在突发公共事件发生时，为保证危机全方位治理、纠纷解决有法可依，有必要加强国家突发公共事件法律体系建设。从 2003 年开始，我国逐渐推进应急管理法制建设，组建了应急管理部，通过了包括《中华人民共和国突发事件应对法》在内的一系列规范性法律文件。目前已经初步形成了以宪法为依据，以《中华人民共和国突发事件应对法》为核心，以相关法律法规为配套的应急管理法制体系。但是此体系还有许多地方需进一步完善，语言应急法制就是其中之一。

3.1 语言应急法制建设的必要性

习近平总书记强调依法防控，提出了 9 个方面的要求，其中就包括要加强疫情防控法治宣传和强化疫情防控法律服务。通过法制建设加强语言应急服务，提高法律语言应用能力是加强疫情防控法治宣传和法律服务的应有之义。在"一带一路"建设和"引进来、走出去"战略背景下，为应对当地突发公共事件，我国对语言应急服务的需求量攀升。我国本是多民族、多语言的国家，又居住着大量外国公民，语言应急能力建设的重要性不言而喻。截至 2021 年 12 月，我国网民规模已达 10.32 亿，互联网普及率达 73%（中国互联网络信息中心 2022），危机下的互联网信息治理可谓亟需语言应急法制的保障。根据人民网舆情控制中心的调研，相比于 2003 年的非典，由于互联网的普及，新冠肺炎公众情绪构成更为复杂：恐慌、焦虑、愤怒、悲观与理性、感动、积极应对交织,情绪阈值波动更大。(李泓冰、周玉桥 2020)善加利用语言应急,可以稳定民心,使事态得到更快的控制;反之,则会使情况恶化,次生危机出现,导致语言安全问题,影响公共安全和国家安全。在应急状态下满足语言安全需求的主要途径,是为语言应急提供法制保障,制定语言政策,实施语言规划,进而提高国家应急语言能力。总之,语言应急法制建设理应成为国家突发公共事件法律体系建设的重要一环。

将语言应急纳入应急管理法制体系,也有国际经验可资借鉴。美国在"9·11"事件后,将语言能力作为国家竞争力的重要组成部分,逐步提出或通过众多法案,如授权国家语言服务团(National Language Service Corps)成为永久机构,为国家和地区中发生的突发事件提供语言服务的 2013 年美国《国防授权法》(*National Defense Authorization Act for Fiscal Year 2013*),提供各类翻译服务的《联邦学生资助申请翻译法案》(*FAFSA Translation Act*)和《翻译法案》(*The Translate Act*)以及实施关键外语教学计划的《K-16 关键外语渠道法》(*K-16 Critical Foreign Language Pipeline Act*)、《世界语言提升与准备法案》(*World Language Advancement and Readiness Act*)等一系列法案。在新冠肺炎疫情期间,美国国会同样提出规制应急语言的法案,如《COVID-19 语言使用法案》(*COVID-19 Language Access Act*)提出了针对疫情相关书面材料翻译的专门要求,以及《谴责 COVID-19 相关反亚情绪决议案》(*Condemning All Forms of Anti-Asian Sentiment as Related to COVID-19*)要求疫情期间不能使用歧视性语言。法国、澳大利亚、日本等国家也早已认识到语言对于国家安全的重要性,出台多项语言政策,如英国成立"国家语言指导小组",欧盟也制定了语言战略。(李鹏 2015)

3.2 语言应急法制建设内容举隅

我国目前并没有专门针对语言应急的法律文件,为保障语言应急工作的有效性,应加快推进语言应急法制建设。若无法律依据,仅仅依靠临时性的政策,语言应急体系将出现系统性紊乱,难以产生良好的语言治理效果。由于语言应急涉及各类别突发事件治理的不同方面,专项立法可能难以面面俱到,而更适宜采取在不同法律文件中制定语言应急的相关规范。目前而言,对于语言应急法制建设,至少应包括以下内容:

首先是保障公民语言权利,协调政府语言权力和公民语言权利的平衡关系。在国家进入紧急或应急的"非常"状态下,个人的生命权、健康权成为政府首要保障的目标,为此政府的积极救助、强制隔离、强制迁移、紧急征用、限制自由等行为可能限制自然人、法人等私主体的其他权利。同样的,为高效处理危机,防止谣言、歧视、抹黑、挑衅等不文明语言破坏秩序,损害权益,公民的言论自由也会被一定程度地限制。在法治社会中,对于公民知情权、言论自由权、监督权等基本语言权利的限制,只能通过立法的方式进行,才能保障权利限制的合目的性、合法性与正当性。还应通过立法的形式确立行政机关提供应急语言服务的法定职责,防止政府不作为、乱作为,进一步优化警察权介入言论自由等制度。政府语言应急治理的关键还是强调行政工作人员应急状态下法治理念的更新,通过制定实施细则、工作规定等的方式明确执法部门的语言应急治理的方式,细化法治思维和法律语言使用。

其次,为我国应急管理体系运行提供法制保障。我国已构建"一案三制"的综合应急管理体系,应急管理的体制、机制、应急预案的制定都需要法制的保障和支撑。第一,对于应急预案,需要通过立法的方式确定语言应急预案在各类突发公共事件应急预案的地位,明确语言应急的责任主体,保障语言应急资源、应急措施、实施力等的有效性。应考虑规定在各类应急预案之中增加不同方言、语种、手语的预警信息发布、应急响应、社会动员、后期处置等内容。同时,为支撑语言应急人才的培养和储备,也应制定相关人才培养的法律文件。

第二,通过制定"工作职责"等相关法规、规章进一步完善由政府统一领导的,社会和公众参与的,由不同地域、不同级别的语言应急组织构成的语言应急管理体制,使其成为国家应急管理体制的有机组成部分。在新冠肺炎疫情中,国家语言文字工作委员会以及组建"战疫语言服务团"的北京语言大学、武汉大学和传神公司等组织在语言应急服务领域发挥了重要作用。今后可以进一步完善以国家语言文字工作委员会为核心,地方各级应急管理部门、语言文字工作委员会、企事业单位参与的语言应急的管理体制。

第三,通过制定相关"工作管理办法",修订相关标准的方式完善语言应急机制,保障形成事前、事发、事中和事后的制度化、程序化、规范化的协调有序、运转高效的语言应急机制。在突发公共事件发生前,语言应急组织对可能产生的语言风险进行充分预测和评估,完善语言应急准备机制;事发时,就事件的上报、通报和公布制定并完善语言应对方案;事中通过信息发布、翻译、语言信息技术等保障应急处置和救援;事后提供语言安抚、心理恢复等语言服务。突发公共事件治理是一项总体战,涉及应急处置、救援、预防预警、危机信息管理、教育培训等各方面的机制。语言应急机制应有机融入这些机制之中,共同促进危机的整体性治理。

语言应急法制建设所涉内容众多,以上仅是一支半节。为了学习落实好习近平法治思想,推进语言应急法制建设,有必要进行实际的立法调研工作,对我国应急语言服务需求进行充分、准确的评估。在必要的情况下,我国还应积极参与语言应急的国际法制建设,参与制定应急语言服务的国际标准。

参考文献

李泓冰、周玉桥:《"看见"的力量——透视疫情报道与国家治理能力现代化》,载《新闻记者》,2020年第2期,第3—11页。

李鹏:《语言战略保障国家安全 发达国家先行一步》,https://world.huanqiu.com/article/9CaKrnJO5mN,2015年8月3日,访问日期:2020年5月4日。

李宇明、王海兰:《粤港澳大湾区的四大基本语言建设》,载《语言战略研究》,2020年第1期,第11—21页。

中国互联网络信息中心:第49次《中国互联网络发展状况统计报告》,2022年。

法治国家视域下我国司法领域
语言问题及其规划

董晓波
南京师范大学

1. 引言

  法律制度的完善是实现依法治国的根本前提和基础。"法律及立法、司法、执法等一切法律活动,必须依赖语言。"(潘庆云 2017:4)西方也有"The law is simply a matter of linguistics"(法律只不过是一门语言学的学问)的说法。"社会生活可以分为不同的领域,每个领域都有自己的语言生活,为使语言生活和谐,需要进行领域语言规划。"(李宇明 2013:86)全面依法治国是国家治理的一场深刻革命,在司法领域,司法公正是现代司法理念的集中体现,它需要通过公正、高效、文明的司法活动来实现。在司法活动中,语言这一要素必不可少,为了维护司法公正,司法领域的语言及其与语言相关的问题应当进行合理的规划。

  司法领域语言使用的规范性从其内部来说,会影响到司法的公正、效率,从外部来说,会影响到司法形象,司法话语体系的建构乃至国际法治话语权的提升等。然而,相较于西方在法律语言规划研究已经取得了一定的成果、学科发展较为成熟的情况下,当前国内关于法律领域语言问题的研究还比较稀缺,"现有研究存在焦点单一、问题意识不突出、系统性不强的局限"(董晓波 2015:37),已经取得的研究成果并未完全进入司法实践的领域,相关成果在应用推广方面的针对性和时效性仍需改善。因此,本文将在法治国家建设的视域下,尤其对我国司法领域的语言问题及其规划进行专门研究,构建一个基于不同主体层次、多问题领域的司法领域语言规划研究的分析框架,希冀以此推动国内此类研究的深入开展,以便为法治国家建设这一重大命题服务。

2. 语言规划的理论基础

"语言规划"这一术语的英文名称为 Language Planning,1957 年由 Uriel Weinrich 在美国哥伦比亚大学的一次讨论会(seminar)上首先提出(陈章太 2015:2),1959 年由美国语言学家 Einar Haugen 在一篇题为《现代挪威标准语的规划》的论文中正式使用(Haugen 1959:8),之后,语言规划和语言政策研究受到各国学者的重视,相关的研究成果开始大批量地出现,并促进这一学科的不断完善和发展。

2.1 语言规划的概念

Haugen 最初给语言规划的定义是,一种准备规范的正字法、语法和词典的活动,旨在指导非同质言语社区中的书面和口头语言应用。(Haugen 1959:8)随着社会学的出现,这个定义也发生了变化,Haugen 在其另一篇论文《语言学与语言规划》中,将语言规划的定义看作是语言规划的结果,是语言规划工作者所做出的决策的一部分,他将语言规划确切地定义为对语言变化的评价。(Haugen 1972:161;Haugen 1983:42)Haugen 认为,语言规划是社会规划中的一个部分,他还有一个更具一般意义的定义,即"为一个言语社区,建立目标、政策和过程的活动"(Haugen 1972:287)。

自 20 世纪 50 年代 Haugen 给语言规划定义开始,到 21 世纪初期,在这跨度长达 50 多年的历程中,有 30 多位学者给语言规划做出了相关的定义和分析模式。比如,Eastman(1983)从规划的实施者角度出发,认为语言规划是为了达到某些规划机构(当地的政府、教育、经济或语言权威部门)设定的目标而将语言作为一种社会资源进行操作的活动(转引自 Gottlieb & Chen 2001:23)。Cooper 提出了一个语言规划行为的分析模式,可以从 8 个方面去分析语言规划活动:谁是规划的制订者? 针对什么行为？针对哪些人？要达到什么目的（或出于什么动机）？在什么条件下？用什么方式？通过什么决策过程？效果如何？(Cooper 1989:98)刘海涛总结了这50多年来语言规划定义变化的一些基本特征，包括：从工具观到资源观的转变；从结构主义到后现代主义的转变；从单变量系统到多变量系统的转变；从实用主义到语言人权的转变；从语言问题到语言生态的转变；从单纯的语言学领域向社会学、政治学以及其他学科的转变。(刘海涛 2006:55)对语言规划的研究逐渐跨出语言本身这个"小圈子"，越来越朝着跨学科、交叉学科的方向发展。

语言政策和语言规划是紧密融合的关系，语言规划通常是靠语言政策来体现。语言政策是一个国家总的方针政策的组成部分，是国家意志和大多数人民意愿的反映。简单来说，语言政策就是一种计划，是观念、法律、法规和实践的载体，它的最终目的是实现语言变革。语言规划则是语言政策的延伸与体现，是计划的执行，是政府部门经过慎重考虑后对语言代码和语言使用做出的系统性的、前瞻性的计划和改革蓝图。

语言政策和语言规划作为一门学科，经过这么多年的发展，已经成为一门相对独立的学科——"语言规划学"，是社会语言学的一门分支学科。陈章太认为，语言规划是有关机构、社会团体、学术部门等群体根据语言文字的特点和发展规律，对语言文字的形式和功能进行有目的、有计划地调整的一种有益的社会活动。(陈章太 2015:2)语言规划活动既包括语言规划的实践活动，也包括对语言规划活动进行研究的活动，也就是语言规划理论的研究活动。(陈章太 2015:5)

2.2 语言规划的活动分类

随着时间的推移、学科研究的不断深入，语言规划所涉及的活动内容也在不断地完善和发展之中。Haugen最初提出，语言规划主要是从两个角度开展，一个是社会的角度，即地位规划(status planning)；另一个是语言的角度，即本体规划(corpus planning)，有形式(政策手段)和功能(培养手段)两种规划，包括选择(selection)、编纂(codification)、执行(implementation)和解释(elaboration)四个方面。(Haugen 1983:275) Cooper 在 Haugen 所划分的地位规划和本体规划的基础之上，又提出了第三种规划,即习得规划(acquisition planning),它指的是为了学习一种语言而付出的有组织的努力。(Cooper 1989:157)

Hornberger 则充分吸收了 Kloss(1968)、Stewart(1968)、Neustupny(1974)、Haugen(1983)、Nahir(1984)、Cooper(1989)、Ferguson(1968)、Rabin(1971)等的研究成果,整合形成了语言政策和语言规划的总体性框架和模式,融合了地位规划、本体规划和习得规划三大类的主要内容。他认为,地位规划是关于语言的使用,习得规划是关于语言的使用者,本体规划是关于语言本身。(Hornberger 2006:29)

相对而言,Kaplan 和 Baldauf 所提出的语言规划目标理论框架,是目前对语言规划目标最为全面的概括,该理论框架根据语言规划的分类对语言规划目标进行全面研究。(胡晓旭 2014:iv)Kaplan 和 Baldauf 将习得规划重新命名为教育语言规划(language-in-education planning),在地位规划、本体规划和习得规划的基础上,增加了一个声望规划(prestige planning),从而形成了一个更为完善的研究框架(见表 14-1)。(Kaplan & Baldauf 2003:202)

表 14-1　Kaplan 和 Baldauf 的语言规划目标理论框架

项目	目标实现手段	政策手段(形式)目标	培养手段(功能)目标
产出性目标	1. 地位规划（社会层面）	地位标准化 官方化 国民化 废除(某种语言)	地位规划 恢复 *复位 *复兴 *撤销 保持 中介语交际 *国际的 *国内的 传播
	2. 本体规划（语言层面）	标准化 语言规范化 *文字 *语法 *句法 副语言规范化 *文字 *语法 *句法	语料拓展 词汇现代化 问题现代化 革新 *净化 *改革 *文体简化 * 术语统一 国际化

续表

项目	目标实现手段	政策手段(形式)目标	培养手段(功能)目标
产出性目标	3.教育语言规划（学习层面）	政策发展 准入政策 师资政策 课程政策 方法与内容政策 资源政策 群体政策 评估政策	学习规划 再习得 保持 外语/二语转换
接受性目标	4.声望规划（国家形象层面）	语言推广 官方/政府 机构 利益集团 个人	智能化 科学的语言 语言的专业化 高等文化的语言 外交语言

后来，Lo Bianco 又将语言规划的主要活动内容划分进一步细化为 6 类，即语言地位规划(status planning)、语言本体规划(corpus planning)、语言习得(教育)规划(acquisition planning)、语言声望规划(prestige planning)、语言功能规划(usage planning)和话语规划(discourse planning)。(Lo Bianco 2010：49－53)所谓功能规划，指的是延伸语言被使用的背景和领域，拓展语言使用的目的，使语言生命力更强，延续的时间更长。(Lo Bianco 2010：52)话语规划本身是具有争议的语言政策和语言规划，更取决于影响力和施为行为，指的是以说服的言说和文本来修正和加强世界观；话语规划还包括培训人员形成一种说服的方式参与社会，通过有效的书面或口头交流实现他们的目标。(Lo Bianco 2010：53)

3. 司法领域语言规划的内容

语言与文化、社会的关系是血浓于水的关系，对语言进行规划无法剥离文化和社会的背景，语言规划既是一种语言行为，也是一种文化与社会行为,更是一种战略行为,"语言战略的提出主要得益于语言规划价值取向的战略转向"(沈骑、夏天 2018:37)。从微观层面来看,司法领域的语言规划是对规范司法语言使用和标准化的一种主动设计和引领;从中观层面来看,是提升司法人员语言能力和语言素养的重要举措;从宏观层面来看,也是增强司法领域话语感召力、塑造司法形象,以及争取国际司法话语权的重要战略活动。

基于 Haugen(1983)、Cooper(1989)、Hornberger(2006)、Kaplan & Baldauf(2003),以及 Lo Bianco(2010)对语言规划的活动分类,我们将司法领域的语言规划活动分为 6 大类,即地位规划(status planning)、本体规划(corpus planning)、教育(习得)规划(education/acquisition planning)、服务规划(service planning)、话语规划(discourse planning)和传播规划(spreading planning)。

3.1 地位规划

地位规划即国家关于人们的语言使用和选择的政策与规划。(陈章太 2015:8)地位规划的实质是为语言立法,确定语言的地位和价值,分配语言的用途、功能以及规定语言的使用场合。(董晓波 2015:38)为语言立法这种规划一般要借助于政治、立法、行政的力量来进行,它涉及的是语言的社会属性或社会层面。"司法语言是法律实施层面上使用的语言,包括司法口语和书面语言。法律的实施和运用,依赖于司法口语和法律文书的书面语言交替使用来完成。"(石东洋、张洪亮 2014:57)司法领域地位规划关注的是多语的情况下,司法过程中诉讼语言的选择、使用、规范化及其语言服务等问题,即"何种语言是司法使用语言以及少数民族语言权利的保护和使用等问题"(董晓波 2015:38)。司法语言是司法人员工作的媒介,是最为直接的交流方式,必须将司法语言上升至一定的地位,引起司法人员的足够重视。尽管人们每天都会使用语言,但对于语言的地位而言,人们在主观上还是会忽略,甚至缺乏最基本的意识。语言立法是提升语言地位的最高体现,是把语言政策通过法律形式确定下来,并且以法律的形式加以实施。语言立法有两种形式,一是单独以条文的形式出现,二是以专门立法的形式出现。就司法领域的语言问题来说,国家目前还没有专门的立法,一些有关语言的规定还是以单独条文的形式出现在司法相关的制度和规定中。

3.2 本体规划

司法语言的本体规划,指的是对语言文字形式本身进行调整的活动,实际是司法语言的规范化、标准化以及法规化(赖特 2012:51),形式上可以体现为词典、手册的编纂,专业术语的修订,以及书写系统的完善和规范等,以便司法人员正确使用,司法语言生活健康发展。司法语言是法律从业主体使用的一种专业性的工作语言,它包括立案阶段的立案审查、送达工作语言,调解阶段的庭前调解、庭后调解和代理人调解所使用的语言,庭审阶段的语言使用,以及裁判文书撰写阶段的语言专业化和标准化等。司法语言的规范化和标准化,就是要制定一套适合于司法工作人员使用的标准和规范。司法语言的专门性要求其具备准确性和专业性,这是由法律本身的性质所决定的(姚锡远、张焱 1994:57),司法人员在其专业领域和特定的场合中要做到使用"法言法语",从而保证司法语言的权威性;同时,面对不同文化水平的对象,还要能够在专业性和大众化之间切换,这就必然决定司法语言进行规范化和标准化的必要性。法庭语言不仅包括有声语言,还包括姿态语言(手势语言),都需要形成一套规范和标准,尤其是司法文书的撰写,不仅需要司法人员掌握一定的语言基本理论和知识,也需要掌握大量的司法语料,在保证专业性的同时做出合适的选择。

3.3 教育规划

司法语言的教育规划,包含两个层面的内容:一方面,是指对司法工作人员的语言教育培训工作的规划;另一方面,是在法律、法学专业教育内部开展语言教育。近些年,随着高等教育的发展,整个社会的文化水平和识字能力都有了显著的提升,司法领域招录新的工作人员都遵循了司法部"凡进必考,省级统考"的要求,参加全省统一组织的司法行政业务培训考核,合格后方可上岗,高学历人才进入司法领域也大大提升了司法队伍的整体素质,整体语言能力都比过去提升了很多。但是,也应当看到,语言意识不强,语言能力相对薄弱,还是明显地存在于国内司法领域。由于所处的工作环境和地区不同,有的司法工作人员需要在普通话和方言之间切换,而有的处在经济发达地区,甚至还需要掌握一门外语,这些都对司法工作人员的语言技能提出了更高的要求,需要司法部门针对不同的需求,制定不同的语言教育和语言培训规划,完善相应的培训机制,比如,定期组织司法语言培训,提高语言素养,组织观摩学习一些成功运用司法语言的典范,加强语言技能训练,有条件的还应加强司法人员的专业外语培训,以便促进与国外同行间的业务交流。(张彦 2007:79)此外,法律、法学研究的本质是要回归语言的研究,在高校法学专业人才的培养上,也可以加强语言教育,提升学生的语言素养和能力。比如,为法学专业的学生开设语言学课程,跨专业培养法律语言学专业人才等,不仅在理论上也在实践上储备更多的高端法律语言学的复合型专业人才,这就涉及法律语言课程政策、教学政策、教师培养规划、教材规划、资源规划等一系列的实际问题。

3.4 服务规划

语言服务就是利用语言(包括文字)、语言知识、语言技术及语言的所有衍生品来满足语言生活的各种需要。(李宇明 2016:4)语言服务通常包括四个方面的内容:语言翻译服务、语言教育服务、语言支持服务、特定行业领域的语言服务。(屈哨兵 2007:57)以语言服务为视角,司法领域的语言服务主要包括法庭语言翻译、书面语鉴定、录音会话分析、手机短信与网络页面语分析等方面。(邹玉华、刘家瑶、于慧媛 2014:14)书面语鉴定即对可疑文本的鉴定,例如,自杀遗言、威胁信、牵涉剽窃的文本、书面供词等。录音会话分析的对象是作为证据的录音会话材料,目的在于识别说话人和判断诉讼参与人所陈述内容的真实性。随着时代的发展,信息传递的方式逐渐多样化,短信和网页等数据电文都能作为证据使用,需要以语言学的方法来分析,为人们维护自己的权益增加保障。(邹玉华、刘家瑶、于慧媛 2014:15—17)。

在语言服务业中,当前发展最快、社会效益最为显著的当属翻译产业。(李宇明 2016:4)美国著名翻译理论家罗曼·雅各布逊从符号学的角度出发,把翻译分为语内翻译、语际翻译和符际翻译三大类。法庭语言翻译主要是语内翻译和语际翻译,语内翻译指的是在汉语中针对不同民族语言进行的翻译,也包括不同地区方言所进行的翻译以及手语,我国《宪法》(2018年修正)第一百三十九条和《刑事诉讼法》(2018年修正)第九条中均有规定:各民族公民都有用本民族语言文字进行诉讼的权利。人民法院和人民检察院对于不通晓当地通用的语言文字的诉讼参与人,应当为他们翻译。在少数民族聚居或者多民族共同居住的地区,应当用当地通用的语言进行审理;起诉书、判决书、布告和其他文书应当根据实际需要使用当地通用的一种或者几种文字。语际翻译指的是涉外诉讼案件中,针对不同国家的语言所进行的翻译。随着"一带一路"建设的深入推进,国际司法领域的合作也越来越紧密,翻译起到了重要的沟通桥梁和渠道的作用。

3.5 话语规划

"话语是思维符号和交际工具,更是人们斗争的手段。"(许鹏程、许宇阳 2011:247)法律需要话语来表达,无论是法典还是法律规则、文件,还是诉讼,都需要依靠话语来实现。人们通过话语赋予自己权力,并掌握权力。话语权有两个层面的含义,一是有无话语表达的权力,二是话语表达所产生的影响和体现的权力关系。"司法就是审判,司法的实质是对社会资源的权力分配,表达司法的话语就是实现这一目标的工具。"(刘卉 2016:177)话语权的载体就是话语,而话语有着自身的特性,中国司法话语是根植于中国传统法律文化和现代法治文化的基础之上,凝聚了一套有关司法知识、司法制度、价值观念和意识形态的表达,这就决定话语规划有其内在的本质,是对一系列内容,包括知识、逻辑、表达方式、价值观念、意识形态等的变革与调整,使得司法话语的表达具备一定的主体性、独立性,从而由内而外散发出权力的实质与结构。司法话语所昭示的是司法程序的公正性,司法话语规划需要一个理想的、有效运作的司法话语环境,需要完善各种法律保障机制、话语表达、参与和协商的机制。一个大国,若其司法理念与司法制度足够先进,为世界诸国所认同,就容易获得较大的国际司法领域的发展空间,在国际上的司法话语权和国际规则制定权方面就能取得明显的增益(张建伟 2017:94),这就要求司法话语规划必须具备国际视野,与国际司法标准相对接。司法话语规划融合了司法话语体系的建构、翻译和对外传播的一体化机制和内容,司法话语规划的总体目标是要服务国家开放发展战略、国家总体外交和"一带一路"倡议,开创国际司法交流合作新局面,维护司法主权和国家利益。

3.6 传播规划

语言的传播规划是语言声望规划的进一步延伸。传播有内外之别。司法语言的规范化和标准化需要先对内传播,使得司法人员都能够参照标准、具体实施和执行,从总体上提升司法人员的语言意识和语言素养。司法话语的建构也需要对外传播,参与国际司法的合作与交流,塑造中国的国际司法形象,从而提升国际司法话语权,因此司法领域的语言规划必然需要做好传播规划。我们认为,传播规划至少包含三个方面的内容。第一,在司法部门的内部进行传播。司法语言本体规划的成果,即司法语言的标准和规范化,需要在司法领域内部各部门进行普及和推广;然而,国内"很少有学者研究汉语法律文本转化成我国境内民族语言的传播问题"(董晓波 2015:40)。第二,司法语言的专业化和大众化之间有效地融合,也需要做好传播。在司法领域,司法能动是中国大环境下积极倡导的司法理念,司法能动的发挥需要媒介,而司法语言就扮演着相当重要的作用。司法能动简单来说,就是司法人员在处理案件时,既要按照法律制度和规定办事,也要考虑案件的具体情况。在这个过程之中,司法语言的使用既需要规范化,也需要大众化。"司法工作的专业性,加上司法裁判多使用法言法语,传播途径和范围有限,使普通民众对司法工作的特点和规律缺乏深入全面的认知,公正难以被感知。因此,把司法宣传和司法公开有效衔接,是消除法院与群众间的沟通障碍的重要途径。"(莫敏 2015:114)第三,在国际传播领域,中国的司法改革所取得的成绩也需要转化为司法话语,推动中国司法"走出去",面向国际、面向世界,讲好中国司法故事,传播中华司法文明,展示中国特色社会主义司法制度的优越性,在国际舞台上树立中国司法形象,提升中国司法语言和话语的国际声望,为全球治理贡献中国司法智慧和司法经验,争取对外法治话语权。

4. 司法领域语言规划的研究分析框架

"领域语言生活,具体体现为各行业的语言生活。不同行业从事不同的社会活动,需要关注和解决的语言问题有所不同,对从业者的语言水平要求有所不同,因此各行业的语言生活有各自的特点,各行业的语言规划也各有特点。"(李宇明 2012:4)领域语言规划的基本内容,一是支撑国家语言政策,二是建立与工作质量相关的领域语言文字规范标准,三是解决领域语言问题。我们认为,系统构建适应法治国家建设目标下我国司法领域语言问题的研究体系,要结合司法语言和司法话语的特点,以实现"公正、高效、文明的司法活动"为目标,以地位规划、本体规划、教育规划、服务规划、话语规划和传播规划 6 个维度为规划基础,从宏观、中观、微观3 个层级,确定法治国家建设中司法领域语言研究的主体层次和具体语言问题。研究分析框架如图 14-1 所示:

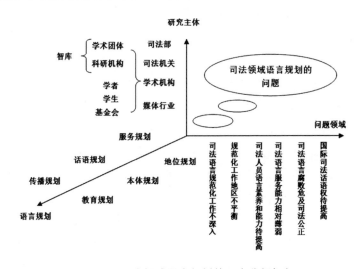

图 14-1　司法领域语言规划的研究分析框架

4.1 我国司法领域语言规划的研究主体

司法领域语言规划的研究视野是国家范围,不是个人的语言问题,而是群体的语言规划,其研究的单元是社会集团,必须解决的是当前司法领域改革与发展中所遇到的语言问题,"语言政策制定主体的多样性有利于确保政策制定的科学性和民族性"(张治国 2012:279)。李宇明(2013:86)认为,领域语言规划的基本运作机制应当是:行业主管部门"主管",国家职能部门指导,专家队伍学术支撑。鉴于司法领域语言规划活动的内容在完善和拓展,司法领域的语言规划就应该是司法部、司法机关、学术机构、媒体行业共同努力的结果。但是,在司法领域的语言规划和管理上,也应该建立一个权威的、统一的、有效率的语言规划和执行机构,才不至于出现管理机制上出现条块分割,凝聚力分散的现象。

4.1.1 司法部

司法部是主管全国司法行政工作的国务院组成部门,主要负责拟定各项工作方针、政策,起草法律法规草案,制定部门规章等,承担宣传指导、监督的重要功能。语言规划和语言政策的制定是面向全国而言,政府并不能缺席语言政策的制定,政府既是政策的制定者、决策者,政策的实施者,也是政策贯彻与落实的监督者。语言规划是官方的,是政府层面的行为,司法语言地位的提升,离不开政府行政部门的主动决策。司法部是政府的重要组成部分,可以担负起司法领域语言政策和语言规划细则的制定、执行和监督等的重要职责,提升语言规划的重要性。

4.1.2 司法机关

在中国,司法机关主要是指最高人民法院、最高人民检察院,以及地方各级人民法院和人民检察院,它们是司法领域语言规划的实施主体,也是规划实施的对象。语言规划既可以通过自上而下式开展,也可以通过自下而上式探索,前者指的是,最高人民法院可以针对法官等专业人员,制定语言规划的专业规范和标准,在各级人民法院内部司法人员之中开展、实施;后者指的是,基层人民法院可以结合地方实际,在总的规范和标准的指导之下,制定符合地方需要的实际标准和规范。司法机关工作人员是语言规划的主要实施者,也是要实施的对象,司法人员的语言素养和语言能力的提升是整个语言规划的核心内容。

4.1.3 学术机构

法律领域的语言规划的制定具有很强的专业性,没有专家学者参与的决策，必然只能停留于经验总结推广的层次，无法使政策适应社会加速转型的需要。(张治国 2012：92)学术机构通常是开展法律语言、司法语言研究的学术团体和科研机构，他们扮演了智库的重要角色，可以受司法部或者司法机关的委派或者奉命进行语言规划方面的调查、研究和起草等工作，为司法领域的语言规划和语言政策的制定提供科学依据和理论参考，为语言规划出谋划策。(张治国 2012：92)高校学者、研究生以及基金会也可以通过申报国家社科基金项目和省部级科研项目的方式，对司法语言规划开展跨学科研究，形成调研报告、调查分析、政府决策等智库成果，为司法语言规划提供决策参考。

4.1.4 媒体行业

话语规划的实质也是加强对外宣传和传播。媒体行业既可以对语言规划和语言政策的执行起到监督的功能，也可以起到将司法话语对外宣传和传播的功能。司法领域语言规划和语言政策的制定，不仅需要在司法机关内部通过行政的力量进行广泛宣传，也需要借助于外部媒体的社会影响力，在国内实现司法语言的专业和大众化之间的融合，在国际舞台上传播中国司法话语，讲好中国司法故事，从而助推中国国际司法话语权的提升。媒体行业既包括国内有影响力的媒体，也需要借助于国际媒体的力量，媒体行业是司法话语传播规划的主体。

4.2 我国司法领域语言规划面临的问题

4.2.1 司法语言规范化工作不够深入

目前，司法界已经意识到了司法语言规范化的重要性，相关部门也出台了一些规定，对司法语言进行规范。如《中华人民共和国法官职业道德基本准则》(2001 年 10 月 18 日颁布)中规定："使用规范、准确、文明的语言，不得对当事人或其他诉讼参与人有任何不公的训诫和不恰当的言辞。"最高人民法院在《法官行为规范(试行)》(2005 年 11 月 4 日颁布)中规定：要"谨言慎行，不得有任何损害司法公正和法官形象的言行"，而且要"使用文明、规范、准确的语言"等。此外，司法机关还出台了相关的《审判工作规范》《检察机关公诉人办案规范手册》《交通警察道路执勤执法工作规范》等，其中都有对执法人员执法语言方面的规定。(张彦 2007：77)

但是,通过这些规定,我们还是可以看出司法语言规范化的工作不够深入。一方面,这些规范性文件中,对于司法语言规范的规定都是在少部分条文中提及,并未形成独立的文件,换言之,这些涉及司法语言的内容,均是内嵌在司法工作的大范围之中,大都较为笼统,还缺专门、独立和细致的规定;另一方面,对于这些单独条文的规定,也缺乏具体的执行标准和操作方法,并未真正"显山露水",上升至一定的地位,引起足够的重视,司法人员对语言规范的意识也相对薄弱,必然导致对这些规范性文件的执行和监督还不到位,一些文件的规定也形同虚设。

4.2.2 法庭语言规范化地区发展不平衡

就全国范围而言,法庭语言规范化出现了地区之间的不平衡。相对而言,有的地方比较重视司法语言的规范化,专门出台了相关的规定,比如,河南登封人民法院作为基层人民法院,也出台了《文明用语和忌语》,用以规范本司法部门内部的语言使用;有的地方对司法语言给予了一定的重视,在司法人员的行为规范中提到了语言规范的重要性,但是,并未将司法语言规范单独作为一项重要的工作,给予更多的关注;还有的地方对司法语言的规范性并未给予重视,也自然没有具体的条例和措施来推进这一工作。"中国城乡差距较大,人们的文化水平高低有别,尤其是法官面对农村案件当事人时,怎样引导他们正确参与诉讼是值得认真思考之事。"(石东洋、张洪亮 2014:57)司法语言规范化出现地区不平衡的原因,既有经济发展的因素,也有主观上重视与否的因素,重要的是需要提升司法领域的语言生活和语言规划的主体意识。

4.2.3 司法人员语言素养和语言能力有待提高

司法人员的语言素质和语言能力是个综合概念,既包括有声语言,也包括态势语言(肢体语言),其覆盖的范围既包括法庭语言,也包括法律文书语言。有声语言是指司法人员普通话的使用,以及语速、音调、吐字和用词等诸多方面。司法人员要具有使用普通话和方言的能力,依据不同的情况和对象,变通使用不同的语言,体现出一定的灵活性,同时也要保证语速不应过快或过慢,避免出现语调生硬或者强硬,吐词不够清晰,用词不够专业化,甚至还出现语言表达不准确的现象。身体语言指的是司法人员的手势、眼神、坐姿和着装问题,不恰当的肢体语言无疑都会影响司法人员的形象。(张彦 2007:78)法律语言的有效使用,决定了司法公正与效率,司法工作人员无论是在法庭上还是在起草文书的过程中,都需要具备较高的语言概括和表述能力,不仅语言使用要准确、恰当、得体,还要逻辑清晰,功底扎实,这就需要具备较高的语言运用能力。然而,司法领域对语言规范重视的程度不够,就导致司法人员语言素养与能力还存在着很大的提升空间。

4.2.4 司法语言腐败危及司法公正

所谓语言腐败,就是具有话语权的主体出于政治的、经济利益的或者某种意识形态的目的,任意改变语言词汇的意义,甚至赋予新的不同意义,从而达成混淆视听、歪曲事实、操纵人心的目的。司法语言腐败是一种蓄意的、主动的行为,与其他"因法律专业能力欠缺所致的法律概念混淆、法条援引错误、法律裁判失据等问题"不同,判断的依据是"是否具有谋取不正当利益的主观意图",主要表现为:歪曲法律事实、曲解法律概念和法律规定、人为操纵法律程序、暗示或者诱导当事人。(张建平 2013)克服司法语言腐败是当前我国在司法领域开展反腐败斗争的重要内容之一,防止和清除司法语言中的腐败现象,既需要进行语言学的分析,提供语言技术判断的保障,也需要完善监督机制,对司法语言的使用进一步规范化和标准化,防止语言腐败现象滋生。

4.2.5 司法语言服务能力相对薄弱

法庭中所使用的语言除普通话外,还包括外语、少数民族语言、方言和手语。我国立法文本对法庭翻译制度规定的缺失和不完善,尤其是内地一些城市对少数民族法律语言翻译人才的不重视,以及语言翻译渠道的不畅通等问题,直接影响到了司法的公平、公正,甚至影响到了我国的民族团结和社会稳定。在具体的司法实践中,由于立法的模糊、含糊不清,导致我国少数民族语言的法律翻译,尤其是司法制度上的翻译存在重大缺陷和问题,主要体现在:专门翻译机构、专职翻译人员缺失,法庭民族语言翻译人员资质认定缺失,对翻译人员的责任追究力度不够,翻译异议的救济程序缺失等。(董晓波 2016:109-112)这就导致我国法庭民族语言服务能力整体比较薄弱,从专门机构的设置、人员编制的安排、相关立法和制度建设到翻译人员培训制度与能力提升等一系列完整程序的缺失,呼唤我国法庭诉讼语言服务能力进一步提升。

4.2.6 司法话语权与大国形象不完全相称

随着我国综合国力和经济实力的逐步提升,我国在国际经济和政治领域正在取得一定的话语权,然而,在司法领域,我国在国际上的话语权和国际规则的制定权,与我国在国际上的大国崛起的形象并不完全相称。一方面,当前我国司法话语权的语境还有不完善之处,法律适用受到来自内外非法律因素的诸多牵制,司法的法律属性功能尚未充分发挥。(刘卉 2016:177)中国司法话语权的语境还面临着一些困境,如司法权存在运行不畅的现象,法律适用出现偏差,角色紧张导致法官司法话语权的职业本质变得模糊,司法的行政化影响司法话语的真实性等。(刘卉 2016:178-179)另一方面,我国的司法制度并非十全十美,与国际标准逐项比较,有些项目尚未达到国际标准,一些制度与社会期待的司法机关保障实体公正和程序公正的实际需要还存在一定的距离,司法公信力有待进一步提高(张建伟 2017:95),这些都亟需我们积极参与有关司法协助的国际条约公约谈判和规则制定,不断扩大国际司法协助覆盖面,健全国际司法协助规范体系,完善"中国标准",形成"中国模式",并主动提升对外传播的意识,提升我国在国际司法领域的声望与形象。

4.3 司法领域语言规划的基本原则

司法领域的语言规划研究,涉及法学、语言学、政策学的知识融合,语言政策与语言规划具有跨学科的特点,就需要将语言规划放入具体的社会现实中整体性考虑,充分关注语言受到的政治、经济、社会、文化等诸多方面的影响因素。进行政策分析既要出于科学,也要出于专业上的双重考虑,前者的目标是探求理论知识,后者的目标是运用这些理论知识解决社会中的实际问题,理论与实践的结合是政策分析最为突出的特点。(邓恩 2002:译者前言 3)进行语言规划需要遵循一定的原则,即尊重语言发展的规律,保证语言规划朝着预期的目标和方向发展。

4.3.1 科学性

语言规划的科学性原则,是指制订和实施语言规划,要符合语言的发展规律和语言生活的特点,以及与之相关因素的实际,符合社会和群众的需要,使语言具有完善的交际功能。(陈章太 2015:55)不可否认,司法语言的地位规划、本体规划越是科学、合理,就越能凸显其专业的、社会性的价值,对司法改革的实质性发展与进步越有重要意义。司法语言的科学性主要是立足于求实性、可行性与灵活性三个方面的基础。求实性就是要实事求是,政策的制定不只是纸上的文字游戏,更要立足于实际进行规划。司法语言的规划具有统一性与多样性、指令性与指导性相结合的特性,既需要考虑到司法语言专业性的需要,在整个司法体系内部进行统一规范,也需要考虑到不同地区、不同群体的实际需要,允许多样化、多形式的语言规划。所谓可行性就是语言规划要考虑到其可操作、可实施性,"公共机构进行公共政策的制定、执行、评估,需要有一定的政策资源作为支撑"(胡宁生 2000:40)。违背了现实的规律,没有实际可行的措施支撑,只能是失败的规划。而灵活性就是指司法语言规划也是与时俱进的,需要不断地随着社会的变化而更新、调整和完善。

4.3.2 系统性

司法领域的语言规划牵涉多主体、多内容、多要素的连接,必须坚持系统性的原则。"任何公共政策都是在一定的环境下形成、运行的。就任何一项具体的政策来说,它有主体、客体、目标、手段、资源等内在结构要素。这些要素通过政策组织、政策活动有机结合起来,形成一种政策的内部生态环境。"(胡宁生 2000:75)从研究主体来看,司法语言规划的有效实施,需要不同主体的互相配合,形成合力,理论研究者和实务部门需要建立沟通机制,走出理论与实践"两张皮"的尴尬。从规划活动的内容来看,每一项活动的规划也不是孤立的,而是彼此连接,形成一定的逻辑链条,比如,没有良好的话语规划作为基础,也就无法对外传播司法好声音,也就无法形成较好的传播效果,传播规划也就是"空中楼阁"。从语言的接受者来看,司法部门、人员的多元化、多样化也需要系统性推进,既有横向部门,也有纵向部门,语言规划往往都是自上而下式的推进,具有一定的指令性,但是,也可以进行自下而上式的主动探索,地方各级人民法院、检察院也可以发挥主体性的作用,从而使得语言政策的实施更加完善。从语言规划的全链条来看,还需要建立一套语言政策制定、实施、执行、监督、评估等完整的机制保障,都需要进行系统、通盘考虑。

4.3.3 效率性

司法语言规划要具备效率性,就是指制订、实施语言规划要符合合理、简便、好用的要求,具有较好的社会效益和经济效益。(陈章太 2015:69)"公共管理必须讲究效率。"(胡宁生 2000:40)能够做到效率性,就是要使语言规划的政策、方案的实施具备简便性和适用性,便于贯彻执行。鉴于不同地区司法语言规范的不平衡性、司法工作人员语言素养和语言能力的差异性,司法语言规划的制订应该适合于司法人员的实际需要,针对不同场合、不同群体,便于大范围实施,便于具体的操作与运作,实施的效果也便于检验。让司法语言规划取得一定的经济效益,根本在于司法语言规范化与标准化的价值,司法语言规划就是要能抓住当前司法工作中语言使用最核心、最根本的问题,对语言进行选择、加工、规范,规范化的价值越高,也就越能取得更好的社会效益。语言规划能够取得既定的目标,也需要有力的执行和监督措施。规划的生命力就在于执行,没有执行的规划都是"纸上谈兵",只有在具体的实践和执行中才能发现切实的问题,从而对语言规划和语言政策进行调整和完善,引导语言规划朝着更好的效益方向运转。

5. 结语

语言和法律都是人类社会发展的产物,法律与语言唇齿相依。法律语言学家廖美珍曾经说过:"法律语言建设是法制(治)建设的极其重要的、不可或缺的组成部分;法律语言文明是法律(治)文明的极其重要的、不可或缺的组成部分;法律首先要进行语言规范,然后才能有效地规范人的行为。"(廖美珍 2008:30)在全面推进依法治国的视域下,司法领域的语言规范化正面临着种种新的问题,也亟须进行系统性、整体性的规划。语言规划既是一种理论性的研究,需要加强和稳定学术研究的队伍,也是面向实际的司法实践,需要密切联系司法机构,顺应全面依法治国的大势。推动司法领域语言规划,可以促进语言学和法学的交叉学科的发展,进一步完善语言学学科体系。司法领域的语言规划的终极目标,应当是助力司法实践,提高司法工作与效率,实现司法公平正义的社会价值。进一步来说,中国的法治建设是在全球化的背景下展开的,中国的司法改革应当坚持国际视野、全局观念、中国特色,司法领域的语言规划也需要吸收国际学术理论和研究成果的精华,把中国的司法实践、司法智慧、司法故事推向世界。我国司法领域的语言规划,不仅有利于创造和谐的司法语言生态,还有利于中国司法走向世界,在国际舞台塑造中国司法形象,争取国际司法话语权。

参考文献

Cooper, R. L. *Language Planning and Social Change*, London: Cambridge University Press, 1989.

Eastman, C. M. *Language Planning: An Introduction*, San Francisco: Chandler & Sharp Publishers, Inc., 1983.

Ferguson, C. A. "Language Development," J. Fishman, C. A. Ferguson & J. Das Gupta (Eds.), *Language Problems of Developing Nations*, New York: John Wiley & Sons, 1968: 27—35.

Gottlieb, N. & Chen, P. *Language Planning and Language Policy: East Asian Perspectives*, Richmond: Curzon Press, 2001.

Haugen, E. "Planning for a Standard Language in Modern Norway," *Anthropological Linguistics*, 1959, 1(3): 8—12.

Haugen, E. *The Ecology of Language*, Redwood City, CA: Stanford University Press, 1972.

Haugen, E. "The Implementation of Corpus Planning: Theory and Practice," J. Cobarrubias & J. A. Fishman (Eds.), *Progress in Language Planning: International Perspectives*, Berlin: Mouton Publisher, 1983.

Hornberger, N. H. "Frameworks and Models in Language Policy and Planning," T. Ricento (Ed.), *An Introduction to Language Policy: Theory and Method*, Hoboken, NJ: Blackwell Publishing Ltd., 2006: 24—41.

Kaplan, R. B. & Baldauf, R. B. Jr. *Language and Language-in-Education Planning in the Pacific Basin*, Berlin: Springer-Science+Business Media, B. V., 2003.

Kloss, H. "Notes Concerning a Language-nation Typology," J. Fishman, C. A. Ferguson & J. Das Gupta (Eds.), *Language Problems of Developing Nations*, New York: John Wiley & Sons, 1968: 69—85.

Lo Bianco, J. "The Importance of Language Policies and Multilingualism for Cultural Diversity," *International Social Science Journal*, 2010, 1: 37—67.

Nahir, M. "Language Planning Goals: A Classification," *Language Problems and Language Planning*, 1984, 8: 294—327.

Neustupny, J. V. "Basic Types of Treatment of Language Problems," J. Fishman (Ed.), *Advances in Language Planning*, The Hague: Mouton, 1974: 37—48.

Rabin, C. "A Tentative Classification of Language Planning Aims," J. Rubin & B. Jernudd (Eds.), *Can Language be Planned? Sociolinguistic Theory and Practice for Developing Nations*, Honolulu: East-West Center and University of Hawaii Press, 1971: 277—279.

Stewart, W. "A Sociolinguistic Typology for Describing National Multilingualism," J. Fishman (Ed.), *Readings in the Sociology of Language*, The Hague: Mouton, 1968: 531—545.

Haugen, E.:《语言学与语言规划》,林书武译,载《国外语言学》,1984年第3期,第41—53页。

陈章太主编:《语言规划概论》,北京:商务印书馆,2015年。

威廉·N. 邓恩:《公共政策分析导论》(第二版),谢明、杜子芳、伏燕、付涛、伍业峰译,北京:中国人民大学出版社,2002年。

董晓波:《法律领域的语言规划研究:问题与方法》,载《外语教学理论与实践》,2015年第4期,第37—43页。

董晓波:《我国立法语言规范化研究》,北京:北京交通大学出版社,2016年。

胡宁生:《现代公共政策研究》,北京:中国社会科学出版社,2000年。

胡晓旭:《20世纪80年代末以来的澳大利亚语言政策研究——语言规划目标视角》,宁夏大学硕士学位论文,2014年。

苏·赖特:《语言政策与语言规划——从民族主义到全球化》,陈新仁译,北京:商务印书馆,2012年。

李宇明:《论语言生活的层级》,载《语言教学与研究》,2012年第5期,第1—10页。

李宇明:《领域语言规划试论》,载《华中师范大学学报》(人文社会科学版),2013年第3期,第86—92页。

李宇明:《语言服务与语言产业》,载《东方翻译》,2016年第4期,第4—8页。

廖美珍:《中国法律语言规范化若干问题之我见》,载《修辞学习》,2008年第5期,第30—36页。

刘海涛:《语言规划和语言政策——从定义变迁看学科发展》,载教育部语用所社会语言学与媒体语言研究室编:《语言规划的理论与实践——第四届全国社会语言学学术研讨会论文集》,北京:语文出版社,2006年,第55—60页。

刘卉:《我国司法话语权的语境困惑及完善》,载《江西社会科学》,2016年第4期,第177—183页。

莫敏:《司法语言专业化与大众化的融合思考》,载《广西社会科学》,2015年第6期,第110—114页。

潘庆云主编:《法律语言学》,北京:中国政法大学出版社,2017年。

屈哨兵:《语言服务研究论纲》,载《江汉大学学报》(人文科学版),2007年第6期,第56—62页。

沈骑、夏天:《"一带一路"语言战略规划的基本问题》,载《新疆师范大学学报》(哲学社会科学版),2018年第1期,第36—43页。

石东洋、张洪亮:《司法语言运用的能动边界探析——以农村法庭法官司法语言运用为视角》,载《昭通学院学报》,2014年第6期,第57—62页。

许鹏程、许宇阳:《失落的话语权:中国司法现代性之冷思考》,载《法制与社会》,2011年第33期,第247—248页。

姚锡远、张焱:《浅论司法语言的准确性和简洁性》,载《驻马店师专学报》(社会科学版),1994年第1期,第57—60、68页。

张建平:《警惕司法语言腐败》,载《法制日报》,2013年3月23日,第7版。

张建伟:《司法改革的国际意识与全球视野》,载《人民论坛》,2017年第28期,第94—95页。

张彦:《试析我国司法语言使用之现状》,载《边缘法学论坛》,2007年第2期,第76—80页。

张治国:《中美语言教育政策比较研究——以全球化时代为背景》,北京:北京大学出版社,2012年。

邹玉华、刘家瑶、于慧媛:《司法领域的语言服务》,载《佛山科学技术学院学报》(社会科学版),2014年第2期,第14—19页。

* 基金项目:本文系国家社科基金重点项目"中国特色法治术语翻译与对外法治话语能力建构研究"(20AYY008)的阶段性成果。

庭审叙事中的认知语境因素分析

余素青　朱铭雪
华东政法大学

1. 引言

庭审是一个叙事过程,庭审叙事与一般叙事一样都是对过去事件的叙述与事实重建,但庭审叙事结构层次相当复杂且有其特殊性。庭审叙事中既有独白也有对话,有对同一事件的两个对立版本的叙事,且庭审叙事是在法律框架下构建事实并需要证据支撑,这些特征都使其区别于一般叙事。在庭审叙事中,语境起到很重要的作用,原/被告或控/辩双方为了达到言语的有效性,都需要充分认知庭审叙事中的语境。庭审语境亦不同于一般的话语语境,它有制度性的语境特征,对制度性语境的分析需要通过对其语境因素进行分析,这些语境因素不仅包括传统语境因素,还包括认知语境因素。本文主要关注庭审叙事中的认知语境,将从背景知识、个性心理特点和交际双方的社会角色等认知语境因素对庭审叙事进行分析。

2. 庭审语境的制度性特征

庭审语境不同于一般的话语语境,源于其制度性的语境特征。庭审语境具有任务指向性、严格限制性、推论特殊性、权势充斥性、话语权不对称性以及庭审语言的策略性。庭审语境的任务指向性是指,在庭审过程中,法律专业人员和非法律专业人员的言语行为,指向的都是制度性任务或功能,即其总目标为就被告(人)的定罪量刑做出裁决;而严格限制性则是指,在法庭叙事活动中,庭审规则与约定俗成的习惯会对庭审叙事带来一定程度的限制,这些规则或习惯需要庭审中各方严格遵守并以之调整自己的叙事方式;推论特殊性是指,制度性互动中产生的一些推理、推论及含义也具有特殊之处,例如法官对非法律专业人员的推论、主张等不能当即表示赞同或者否认等;而权势充斥性则是指,庭审中各方的权势具有天然的不对等或非等同性,因此这种不对等引起了各方在庭审中权势的层级性,权势的层级性反过来影响着各方在庭审中的话语权强弱;话语权不对称性是指,庭审过程中各方的话语权不对等,有强弱之分;至于庭审语言的策略性,则是指庭审中为了争夺话语权,各方通常会使用语言策略和言语策略对对方进行一定程度的控制。

3. 庭审的传统语境因素

在介绍庭审的认知语境前,有必要提及庭审中的传统语境因素。庭审的传统语境因素包括法庭的物理环境(即法庭这一特殊的物理场景);法庭的审判场合(即有严格的庭审程序和法庭纪律的场合);言语角色(即审判员、公诉人、诉讼当事人、代理律师、证人等角色,他们构成了法庭语境中最主要的要素);庭审话题(即谈话所涉及的对象,当审判人员宣布开庭并介绍庭审事项后,则确定了主话题和法庭审判的核心范围,该次庭审中的所有言语角色话题都要与具体的主话题相关)以及庭审时间(审判在一个特定时间内进行)。这些传统语境因素是庭审语境的重要组成部分,但在庭审叙事中,认知语境因素起着更大的作用,值得进行研究和关注。

4. 庭审的认知语境因素

认知语境因素宏观上包含社会团体所共有的集体意识,即背景知识或认知结构;微观上包括交际对象的角色、动机、情绪、态度、性格、气质、经历,以及交际双方或多方的角色关系和言语交际的微观场合等。本节将从背景知识、个性心理特点和交际双方的社会角色等认知语境因素进行对庭审叙事进行尝试性分析。

4.1 宏观认知语境因素

宏观认知语境因素主要是框架或图式,也被称为背景知识语境因素。图式是一个理论性的心理结构,用来表征贮存在记忆中的一般概念(陈敏、王厚庆 2014),它是一种框架、方案或脚本。图式论认为人类的所有知识都是组合成单元的,这些单元组合而成的结构就是图式。图式中的成分,除了知识本身以外,还有如何使用知识的信息。因此,图式是一个数据结构,用来表征贮存在记忆中的一般概念。

一般而言,图式是通过人对外界的人、事物和事件的认知体验产生的(Moore 1989:273)。例如当律师重复接触庭审时,他就开始对庭审产生一种概括性体验,把有关庭审的经验发展为一组抽象的、一般性的、关于在庭审中会遇到什么样情况的期望。这一点极为重要,因为如果别人给你讲了一个关于庭审的故事,他不一定非得告诉你所有的细节,如开庭、辩论、休庭、宣判等,因为你关于庭审的经验图式会填补这些省略掉的细节。庭审各方的背景知识对其参与庭审的表现以及庭审效率具有重要意义。

首先,背景知识语境因素有助于我们赋予传入信息的意义。例如,在一家便利店,当你发现一个把尼龙袜子套在头上的男人走进来,把枪指向店员并要求他在收款机中取款,然后冲出门外时,你会知道这是抢劫。我们之所以知道这是抢劫是因为抢劫图式为我们提供了解释的参照系。(Moore 1989:273)通过匹配传入的刺激与我们的预先存在的模式,我们得以确定"这是什么"。再如,在庭审中,当被告人看到庭审的物理布局时会产生敬畏的心理,这也是因为被告人对庭审的认知的背景知识语境因素引起的。不少被告人对庭审的认识程度较低,对庭审的认知也往往停留在"摊上事儿"的层面。

其次,背景知识语境因素(图式)也使得我们选择想要关注的信息。我们通常会过滤掉某些无关紧要的信息,而只关注那些重要的方面。回到便利店抢劫的例子,我们可能会产生负有作证义务的认知,因为我们对抢劫的图式认知为我们提供了一个假设,即警方可能会稍后要求我们识别犯罪嫌疑人。另外，我们也可能选择立即逃出便利店，因为我们对抢劫的图式认识包含着旁观者也被抢劫的可能性。这种假设驱动的选择过程使我们很快地过滤掉无关紧要的信息，而关注我们需要的信息。在庭审中，控辩双方通常只关注与案件有关的事实和证据，例如在故意伤害案件中，公诉人往往关注伤害的程度和主观恶性，而不过多关注其实施伤害的动机和目的。因为，故意伤害罪并不是目的型犯罪，因此公诉人对故意伤害罪的认知决定了他对犯罪构成要件的关注方面。

最后，图式可作为长期记忆的储存箱。图式可为外界刺激而激活，即当外界刺激很好地匹配图式时，则可以增加整体回忆，尤其是图式相关回忆材料。(Taylor & Crocker 1981)因此，我们对一个事物的认知很大程度上取决于我们自身的图式认知。例如，在庭审中，法律职业人员对于法官、公诉人使用的诸如"管辖""回避"等专业术语有着较为清晰的认识；相反，非法律职业人员对这些专业术语的认知程度较低。总之，图式有助于我们理解现在，记住和重建过去，并预测未来。

下面将分析法庭审判中的宏观语境因素，即通过图式进行审判的情形。

在审判中，法官通常会面对关于当事人的意图和案件本质的具体故事（法律事实）。认知启发反映了一种特定的思维模式，其用来解释这些故事以及决定是否使用速记策略来处理具体问题，似乎法官对"真正发生的事情"的判定往往很大程度上取决于控辩双方讲述的具体情况是否与法官脑海中的案件或原型模式匹配。(Kahneman & Tversky 1982)但是由于庭审中的法律事实经常是丰富而复杂的，即存在大量的原型或特定的实例，因此法官通常会借助各种图式来判断他们之间的相似性。当法官在评估控辩双方的故事与其脑海中的图式的相似性时，法官理论上是在进行一种计算，换言之，法官在调用他们记忆中与在审判中描述的事件类似事件——原型——的所有认知模式。然而，法官并不会将所有法律事实与其脑海中的事实一一对应，而会将一些事实剔除，即那些无关或不重要的事实。因为，法官脑海中的固有图式是相对有限的，其只能通过其掌握的图式来评估事实的相关性。

4.2 微观认知语境

与宏观认知语境因素不同,微观认知语境因素主要关注个体的个性心理特点,郭春燕(2007)将微观认知语境因素概括为:交际对象的角色、动机、情绪、态度、性格、气质、经历,以及交际双方或多方的角色关系和言语交际的微观场合等。诚如何自然(1997:209)所言:

> 语言的理解是一个复杂的认知心理过程。这种复杂性表现在言语交际受制于交际场合和社会、文化因素,也表现在说话人的话语组织依赖于听话人在特定环境中的语境假设能力及推理能力。

此观点在如今语言学界受到许多研究者认同,可以认为,微观认知语境包含社会团体所共有的集体意识,即社会文化团体"办事、思维或信仰的方法",这种集体意识以"社会表征"(social representation)的方式,储存在个人的知识结构里,使个人的言语行为适合社会、文化和政治环境。(熊学亮 1999)

(1)个人经验

法学理论水平是影响对制度性语境认知的主要因素,因为主体对制度性语境的判断主要通过其与庭审的接触来了解,而与庭审的接触又体现在其职业与法律是否密切相关。例如,律师等法律职业人员参与法庭审判活动的机会非常多;而非法律职业人员较少直接参与法庭审判活动。因此,个人经验会极大地影响到主体对制度性语境的认知基础。法律从业者熟悉法律规范,掌握司法程序尤其是审判程序的运作,对法庭审判的语境因素运用自如。此外,他们也擅长运用语言策略以及论辩策略达成目的,这使得他们的法庭言语效果远远好于非法律职业人员。

(2)个人背景(文化)

我国幅员辽阔、民族众多,社会文化具有天然的多样性。庭审中各方的文化背景极为多样,尤其是在少数民族聚居区。另外,诸如北京、上海等国际大都市,外来人员(国外和国内)众多,文化交融与差异并存。如果法官和控辩双方都能了解一些对方的文化背景、生活习惯和民俗风情,就可能避免一些不必要的误解。庭审中,如果法官熟悉有关民俗风情和尊重当地民俗习惯,能够取得良好的社会效果。

(3)受教育程度

受教育程度较低的当事人在法庭上通常会处于劣势,他们往往不能精准地使用法言法语,条理不清,逻辑联系不紧密,言语目的不明确。另外受教育程度较低的当事人的言语效果相对较差的原因还在于他们对制度性语境——庭审语境因素的认识不足。

(4)个人气质、性格

庭审言语角色的气质、性格因素主要是指庭审各方对于因自身气质或性格对一些事实的个人见解或看法,这种见解或看法会极大地影响到其在庭审中的表现。根据国外调查显示,当未成年人(尤其是儿童)出庭作证时,保证其准确回忆和披露案件事实是十分复杂的任务。加之未成年人证言在许多案件中起着至关重要的作用,例如他们可能见证了谋杀、家庭暴力、绑架、抢劫等情况。(Goodman, et al. 2014)虽然未成年人的认知并不成熟,但大多数未成年人当他们至少到了十三四岁时,都有着趋向成熟的认知,并能够准确回忆一些细节。(Ceci, et al. 1994)但值得注意的是,未成年证人出庭作证时容易受到他们对自身性格的影响。例如,当检察官询问受到过虐待的未成年证人时,这些证人通常对"虐待""暴力"等案件反应较为激烈,并且倾向于作出对被告人不利的陈述。此外,检察官也通常会使用诸如"恶劣""严重"等词语描述被告人,即暗示被告人的主观恶性和引诱作出不利证言。

(5)身份

在庭审中,各方对庭审语境的认知不仅停留在客观层面,还会对庭审活动进行预测,即主观语境。主观语境因素对庭审的理解影响极大,对庭审的理解起制约作用,因为庭审各方所感知的内容有待于心理表征在具体的语境中触发,激活相关的心理表征,大脑借助于思维,产生关于对庭审的心理期待,并借助于特定的庭审知识对心理期待加以选择、解释和修正。

主观因素一般是话语活动所涉及的交际主体及其相互间的关系。交际主体的自身特点由其性格特征、心理状况、文化素养、工作情况、经济条件、爱好与习惯、身体条件以及家庭环境等方面的情况所组成(Nagy

2012)。而交际主体相互之间的关系则包括交际双方及旁听者的身体、社会、心理等特征及其构成的主体之间的各种相对关系,如权势、亲疏、性别等人际关系,彼此间的处境、心情等心理状态关系,性格、素养等社会差异,以及相对的身体位置等空间关系。

(6)内心关系状况

庭审中的内心状况关系包括各自的情感状态、心情差异、爱憎倾向、性格特征差别等,它们都可能对庭审造成影响。如患有抑郁症的被告人,对待公诉人的询问可能表示出一种较为消极的态度,其内心状态可能会影响其在庭审中的表现。

(7)认知偏差

法官或者公诉人对被告人预先存在的认知偏差或偏见亦会歪曲司法裁决结果。例如,当一个人被认为具有危险、不可控、自私、冲动或者患有精神疾病等可能时,被告的这个形象毫无疑问地会加深法官或公诉人对其的认知偏差,因而十分不利于被告人。(Haney 2004)这同样适用于公诉人。在公诉人的叙述中,凶杀案中的受害者是悲剧的主角,被告人破坏了普遍的道德标准,因而法官会受到陪审团的影响进而通过判决来恢复普遍道德平衡。实际上,这种叙事策略往往十分有效,即将被告人描绘成一种大逆不道的人在很大程度上能够影响法官对被告人作出的裁决。通常而言,法官很可能因为被告人具有诸如自私等不利的人格因素而加重被告人的刑罚,因为这些人格因素在法官的潜在观念中是更加不利于社会稳定的。(Smith, Cull & Robinson 2014)

(8)情境因素

值得注意的是,庭审中各方所处的环境对于他们在庭审中的表现也有着至关重要的作用。正如前文所述,庭审各方的表现在很大程度上是受到内在和外在因素共同作用的,并且有时这些因素不为人知。此处简要讨论他们所处的环境如何影响庭审各方的表现。有学者指出,在批判现实主义世界里,我们所有的内在情景特质都使得我们很容易受到情境的操纵,甚至进入幻觉。从这个意义上来说,人类是"情境角色"(role of scenario)(Wittenbrink, Hilton & Gist 1998)。具体到庭审中而言,庭审各方的表现反映了很多他们并未认知甚至并不承认的情境;它们经常被启动并在法官的言语之下激活,并且这种情境的激活对他们在庭审中的表现而言具有重大影响,他们会通过法官或者其他庭审角色的言语回忆相关知识。(Chen & Hanson 2004)正因如此,情境是一种看不见的情境力量并与其他看不见的力量相互作用,使得庭审各方在庭审中表现各异。

5. 问卷分析

为了探究认知语境因素对庭审可能造成的影响,我们面向法官、检察官和律师群体展开了相应的问卷调查,参与调查的共有30名法官,36名检察官以及30名律师。问卷由45道选择题与建议部分构成。

5.1 宏观认知语境因素问卷结果分析

问卷中涉及庭审叙事中的宏观认知语境因素的问题及其结果如下:

(1)庭审中控辩双方都以讲故事的形式陈述案情,在庭审前您(法官)的脑中有没有一个该事件的故事版本?(单选题,结果见表15-1)

表15-1 问题1各选项分布情况

选项	人次	比例
A.有,且大多数情况下故事情节清晰	14	48.28%
B.有,少数情况下会有少部分故事情节不是很清晰	11	37.93%
C.有,但大部分故事情节模糊	3	10.34%
D.没有	1	3.45%
本题有效填写人次	29	100%

通过问题1的统计结果,我们可以发现有86%以上的法官在庭审前在脑海中有一个相关事件的故事版本,且故事情节基本清晰。这种故事版本可以视作法官关于该案件的背景知识语境(即图式),它使得法官在庭审时关注与其故事版本密切相关的因素,而过滤掉某些无关紧要的信息。

(2)公诉人、辩护律师或被告人对事件的叙述在哪些方面会影响或修正您(法官)对案件事实的构建?(多选题,结果见表15-2)

表 15-2　问题 2 各选项分布情况

选项	人次	比例
A. 罪名的认定（如抢劫与非持械抢劫、抢劫与抢夺等）	17	56.67%
B. 事件起因	20	66.67%
C. 事件经过	21	70%
D. 事件结果	20	66.67%
E. 利用您的认知偏差影响您对被告人人品的判断（如受教育程度高或社会地位高的人犯罪可能性低，相反犯罪可能性高）	5	16.67%
F. 唤起您的情感（如对被告人的同情，或对被害人激怒被告人的行为及手段的气愤）	3	10%
G. 其他	0	0%
本题有效填写人次	30	

而根据问题 2 的统计结果，以下几个由公诉人、辩护律师呈现在法官面前的因素"会影响或修正其对案件事实的构建"：它们是罪名的认定（如抢劫与非持械抢劫、抢劫与抢夺等）、事件起因、事件经过、事件结果。这些法官最为关注的因素恰恰是能够激活法官脑海中相关图式的重要因素，因而他们也尤为关注。由此可见，法官在庭审时通常关注与其故事版本密切相关的因素，而会自觉或不自觉地过滤掉那些无关的因素。

（3）在庭审期间，您（法官）的发问重点是？（多选题，结果见表 15-3）

表 15-3　问题 3 各选项分布情况

选项	人次	比例
A. 以了解涉诉事件情节为主	10	33.33%
B. 案件争议的焦点	27	90%
C. 明确诉讼请求	5	16.67%
D. 控辩双方/原被告双方的证据	13	43.33%
E. 明知故问，向法庭确认您所掌握的信息	7	23.33%

续表

选项	人次	比例
F.质疑被告人的可信度和个人品格	3	10%
G.其他	0	0%
本题有效填写人次	30	100%

根据统计数据可知,在回答该题时,有90%的法官选择询问"案件争议的焦点"。之所以有如此多的法官选择询问案件争议焦点是因为,案件争议焦点是法官通过阅读案卷之后在脑海中构建的故事中最重要的部分,因而需要通过询问被告人来确认该争议焦点的相关内容。这是因为,法官需要通过询问案件争议焦点来确认或推翻自己的案件图式,从而构建一个真实可信的故事。

5.2 微观认知语境因素问卷结果分析

问卷中涉及庭审叙事中的微观认知语境因素的问题及其结果如下:
(4)您的文化程度?(单选题,结果见表15-4)

表15-4　问题4各选项分布情况

对象 选项	法官	检察官	律师
A.大专及以下	0%	0%	0%
B.本科	26.67%	69.44%	56.67%
C.本科双学位	3.33%	0%	0%
D.硕士研究生	70%	27.78%	40%
E.博士研究生	0%	2.78%	3.33%
本题有效填写人次	30	36	30

根据调查问卷显示,法律职业人员在学历层次上,70%的法官获得硕士研究生学历,40%的律师获得硕士研究生学历,30%以上检察官的学历在硕士研究生及以上。这体现了法官的经验和法学理论水平,也正是因此,他们对于法律的理解和认知远超其他非法律职业人员,加之他们一直

参与法律事务,因而他们的经验比非法律职业人员丰富是显而易见的。

(5)您(法官)认为影响庭审进程的主要因素有哪些?(多选题,结果见表15-5)

表15-5 问题5各选项分布情况

选项	人次	比例
A.公诉机关"打包质证""捆绑质证"及只宣读证据名称不宣读具体内容等问题,以规避法庭审理	19	63.33%
B.当事人作为非法律专业人员不熟悉庭审程序规则,答非所问	17	56.67%
C.当事人作为非法律专业人员不熟悉涉案相关的法律法规,所叙之事与案情无关	18	60%
D.辩护律师的胡搅蛮缠(如死磕律师)	12	40%
E.证人作为非法律专业人员不熟悉庭审程序规则	12	40%
F.旁听人员不遵守法庭纪律,例如喧哗、吵闹	8	26.67%
G.其他	0	0%
本题有效填写人次	30	

调查结果显示,有超过63%的法官认为"公诉机关'打包质证''捆绑质证'及只宣读证据名称不宣读具体内容等问题,以规避法庭审理"是影响庭审进程的主要因素。有60%的法官认为"当事人作为非法律专业人员不熟悉涉案相关的法律法规,所叙之事与案情无关"是主要因素。同时,有超过56%的法官认为"当事人作为非法律专业人员不熟悉庭审程序规则,答非所问"是主要因素。可见与对庭审拥有良好背景知识的法律职业人员相比,非法律职业人员对庭审的认知不足,而非法律专业人员对庭审程序规则的掌握程度又会极大地影响法官对他们的看法以及庭审的进行。

(6)在庭审及裁断过程中,您认为被告人个人的哪些主客观因素会影响到法官?(多选题,结果见表15-6)

表 15-6　问题 6 各选项分布情况

选项 \ 对象	法官	检察官	律师
A. 思想	56.67%	2.78%	46.67%
B. 性格	30%	11.11%	60%
C. 性别	20%	72.22%	26.67%
D. 个人修养	46.67%	13.89%	63.33%
E. 品格	36.67%	0%	46.67%
F. 态度	50%	0%	73.33%
G. 受教育程度	23.33%	0%	46.67%
H. 身份，如外来务工人员、少数民族、外籍人士等	20%	0%	43.33%
I. 不幸遭遇	30%	0%	50%
J. 社会地位	16.67%	0%	36.67%
K. 犯罪次数	73.33%	0%	63.33%
L. 所处社会环境	26.67%	11.11%	53.33%
M. 人际关系	13.33%	5.56%	30%
N. 其他	0%	0%	0%
本题有效填写人次	30	36	30

调查结果显示，对于法官来说被告人的思想、态度和犯罪次数是庭审中可能影响到法官裁断的主要因素，这三个选项对应的比例分别为 56.67%，50% 以及 73.33%；而有超过 72% 的检察官认为被告人的性别在庭审过程中会影响法官；对于律师来说，被告人的个人修养、态度以及犯罪次数是庭审中可能影响法官的主要因素，这三个选项对应的比例分别是 63.33%，73.33% 以及 63.33%。

(7) 在庭审及裁断过程中，您认为您个人的哪些主客观因素会起作用？(多选题，结果见表 15-7)

表 15-7　问题 7 各选项分布情况

选项 \ 对象	法官	检察官	律师
A. 思想	70%	27.78%	43.33%
B. 心情	13.33%	30.56%	26.67%
C. 性格	23.33%	41.67%	33.33%
D. 个人修养	53.33%	36.11%	50%
E. 性别	23.33%	19.44%	3.33%
F. 涉案事件相似经历	43.33%	25%	33.67%
G. 家庭成员	13.33%	8.33%	10%
H. 受教育程度	50%	38.89%	43.33%
I. 法学理论水平	73.33%	88.89%	90%
J. 知识面	46.67%	61.11%	76.67%
K. 审判经验	66.67%	41.67%	80%
L. 人际关系	10%	5.56%	36.67%
M. 所处社会环境	30%	5.56%	20%
N. 其他	0%	0%	0%
本题有效填写人次	30	36	30

调查结果显示,对于法官来说其个人的思想、法学理论水平和审判经验是庭审中可能起作用的主要因素,这三个选项对应的比例分别为70%,73.33%以及66.67%;而对检察官来说,其个人性格、法学理论水平以及知识面是庭审中可能起作用的主要因素,这三个选项的比例分别是41.67%,88.89%以及61.11%;对于律师来说,其个人的法学理论水平、知识面以及审判经验是可能在庭审中起作用的主要因素,这三个选项对应的比例分别是90%,76.67%以及80%。

从以上两个问题的统计结果来看,虽然法官、检察官以及律师在影响庭审的个体因素的选择上有所差异,但他们都认为在庭审过程中有很多微观认知语境因素在起作用。这些微观认知语境因素包括思想、法学理论水平、审判经验、个人性格等,它们影响了各方在庭审过程中的表现,也会对法官的裁断造成影响。

6. 结论

在庭审叙事过程中,控辩双方通过证据对客观发生的事件进行认知,在法庭上运用语言来叙述案件"事实";法官在兼听双方的叙述和论辩的基础上认定案件事实,根据相应的法律法规、被告人的悔罪表现以及在法庭审判过程中的悔罪态度等,形成心证并做出裁判。整个庭审过程中有许多主客观的语境因素在起作用,其中宏观认知语境因素和微观认知语境因素都很重要。宏观认知因素,即图式或背景知识,有助于我们赋予传入信息意义,选择想要关注的信息,且图式可以作为长期记忆的储存箱,为外界刺激而激活。而微观认知因素,包括个人经验、个人背景(文化)、受教育程度、个人气质、性格、身份、内心关系状况、认知偏差以及情境因素,也会影响各方在庭审过程中的表现、对庭审的认知以及法官最终的裁断。而庭审叙事最后的事件版本(真相)是通过法官的认知来确定的。在我们的调查问卷中也印证了宏观与微观认知语境因素的作用。

参考文献

Ceci, S. J., Loftus, E. F., Leichtman, M. D. & Bruck, M. "The Possible Role of Source Misattributions in the Creation of False Beliefs Among Preschoolers," *International Journal of Clinical and Experimental Hypnosis*, 1994, 42(4): 304—320.

Chen, R. C. & Hanson, J. D. "Categorically Biased: The Influence of Knowledge Structures on Law and Legal Theory," *Southern California Law Review*, 2004, 77(6): 1103—1254.

Goodman, G. S., Goldfarb, D. A., Chong, J. Y. & Goodman, L. S. "Children's Eyewitness Memory: The Influence of Cognitive and Socio-Emotional Factors," *Roger Williams University Law Review*, 2014, 19(2): 476—512.

Haney, C. "Condemning the Other in Death Penalty Trials: Biographical Racism, Structural Mitigation, and the Empathic Divide," *DePaul Law Review*, 2004, 53(4):1557—1590.

Kahneman, D. & Tversky, A. "Subjective Probability: A Judgment of Representativeness," D. Kahneman, P. Slovic & A. Tversky (Eds.), *Judgment under Uncertainty: Heuristics and Biases*, Cambridge: Cambridge University Press, 1982.

Moore, A. J. "Trial by Schema: Cognitive Filters in the Courtroom," *UCLA Law Review*, 1989, 37(2): 273—342.

Nagy, T. "Law, Literature and Intertextuality," *Acta Juridica. Hungarica*, 2012, 53(1): 62—71.

Smith, R. J., Cull, S. & Robinson, Z. "The Failure of Mitigation?" *Hastings Law Journal*, 2014, 65(5): 1221—1229.

Taylor, S. E. & Crocker, J. "Schematic Bases of Social Information Processing," *The Ontario Symposium on Personality and Social Psychology*, London: University of West Ontario Press, 1981.

Wittenbrink, B., Hilton, J. L. & Gist, P. L. "In Search of Similarity: Stereotypes as Naive Theories in Social Categorization," *Social Cognition*, 1998, 16(1): 31—32.

陈敏、王厚庆:《语境理论的新发展:社会认知途径——van Dijk的两部语境新著述评》,载《上海理工大学学报》(社会科学版),2014年第3期,第221—225页。

郭春燕:《认知语境与对话语篇的构建和理解》,载《俄语语言文学研究》,2007年第3期,第66—72页。

何自然编著:《语用学与英语学习》,上海:上海外语教育出版社,1997年。

熊学亮:《认知语用学概论》,上海:上海外语教育出版社,1999年。

高危话语与极端活动：
基于评价性语言的心理实现性讨论

王振华　李佳音

上海交通大学

1. 引言

　　文章《多余的一句话》(高路 2022)讲述一个外地小伙进都市坐公交车,坐错了方向,没想到最后发生了一场"混战"。小伙研究了地图后感觉坐错了方向,于是求助售票员。售票员答语的多余的最后一句话是:"拿着地图都看不明白,还看个什么劲儿啊!"旁边的老大爷听不下去,对售票员说了他的多余的最后一句话:"现在的年轻人哪,没一个有教养的!"大爷旁边的一位小姐听不下去,对大爷说了她的多余的最后一句话:"就像您这样上了年纪看着挺慈祥的,一肚子坏水儿的可多了呢!"旁边一位中年大姐听不下去,对这位小姐说了她的多余的最后一句话:"瞧你那样,估计你父母也管不了你。打扮得跟鸡似的!"一车人骂骂咧咧像炸了锅似的。这时一直没说话的外地小伙喊道:"大家都别吵了! 都是我的错……"他的多余的最后一句是:"早知道 XX 人都是这么一群不讲理的王八蛋,我还不如不来呢!"后来,大家被带到公安局录口供,然后去医院包扎伤口。故事的讲述者说,他头上的伤是在混战中被售票员用票匣子砸的,因为他也说了他的多余的最后一句话:"不就是售票员说话不得体吗? 你们就当她是个傻 X,和她计较什么呢?"

　　从这个例子不难看出,发话人话语的负面意义能引起或激发听话人的情绪发生变化,听话人因受刺激而作出更具负面意义的言语表达,这种连锁反应逐级上升，最后导致了暴力发生。类似的例子在我们的生活中不胜枚举。这种激发负面情绪、导致不良后果的话语，往往造成不好甚至恶劣的影响，不利于人际和谐和社会安定。我们称这种话语为高危话语。

什么是高危话语？为了研究的方便，我们给它下一个工作定义。先看"高危"的意义是什么。根据《现代汉语词典》(第5版)，高危被定义为"属性词"，指"发生某种不良情况的危险性高的"。关于"话语"一词，我们参考学界的观点和新时期学术热点的出现，将它定义为言说、书写、多模态以及与其伴随的情形形成的社会互动。基于此，高危话语，指使用中的、导致高危险性情况发生的言语、书写或多模态以及与其伴随情形形成的社会活动。这样的定义其特征为：(1)与语言和多模态这些社会符号有关的社会互动，即人(群)与人(群)之间的语言或多模态活动；(2)使用中的言语、书写、多模态，辞书里的语言不在此列；(3)这种使用中的社会符号具有显性或隐性的负面意义，并能导致不良或危险的行为或后果。此外，高危话语一般分显性和隐性两种。显性高危话语指有明显负面意义的话语。隐性高危话语指没有明显负面意义的话语，如表面不具负面意义或负面意义不明确的话语，但言者或听者因语境而推导出来话语的负面意义。显性负面话语导致不良后果的语境依赖性低于隐性负面话语导致的不良后果。

我们认为有必要对高危话语深入研究，寻找其成因，探索其规律，在此基础上提供有效的应对措施或解决方案。鉴于此，本文基于评价理论并结合心理学相关观点对这种话语进行研究，挖掘其本质特征，为分析和筛查可能发生的极端行为提供理论基础，为预警提供帮助。

2. 评价性语言的心理现实性

2.1 评价理论

本文所说的评价理论是指评价系统(Appraisal Systems)(Martin 2000; Martin & Rose 2003)。我们认为评价系统是语言学和话语研究领域里评价理论的一个重要组成部分。

评价系统由三部分组成,即态度(attitude)、介入(engagement)和级差(graduation)。态度系统关乎感受(feelings),包括因外物导致人的心理所产生的情感反应(affect),以及人对行为的判断(judgement)和对事物的鉴赏(appreciation)。这三者以情感为中心,情感的再加工形成判断和鉴赏。判断是情感机构化(institutionalized)后关于行为的提议(proposal),即如何行事,其中一些建议已成为宗教和国家的规则和约束。鉴赏是情感机构化后关于事物价值的命题(proposition),即事物是否有价值,其中一些估值已成为奖励制度。(Martin & White 2005:45)由此,态度系统的指向可理解为,说者/作者基于对事件参与者行为的判断以及对事件所产生的结果的鉴赏,以此来表明自己的情感立场。说者/作者向受众传达自己的态度,其目的是说服受众认可其所在社团的价值观念和信念。(Martin & White 2005:95)

介入系统和级差系统是评价系统的另外两个组成部分。介入是态度意义上的介入。无论是理性的判断还是感性的判断、理性的鉴赏还是感性的鉴赏,说者/作者总是要考虑听者/读者的反应。在这个过程中,说者/作者一般要给听者/读者留有对话的空间。这种对话空间的大小往往通过投射、极性(肯定、否定)、情态、让步、条件等语言资源来实现话语收缩(contract)或话语扩展(expand)。换言之,说者/作者通过自言(monoglossic)不给听者/读者在语言上留有对话选择,通过借言(heteroglossic)给听者/读者在语言上留有对话选择。王振华(2003)在介入系统的自言与借言二分基础上提出了"三声说"介入结构。具体而言,在一定语境下,说者/作者不仅可以投射自身的情感态度(第一声),以及第二人称和第三人称的情感态度(第二声),也可以假借说者/作者所在社团的共享情感态度(第三声)。根据王振华(2003),这三种类型的介入具有不同的作用,运用第一声介入传达的是说者/作者自身关于人、物、事的评价;而第二声和第三声的介入,则是以证实(justify)为目的。"三声说"细化了介入的实现方式,更将说者与受众的对话空间拓展至他们所在的社团,为进一步说服社团其他成员认可说者的情感态度提供了可能。级差是态度意义上的级差,指态度的强弱程度,它通过语言产生的力度(force)和聚焦(focus)的程度来实现,分别涉及可分级意义的强势(raise)

和弱势(lower)与不可分级意义在典型性(prototypicality)方面的清晰(sharpen)和模糊(soften)(参阅 Martin 2000；Martin & Rose 2003；Martin & White 2005；王振华 2001)。

评价系统以态度系统为中心,态度系统则以情感为中轴,判断和鉴赏是情感的机构化结果。三个组成部分之间是逻辑意义上的"和取"(logic and)关系,三者相辅相成。介入系统表明态度的来源,级差系统表明态度和介入的语义强弱。态度系统不仅关涉自言话语的态度及其强弱,也关涉借言态度及其强弱。介入系统在表明态度来源的同时也包含所言态度的强弱程度。通过对语篇进行态度、级差和介入三方面的研究,可以揭示说者/作者在语篇或话语中选取了哪种态度,态度的冲击力和影响力如何,是否成功地说服了听者/读者、营造了和谐氛围、建立了连带关系,还是疏远了听者/读者、树立了对立面。

2.2 情感态度的来源及其影响

尽管王振华(2012)曾指出评价理论的三个主系统与心理认知有着直接关系,但国内外从心理认知角度考察评价理论的认知机制却很少。冯德正和亓玉杰(2014)依据认知评价对态度系统的产生机制进行了探讨,提出了基于诱发条件的态度意义系统以及态度意义的行为反应系统。姚霖霜(2012)结合以目的为导向的概念整合理论,提出了法律语境下情感态度表达的特征。现有这两套理论对评价语言的产生机制和表现特征提供了详细框架,但表达情感态度后对受众产生的影响却未涉及。这一点则是高危话语分析所要达成的目标,明确了情感态度表达所产生的影响,尤其是对受众社会行为的影响,才能预警可能出现的极端活动。下文从心理学角度出发,阐释情感态度的来源及其对情感经历者在行为上的影响。

心理学认为"情感包括引发因、情感和动机化的行为趋势,并且可能会有其明晰的表达方式和本能的改变"(Weisfeld & Goetz 2013：391)。也就是说,情感是由一个引发因所诱发的。这种引发因既可以是外部的,也可以是内部的。这种引发因通常需要评价的介入,从而使得某种情感能够在大脑中的杏仁体激活。(Sternberg & Sternberg 2012：46)某种激活的情感能够引发带有动机性的行为,包括面部表情、肢体动作、话语表达等目的性行为。情感表达者的这些行为是为了对情感接收者产生一定的影响。(Weisfeld & Goetz 2013：390)另外,情感主体的社会属性决定了情感本身的社会属性。正如 van Kleef,Cheshin,Fischer 和 Schneider (2016)所言,情感本质上是社会的,因为它们一般都是在社会情境下引发、表达、约束、识别、解读以及回应的。因而,情感表达者通过目的性行为向情感接收者所传达的情感是以交际为目的,他们期望接收者能够作出回应。从社会交际的角度来看,对于情感接收者而言,一旦他接受了原情感表达者所经历的情感,他就成了新的情感表达者,他所要做的便是理解原情感表达者所传达的情感,解决其困境,并通过目的性的行为表现出来。面部表情、手势以及肢体动作、语言等都是情感传达的方式,其中面部表情的情感识别研究成果颇丰(如 Castellano, et al. 2015；Ekman & Friesen 2003；Ekman & Rosenberg 2005；Kohler, et al. 2010；Soroush, et al. 2018)。因篇幅所限,本文主要关注语言作为情感表达方式,对情感接收者产生怎样的影响。

图 16-1 阐释情感的产生及其影响,即对外部/内部引发因的评价会激活相应的情感(参见冯德正和亓玉杰 2014),这一情感通过目的性行为传达出来,成为情感接收者产生情感共鸣的外部引发因。此时原情感接收者对外部引发因进行判断评价,决定是否与原情感表达者一致,从而激活相应的情感。激活相应情感后,原情感接收者就称为新情感表达者,会

图 16-1　情感产生及其影响

采取对应的行为以解决原情感表达者的情感困境。情感有正负之分,即积极情感和消极情感。不同于消极情感接收者,积极情感接收者作为新一轮的情感表达者不存在解决原情感表达者的情感困境,而是分享原情感表达者的积极情感。不过也存在接收者受积极情感影响而产生消极情感的情况,这类情况将另文讨论。

需要强调的是,在这个过程中,无论是最初的情感表达者还是角色转变后的新情感表达者,他们在选择情感表达方式时都取决于情感对他们决策的影响,从而确定以何种方式将情感表达出来。心理学研究对情感与决策的关系基本上已达成共识,即"情感强有力地、可预测性地、并且普遍地影响决策"(Lerner et al. 2015:802)。例如,当人们受愤怒这种情感影响时,往往会低估风险并倾向于带有风险的选择;而当受到恐惧情感支配时,则会高估风险并倾向于少风险或无风险的选择(Lerner, et al. 2003:144;Lerner, et al. 2015:806)。此外,当经历某种确定性很高的情感时,如开心、愤怒、厌恶等,人们并不会对该感情的内容以及质量进行深加工,而是采用启发式加工,过多地依赖这一情感表达者的身份地位以及一些刻板印象(Lerner, et al. 2015:808;Lerner & Tiedens 2006:126)。因此,当一个人处在愤怒的时候,他会低估潜在的风险,坚信自己可以成功,从而忽视分析造成他愤怒的原因,力求采取一切办法改变现状,并且消除在此过程中遇到的问题与障碍。在这种想法背后,潜伏的是报复心理与行为,通过威胁性话语、实际性的进攻等激进行为表现出来(Lerner & Tiedens 2006:118;Patrick & Zempolich 1998:308;Weisfeld & Goetz 2013:400)。因此,我们可以在图 16-1 中加入决策这一环节,引导相应的行为表达。

3. 评价理论与行为预警

基于情感的来源及其影响,语言使用作为情感所引发的动机性行为,是传达情感的重要方式之一。因而,通过对语言使用中的评价性资源进行分析,就能揭示言语所表达的情感态度。正如上文中原情感接收者转换身份成为新情感表达者所经历的一样,在接收了以一定方式传达的情感后,接收者对该情感进行评价,从而认同所接收的情感,产生共鸣。在这一过程中,特定的情感以一定的言语行为传达出来;通过评价,一定的言语行为又反映了特定的情感。由此,言语与情感之间存在双向互动关系(图 16-2 中以二者间的双向箭头呈现)。此外,上节中提到,表达情感的方式并非仅有言语行为,也会有其他身体行为。与言语行为同理,特定的情感亦可通过相应的身体行为传达出来;且借助评价,身体行为能够反映一定的情感。换言之,身体行为与情感也存在双向互动关系(见图 16-2)。而言语行为与身体行为作为传达情感的动机性与目的性行为,二者在达成这一目的上具有一致性,即在宣泄某种情感时,既采用言语行为,也通过身体行为传达。(Lambe, et al. 2019:52)二者的一致性也体现在言语行为可能成为某种身体行为的诱发因。(Awan & Zempi 2016:2; Kaakinen, Oksanen & Räsänen 2018:90)这种一致性表现在图 16-2 中言语行为与身体行为间的等于号。

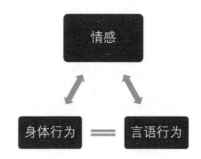

图 16-2　言语—情感—身体行为交互图

需要指出的是,在传达情感的过程中,尤其是以言语表达感情时,会存在撒谎的可能,即通过言语掩盖真实情感。但对于身体行为而言,这种掩盖情感的目的很难实现。根据已有心理学研究,无论是对情感的掩盖,或是其他真相的掩饰,身体行为包括面部表情、微表情、眼睛、手势、肢体动作等会"泄漏"真实的情感或真相。(Ekman & Friesen 1969:145; Marono, et al. 2017:731; Porter, et al. 2011:136; Porter & ten Brinke 2008:512)因而,言语在传达情感方面可能存在误导,但是身体行为不存在这样的问题。而本文所要研究的是非掩盖、非误导情况下的言语传达情感,从而确保了言语行为与身体行为在传达情感方面的一致性。

由此,情感、言语行为、身体行为三者,以情感为中心形成了两两交互与一致关系。言语行为和身体行为既是情感传达的表现方式,加以评价二者也是揭示蕴藏情感的窗口。而言语行为与身体行为则在动机性方面存在一致关系,即共同传达某种特定情感。在此基础上,通过对言语进行评价性分析,能够揭示话语所反映的特定情感。根据这一特定的情感能够对可能产生的身体行为以及其他目的性行为进行预测。评价理论之于行为预警正是建立在这一心理现实之上。以情感、言语和身体行为三者的交互一致关系为基础,从言语资源的使用出发,探析话语所表达的情感,而后利用这一情感预测可能发生的身体行为,甚至是较大范围的社会行为,以便对危害性社会行为做出预判。其中,我们既可以由言语预测情感表达者的身体行为以及社会行为,也可预测情感接收者在认同所表达情感后可能产生的动机性行为。

具体而言,将评价理论运用到行为预警之中,就是对话语使用中的评价性资源进行分析,包括三个方面:态度、介入和极差。对话语的态度分析涉及情感、判断以及鉴赏三个维度,即基于对所描述事件参与者行为的判断以及对事件所造成影响的鉴赏,得出情感传达者的情感态度立场。对话语在介入和级差方面的分析能够进一步确定情感传达者的态度来源,及其情感态度的强弱程度。三者综合起来不仅可以揭示所要传达的情感态度,也可以得出通过言语行为说者/作者的修辞目的是否达成,即成功说服受众、建立连带关系,抑或是疏远受众、树立对立关系。前者即为上文所述的言语行为反映情感,后者——修辞目的的达成则与说者/作者的其他社会行为存在关联,即言语行为与身体行为的一致关系。换言之,修辞目的的达成与否能够间接预估其他行为。在此基础上,根据言语所揭示的情感能够直接预测可能的身体行为及其他社会行为。

这一过程图式化在图 16-3 基于评价性言语的行为预警之中。以预测社会行为为目标,由评价性言语为起点,直接揭示言语所反映的情感,这一环节以单向箭头表示。进而通过所揭示的情感对身体行为等其他社会行为进行直接预测,同样以单向箭头表示。而由评价性言语对社会行为的间接预估以虚尾箭头表示。至此,将评价理论应用于行为预警,就是发挥评价性言语对情感的直接揭示作用以及对社会行为的间接预测作用。而情感作为中介,则为评价性言语和社会行为间的关联提供可能。

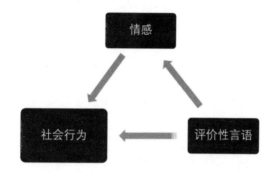

图 16-3　基于评价性言语的行为预警

4. 案例分析

上文基于情感态度表达的影响讨论了评价理论的心理现实性,并建立了行为预警框架,本节将实例化这一预警框架在高危话语中的应用。

永和桥聚众斗殴事件起因于一段舞蹈的原创之争。网红"小辣椒"与"小杰"二人因"社会摇"这种舞步的原创问题,在 QQ 空间上引起争议,进而发展为网络骂战、地域纷争。最后发展为线下在南宁永和桥聚众斗殴,斗殴双方达一百二十余人,双方均自制爆炸物和武器。最终,"小辣椒"被判处有期徒刑八年,其他参与斗殴的被告人各判有期徒刑两年三个月至六年不等。该事件于 2019 年 8 月 3 日和 4 日在中央电视台《今日说法》栏目播出,引起了社会的广泛关注。

我们搜集了该事件起因的 QQ 空间争议截图(源自《今日说法》),并根据评价理论对两则语料进行了标注。其中加粗表示反映态度信息,斜体表示意义的强弱信息,下划线表示信息的来源,即借言。

(1)2018 年 2 月 25 日 01:19:

怪咖:小辣椒——我想说四步是我们万秀歌巢流传出去的你们这些**大沙田**的想跳就能跳得出来的吗？还在各个酒吧舞台上跳得那

么 嗨皮 帮 kkk

（2）2018 年 2 月 25 日 01:53

r——沙田八步比你们**威**吧？你们万秀四步**算什么**嘿[偷笑]转黄熙煜:我想说万秀 **X** 怎么那么**牛 X** 我们沙田明明就是八毕跟他们不一样**恶不恶心**我想说 万秀就知道 **XX** 有什么用 觉得**牛 X** 可以**开战**啊**啰啰唆唆** 以为南宁都是你的啊 **XX** 真的以为自己是网红**就算是也是 XX** 哈哈哈哈**笑死了**大沙田**威武霸气战无不胜** [微笑]（附网红"小辣椒"照片一张） （X 是警方对原截图中的侮辱性话语做的马赛克）

从时间上可以看出，"小辣椒"先在 QQ 空间发布了(1)这则动态，随后"r"作为回应，转发了"黄熙煜"的动态并加上了自己的态度，发布了(2)这则动态。

根据我们前文对情感来源及其影响的分析，我们可以断定"小辣椒"为最初的情感传达者，且仅此一个身份；"r"和"黄熙煜"两人则经历了身份转化，由"小辣椒"的情感接收者变为新一轮的情感传达者。我们先依据事件的时间顺序，依次对两则语料进行评价性分析。

语料(1)中，情感传达者首先对自己所在社团的行为进行了判断："我想说四步是我们万秀歌巢流传出去的。"从"我"到"我们"，情感传达者通过第三声介入，将自己的判断扩展到她所在社团，为其评判态度进行了证实(justify)，从而传达出四步舞由万秀社团原创的既定事实。接着是对语料(2)中社团成员的行为进行了判断："你们这些大沙田的想跳就能跳得出来的吗？还在各个酒吧舞台上跳得那么嗨皮。"其中，"你们"的使用将目标受众界定为大沙田社团的成员，再加上"那么嗨皮"这一评判性词组来描述大沙田社团的行为，传达出大沙田社团的成员不会跳他们万秀的四步舞，居然还能跳得很开心。从情感传达者的这两段判断可以看出，她是要传达对大沙田社团较为消极的态度，即不开心、略带厌恶的情感。最后一句"帮 kkk"（网络用语，"帮助转发/扩散"的意思），情感传达者想要扩散传播的不仅仅是四步舞由万秀社团原创，而大沙田社团不会跳也不能跳得开心的这一判定，更是她本人对大沙田社团的消极情感态度。

取决于语料(1)的不同受众,其中所传达的消极情感态度会产生不同的影响。对万秀社团的受众而言,语料(1)中传达的高确定性的不开心、厌恶的情感,以及"小辣椒"的网红地位,会激发他们的启发式加工(Lerner, et al. 2015：807；Lerner & Tiedens 2006：126),从而会很容易认同其中的情感态度和判定,与情感传达者产生共鸣,激发对大沙田社团的不开心、厌恶的情感。而对大沙田社团的受众而言,由于与情感传达者是对立面,加之接收到的是对自己所在社团的不满情绪,经过决策,大沙田受众几乎不可能认可传达者的情感态度,而会对情感传达者产生憎恶、愤怒的情绪。由于情感传达者使用了第三声介入,将自己所在社团引入话语之中,大沙田受众可能产生的愤怒情绪极有可能扩大对象至传达者所在的社团。伴随这种高确定性的愤怒情绪,是威胁性话语、极端活动的发生(Lerner & Tiedens 2006：118；Patrick & Zempolich 1998：308；Weisfeld & Goetz 2013：400)。随后的语料(2)印证了这一推测。

语料(2)是语料(1)的大沙田受众从情感接收者转变为情感传达者后发表的言论,有两名情感传达者"r"和"黄熙煜"。其中"r"转发"黄熙煜"的言论并添加了自己的态度,说明"r"作为"黄熙煜"的受众认可并接纳了后者的情感态度。据此,为便于分析,我们将语料(2)的两个情感传达者视为一人。

与语料(1)中相似,语料(2)的情感传达者也使用第三声介入的方式,"我们""你们",将对话空间拓展到所在社团,证实了自己的情感判断,从而使情感冲突扩大到两个社团层面。不同之处,语料(2)中则使用了大量的高语力强度的情感词,且多为孤立型(isolation)的语势强化手段。这些情感词中,积极词汇,如"威""威武霸气""战无不胜",是对传达者所在社团的八步舞的鉴赏和社团成员行为的判定,传达了他们的自豪感和优越感。而消极的高语力强度词汇,除去被打马赛克的侮辱性词汇,如"算什么""恶不恶心""啰啰唆唆""笑死了"等,则是对语料(1)中万秀社团做出的判断性和鉴赏性评价,传达出嘲讽、憎恶、愤怒的消极情绪。语料(2)中的传达者甚至还使用了挑衅性词汇和语句,"开战""以为南宁都是你的啊XX",这些挑衅言语在上述高语力强度的消极词汇的语境下,使传达的消极情绪强度增大。此外,语料(2)中的情感传达者不仅表露了自己及所在社团对语料(1)中万秀社团的消极情绪,同时也对该社团中的代表"小辣椒",即语料(1)的情感传达者,进行了判断性评价,充斥着嘲讽、挑衅之意。从受众的角度出发,这种既针对对方社团又针对其代表的高强度挑衅、嘲讽,以及憎恶的情感态度,势必会激发对方社团的受众的群体愤怒。而对情感表达者自己所在社团的自豪感和优越感的传达则得到其社团成员的认可与接纳。与此同时,社团成员也会接受情感传达者对对方社团的消极情感态度。这从语料(2)的情感传达者"r"转发"黄熙煜"的言论可以得到印证。

这种社团层级的群体情感对峙,会引发群体报复活动,甚至是极端活动的产生。(Lerner, et al. 2015:811;Lerner & Tiedens 2006:123)事实也证明,在这之后,这两则截图在双方社团的群聊中不断转发扩散,双方社团成员在QQ上骂战,进而引发了地域矛盾,最后线上冲突发展成地域性的线下约架、斗殴。如果我们能够在上述两个语料发表初期甄别出潜在的社团情感对峙,做到及时预警,那么后续的线下约架、群体斗殴也就有可能避免。因此,我们以上述两例语料为基础,试探性地将高危话语的评价基调提取如下,以便为预警极端活动提供语言学措施。

(1) 自由表达极端性、高语义强度判断(多为说者/作者本人的判断,也引用他人或其所在社团的判断);

(2) 自由表达极端性、高语义强度鉴赏(多为说者/作者本人,及其所在社团,对事件的鉴赏);

(3) 自由表达极端化消极情绪,且为高语义强度的情感。

上述的"极端性""高语义"呼应心理学领域情感研究的两个主要维度,即效价(valence)和唤醒度(arousal)。前者指情感的积极、消极之分;后者则指情感的激活程度,是平静的还是紧张/兴奋的(Citron 2012:211)。从人际角度看,处于两个维度两端的情感更能在受众中激发互补的、互惠的,或是共同的情感,同时也能激励受众作出与情感呼应的行为。(Lerner, et al. 2015:810)自媒体高危话语的极端性和高语义强度正反映了高危话语所传达情感在这两个维度的位置,受众在接受这种情感很容易受情感传达者的影响,激发与传达者类似的情感,进而在高唤醒度情感的激活下引发一系列的身体行为。正如上述例子所示,事件主要参与者在 QQ 空间发布的消极、高强度的言论引发了各自对立社团受众的强烈愤怒情绪,这种社团级别的情感对峙在随后发酵升级为地域性情绪,最终引发了线下的暴力活动。

由此,将评价理论运用到极端活动预警中,就是依据评价理论的心理现实性,从言语出发,对自媒体话语进行情感态度分析,得出其评价基调,进而与高危话语的评价基调进行对比,即是否存在极端性、高语义强度的评价特征。对于相似度高的言论加以追踪监控,可预防可能发生的危害性、暴力事件。

5. 结语

本文结合心理学领域情感的研究,从情感态度传达后的影响切入,讨论了评价理论的心理现实性,并提出了言语行为—情感—身体行为的互动模型。该模型认为,情感通过言语行为和身体行为传达;反过来,通过评价,言语行为和身体行为能够反映一定的情感,从而构成言语行为和情感以及身体行为和情感的双向互动关系。言语行为和身体行为作为情感传达的目的性行为,在达成这一目的上具有一致性。而将评价理论应用于行为预警,则是以评价性言语为出发点,直接揭示话语传达的情感态度,进而预测由情感态度可能引发的身体行为和社会行为,对可能的危害性社会行为进行预警。基于此,本文以自媒体中的高危话语为例示,依据评价理论的三个系统,即态度、介入和极差系统,对高危话语进行了评价性分析,得出高危话语在传达情感过程中的评价特征,即高危话语的评价基调。据此,可以对网络上自由发布的言语进行评价性分析,并与高危话语的基调做对比,对高相似的言语进行追踪监控,以防潜在的暴力事件和极端活动的发生。

参考文献

Awan, I. & Zempi, I. "The Affinity between Online and Offline Anti-muslim Hate Crime: Dynamics and Impacts," *Aggression and Violent Behavior*, 2016, 27: 1-8.

Castellano, F., Bartoli, F., Crocamo, C., Gamba, G., Tremolada, M., Santambrogio, J., Clerici, M. & Carrà, G. "Facial Emotion Recognition in Alcohol and Substance Use Disorders: A Meta-analysis," *Neuroscience and Biobehavioral Reviews*, 2015, 59: 147—154.

Citron, F. M. M. "Neural Correlates of Written Emotion Word Processing: A Review of Recent Electrophysiological and Hemodynamic Neuroimaging Studies," *Brain and Language*, 2012, 122(3): 211—226.

Ekman, P. & Friesen, W. V. "Nonverbal Leakage and Clues to Deception," *Psychiatry*, 1969, 32(1): 88—106.

Ekman, P. & Friesen, W. V. *Unmasking the Face: A Guide to Recognizing Emotions from Facial Expressions*, Cambridge, MA: Malor Books, 2003.

Ekman, P. & Rosenberg, E. *What the Face Reveals: Basic and Applied Studies of Spontaneous Expression Using the Facial Action Coding System (FACS)* (2nd ed.), New York: Oxford University Press, 2005.

Kaakinen, M., Oksanen, A. & Räsänen, P. "Did the Risk of Exposure to Online Hate Increase After the November 2015 Paris Attacks? A Group Relations Approach," *Computers in Human Behavior*, 2018, 78: 90—97.

Kohler, C. G., Walker, J. B., Martin, E. A., Healey, K. M. & Moberg, P. J. "Facial Emotion Perception in Schizophrenia: A Meta-analytic Review," *Schizophrenia Bulletin*, 2010, 36(5):1009—1019.

Lambe, L. J., Cioppa, V. Della, Hong, I. K. & Craig, W. M. "Standing Up to Bullying: A Social Ecological Review of Peer Defending in Offline and Online Contexts," *Aggression and Violent Behavior*, 2019, 45: 51—74.

Lang, P. J., Bradley, M. M. & Cuthbert, B. N. "Motivated Attention: Affect, Activation, and Action," P. J. Lang, R. F. Simons & M. T. Balaban (Eds.), *Attention and Orienting: Sensory and Motivational Processes*, Hillsdale, NJ: Erlbaum, 1997: 97—135.

Lerner, J. S., Gonzalez, R. M., Small, D. A. & Fischhoff, B. "Effects of Fear and Anger on Perceived Risks of Terrorism: A National Field Experiment," *Psychological Science*, 2003, 14(2): 144—150.

Lerner, J. S., Li, Y., Valdesolo, P. & Kassam, K. S. "Emotion and Decision Making," *Annual Review of Psychology*, 2015, 66(1): 799—823.

Lerner, J. S. & Tiedens, L. Z. "Portrait of the Angry Decision Maker: How Appraisal Tendencies Shape Anger's Influence on Cognition," *Journal of Behavioral Decision Making*, 2006, 19(2): 115—137.

Marono, A., Clarke, D. D., Navarro, J. & Keatley, D. A. "A Behaviour Sequence Analysis of Nonverbal Communication and Deceit in Different Personality Clusters," *Psychiatry, Psychology and Law*, 2017, 24(5): 730—744.

Martin, J. R. "Beyond Exchange: Appraisal Systems in English," S. Hunston & G. Thompson (Eds.), *Evaluation in Text: Authorial Stance and the Construction of Discourse*, Oxford: Oxford University Press, 2000: 142—175.

Martin, J. R. & Rose, D. *Working with Discourse: Meaning Beyond the Clause*, London & New York: Continuum, 2003.

Martin, J. R. & White, P. R. R. *The Language of Evaluation: Appraisal in English*, New York: Palgrave Macmillan, 2005.

Patrick, C. J. & Zempolich, K. A. "Emotion and Aggression in the Psychopathic Personality," *Aggression and Violent Behavior*, 1998, 3(4): 303—338.

Porter, S. & ten Brinke, L. "Reading Between the Lies: Identifying Concealed and Falsified Emotions in Universal Facial Expressions," *Psychological Science*, 2008, 19(5): 508—514.

Porter, S., ten Brinke, L., Baker, A. & Wallace, B. "Would I Lie to You? 'Leakage' in Deceptive Facial Expressions Relates to Psychopathy and Emotional Intelligence," *Personality and Individual Differences*, 2011, 51(2): 133—137.

Soroush, M. Z., Maghooli, K., Setarehdan, S. K. & Nasrabadi, A. M. "A Novel Approach to Emotion Recognition Using Local Subset Feature Selection and Modified Dempster-Shafer Theory," *Behavioral and Brain Functions*, 2018, 14(1): 1—16.

Sternberg, R. J. & Sternberg, K. *Cognitive Psychology* (6th ed.), Belmont: Wadsworth Cengage Learning, 2012.

van Kleef, G. A., Cheshin, A., Fischer, A. H. & Schneider, I. K. "Editorial: The Social Nature of Emotions," *Frontiers in Psychology*, 2016, 7: 1—5.

Weisfeld, G. E. & Goetz, S. M. M. "Applying Evolutionary Thinking to the Study of Emotion," *Behavioral Sciences*, 2013, 3(3): 388—407.

冯德正、亓玉杰:《态度意义的多模态建构——基于认知评价理论的分析模式》,载《现代外语》,2014年第5期,第585—596页。

高路:《年度最佳微小说:〈多余的一句话〉》,https://www.sohu.com/a/514858060_121124796?scm=1019.e000a.v1.0&spm=smpc.csrpage.news-list.2.651028839478XoYPsQ0,访问日期:2022年4月27日。

姚霖霜:《法律文书情绪语言的认知研究》,华中师范大学博士学位论文,2012年。

王振华:《评价系统及其运作——系统功能语言学的新发展》,载《外国语》,2001年第6期,第13—20页。

王振华:《介入:言语互动中的一种评价视角》,河南大学博士学位论文,2003年。

王振华:《评价理论研究在中国》,黄国文、辛志英等:《系统功能语言学研究现状和发展趋势》,北京:外语教学与研究出版社,2012年,第210—238页。

中国社会科学院语言研究所词典编辑室编:《现代汉语词典》(第5版),北京:商务印书馆,2005年。

第五部分
教育语言研究

云南中缅边境地区跨境民族多语接触共生关系

李 强

云南民族大学

1. 引子

语言作为文化的重要内容和载体,在各国的政治、经济、文化教育、社会生活以及对外交往中是最活跃的文化工具,在一定程度上必然体现各国的主流文化和核心价值取向。近年来国内外关于语言接触和多语言现象的研究主要集中在全球化背景下跨文化交际中不同语言接触所产生的借词比例以及所反映出国家民族的发展与实力的关系研究。本文在实证研究基础上,运用现代教育语言学社会功能理论研究的方法,结合云南边疆多种民族跨境杂居地区多语接触共生的实际,探讨在民族文化多样性背景下云南跨境民族多语言教育实践与民族关系发展的良性互动意义,以期进一步促进少数民族教育发展,修复和再生和谐的民族关系,主动服务于"一带一路"倡议和国家经济建设。

2. 独特的地缘空间

云南位于祖国西南边陲,是中国少数民族种类最多的省份。云南分别与东南亚的老挝、缅甸、越南等 3 个国家接壤,边境线总长 4060 公里。中缅边境云南段一线有 6 个地州市,面积 14 万平方公里,边境线长 1997 公里,人口 700 多万。这一区域分布着 47 种少数民族,其中 16 种为跨境民族。中缅边境云南段由西向南分别是怒江傈僳族自治州、保山市、德宏傣族景颇族自治州、临沧市、普洱市和西双版纳傣族自治州。怒江州是中国民族族别成分最多和中国人口较少民族族别最多的自治州,地处中缅滇藏的结合部,是我国滇藏两省区通往南亚的一个重要通道。保山市的腾冲猴桥口岸与缅甸克钦邦山水相连,国境线长148.075公里,居住着汉、回、傣、佤、傈僳、阿昌等25种民族。分布在临沧市的民族主要有彝、佤、傣、布朗、德昂、拉祜等23种少数民族,该市的镇康镇,西面与缅甸掸邦特区果敢县陆路相通,是西南古丝绸之路支道,是云南通往缅甸乃至东南亚各国的重要通道。普洱市所辖的西盟县是一个以佤族为主,有拉祜族、傣族等少数民族聚居的边疆民族自治县,与缅甸相邻。西双版纳州位于云南省南端,与老挝、缅甸山水相连,与泰国、越南近邻,土地面积近2万平方公里,国境线长966公里。该州既是面向东南亚、南亚的重要通道和基地,也是云南对外开放的窗口。西双版纳州主要分布着傣、哈尼、拉祜、布朗、基诺等13个少数民族,南与缅甸接壤。该州的勐海县打洛镇口岸距金三角186公里。德宏州的南、西和西北与缅甸接壤,国境线长达503.8公里,是古代"南方丝绸之路"的出口,境内有九条公路与缅甸北部城镇相通。该州所辖的瑞丽市的西北、西南、东南三面与缅甸山水相连、村寨相依,形成了"一个坝子,两个国家,三省交会,四座城市"以及"一寨两国"的独特自然人文地理景观。

  独特的地缘空间下形成中缅边境地区跨境民族的"大杂居、小聚居,大集中、小分散"分布特征。在现实生活中,中缅边境的各个跨境民族为了自身发展的需要,他们除了各自保留使用本民族的语言文字以外,还学习使用其他民族的语言,与杂居周边的其他民族进行接触和往来。同时跨境民族中的绝大多数人还学习使用汉语和汉语方言。因此,在语言生态和语言使用层面上,中缅边境跨境民族大多数属于双语型民族(民语—汉语),有的属于多语型民族(民语—汉语—他民语)。多语现象成为跨境民族社会语言生活中不可或缺的重要部分。

3. 多语接触共生

语言是其使用族群进行社会化认同的重要依据,是一份珍贵的文化资产;语言也是不同社会之间进行沟通、交流的重要媒介,是一项不容轻估的经济要素。语言还是实现国家统一、凝聚社会及提升发展水平的要件。语言接触是指在一个国家的某些地区或世界上的某些国家,由于这些国家或地区的经济发展不平衡,占有很强的经济优势的国家或地区,其所通用的地方方言或国家语言借助经济上的优势,逐步取得全国乃至世界范围的优势和强势的语言地位,成为较大地域范围使用的标准语,而原先通行的某种语言或多种方言逐步被这种强势语言所同化或取代。然而,在云南中缅边境一线的跨境民族的语言活态具有其与众不同的情形和特征,其明显的特征是多语接触共生,和谐生态。

世居云南的 25 种少数民族中有 8 种少数民族使用着除汉语或汉语方言以外的 9 种不同的民族语言文字(特指既保留使用口头语又保留有笔头文字的语言),分别是:彝文、纳西文、藏文、傈僳文、拉祜文、佤文、景颇文、傣文(分德傣文和西傣文)。云南少数民族语言文字分属汉藏、南亚两大语系,壮侗、藏缅、苗瑶、孟高棉四大语族,彝语、苗语、傣语等 11 个语支,近 80 多种方言土语。分布在云南的 25 种少数民族中有 16 种是跨境民族,分别是:傣族、壮族、苗族、景颇族、瑶族、哈尼族、德昂族、佤族、拉祜族、彝族、阿昌族、傈僳族、布依族、怒族、布朗族、独龙族。大量的关于跨境民族的语言活态研究结果表明:语言与民族之间存在着互相制约和相互依赖的关系。由于历史、社会、经济、文化发展的不平衡,不同区域的不同民族之间,不同区域的同一民族以及同一区域的不同民族之间,所处的民族关系角度有所不同,所具有的语言环境不同,因而导致语言接触、语言变异、语言同化和语言发展的特点也不相同。譬如,云南边境一线的傣族与缅甸掸邦的掸族、印度阿萨姆邦的阿洪傣族是同根同源民族;分布在云南西部德宏州的景颇族与缅甸克钦邦的克钦族、印度阿萨姆邦的辛波族(Hin-po)也是同根同源民族;在云南南部边境一线的哈尼族与分布在缅甸和泰国的阿卡族是同根同源民族,等等。

4. 和谐生态的语言生活

党的十八大提出了新时期国家经济建设的新思路和新的战略目标,核心是与周边国家深化交流合作、沟通协调,促进增信释疑、凝聚共识。尤其要以弘扬"和平合作、开放包容、互学互鉴、互利共赢"的丝路精神为基础,促进各方对"一带一路"建设"开放、包容、互利和共营"核心内涵的认同态度,形成共识。旨在借用古代"丝绸之路"的历史符号,高举和平发展的旗帜,主动地发展与沿线国家的经济合作伙伴关系,共同打造政治互信、经济融合、文化包容的利益共同体、命运共同体和责任共同体。

中缅边境云南段的少数民族有将近650万的少数民族人口不懂或基本不懂汉语,几乎占全省少数民族总人口的一半。云南有一半左右的少数民族人口使用着除汉语标准语(普通话)以外的20种少数民族语言。在云南中缅边境一线的这6个少数民族杂居区域内的语言接触具有典型的多语杂糅现象,历史以来由于区域经济发展的不平衡和语言系属的差异以及民族文化传承格局的不同,导致了一些不和谐的因素存在。研究发现分布在云南边境一线的跨境民族有的人至今尚未学会使用汉语或汉语方言,在日常生活交流中也会时有"误解"或"歧义"现象发生,需要有个"迂回"解释的复杂过程,这一过程主要依靠"多语比照"来实现。

这些语言除了语言系属关系比较复杂以外,各个语支语言的语音系统也各有不同。在语音方面主要表现在声调上的差异。如,汉语中的"大米/水稻"一词,在傣语中念"耗"(入声);掸语里念"郝"(上声);泰国语里念"豪"(去声)。汉语数字中的"九"一词,在傣语中念"告"(入声);掸语里念"高"(阴平);泰国语里念"杲"(上声)。汉语中的"酒"一词,在傣语中念"涝"(入声);掸语里念"老"(上声);泰国语里念"醪"(去声)。

在句法结构上的差异更加明显。傣语的句法类似汉语的SVO结构;而景颇语的句法类似日本语的SOV结构。例如:

汉语:我吃饭。
傣语:我吃饭。

景颇语：我 饭 吃。

汉语：吃 虫 的 鸟。
傣语：鸟 的 吃 虫。
景颇语：鸟 吃 的 虫。

然而佤语的句法则是 VSO。在语序修辞方面，少数民族语言与汉语最大的不同表现在：修饰语修饰名词时，往往是被修饰的名词置于修饰语之前，即修饰语置于被修饰语之后（李强 2003：6）。例如：

汉语：那个　小孩　在哭。
佤语：哭　　小孩　那个。

汉语：他　给了我　一本　书。
纳西语：他　我　书　一本　给。

所以在跨境民族的社会生活方面，边境区域的地方政府部门、社会服务机构以及公共场所的媒体传播和公示语标牌等都同时使用汉语、少数民族语言、外语（通用语或非通用语）等三语或多语以满足跨境民族的社会文化生活和语言生活的需要。云南中缅边境一线的跨境民族杂居区域不仅是国家"一带一路"沿线的辐射区域和"孟中印缅经济走廊"的重要隘口之一，而且还是中国面向东南亚和中南半岛经济发展战略的重要区域。因此，构建生态文明的语言和谐环境，有利于边疆少数民族的经济繁荣与发展，有利于边疆社会的稳定和主动服务于国家经济发展战略建设。

对于跨境民族来说，多语接触和多语共生是一个极其复杂的过程，并非二语习得的理论和实践能够完全解释清楚。因为杂居的跨境民族，母语是他们的第一语言，汉语是第二语言，通用外语和非通用外语是第三甚至是第四语言。大部分的跨境民族，都有过双语教育的背景和经历，多语学习和多语使用在跨文化交流实践中既有利又有弊。除了共性的"外文化休克期"外，有利的方面是便于进行多语的对比或比较学习；不利的方面是在二语习得中对目的语的语音、句法方面的认知和理解存在比较大的困难,或者说,语言迁移中往往出现负迁移大于正迁移。国内外大量的语言教育研究成果表明:"语言学习者在学习两门语言体系时,它们绝不会和平共处,而是不断地发生冲突,这种冲突不仅限于学习语言的这一刻,而是一直持续在储存新概念的过程中。第一语言(母语)在第二语言习得过程中会产生副作用,即母语会干扰第二语言的习得。"(Ellis 1985:39)

语言和谐是人类社会和谐的重要组成部分。语言不仅是交流的工具,而且也是人类文化和价值观的载体,是人类社会群体和个体身份的一个决定性因素。语言的存亡关系到一个族群社会文化的存亡和多样性生物群种的延续,甚至关系到整个社会的稳定、和谐以及人类社会的文明进步与发展。语言和谐的构建取决于民族社会内部的语言关系、多语言使用的态度、国家的语言政策、族群成员对语言的忠诚度以及语言的规范性等要素的作用机制。只有采取切实可行的策略和措施构建生态文明的语言和谐环境,才能实现语言和谐与社会和谐共建的良性互动,从根本上提高民族社会成员的文化生活水平。当代社会经济的发展离不开人文交流软环境的支撑,国际合作与交流要通过语言来实现。经济全球化直通车的通达要靠语言铺路。历史的事实证明:民族间的贸易往来、文化交流、移民杂居、战争冲突等各种事件和形态都会引起语言的接触。人类的历史基本上就是多种语言相互接触的历史。可见,虽然语言不同,但接触密切,语言之间往往会产生互感现象。世界上没有任何一种民族或语言在其发展演变过程中不跟其他语言发生接触关系,所以操不同语言的不同民族都会与民族内部的群体或其他民族群体发生接触和交往的关系。这种关系在一定意义上就是民族关系。中央民族大学戴庆厦先生指出:"民族关系的状况决定语言关系的方向和特点,民族关系的发展、变化往往制约语言关系变化的发展。"(戴庆厦 1992:2)实际上,在语言接触过程中会出现两大情形或结果,一是生态和谐发展,二是被取代或濒危。语言的生态和谐需要人为的机制进行构建,而语言的被取代或濒危则是不同语言接触博弈的规律和归属。

5. 结语

语言作为文化的重要内容和载体,在各国的政治、经济、文化、教育、社会生活以及对外交往中是最活跃的文化工具,在一定程度上必然体现各国的主流文化和核心价值取向。随着我国"一带一路"倡议的逐步推进和深入发展,中国急需加深对周边国家的了解和交流,尤其是对周边国家语言的了解,因为只有语言相通,才能促进民心相通,民心相通才能更好地开展国家之间各个领域的交流与合作。语言生态研究涉及语言使用的地域、社会、经济、文化环境、相关语言的语际关系以及语言使用人群的情感态度。积极有效开展跨境民族的语言接触与和谐共生的良性互动机制研究可以在很大程度上阐释同一民族在不同时空背景下民族语言所承载的文化发展状态,清楚地认知其语言文化的相似性和历史演变的缘由,从而更好地帮助我们创造条件去修复、再生历史形成的民族关系,实现世界民族的大团结大和谐,加速国家"一带一路"倡议的顺利实施。

参考文献

Ellis, R. *Understanding Second Language Acquisition*, Oxford: Oxford University Press, 1985.

陈焱、丁信善:《方言与标准语接触的互动模式》,载《现代语文》(语言研究版),2007年第2期,第19—20页。

戴庆厦主编:《汉语与少数民族语言关系概论》,北京:中央民族学院出版社,1992年。

戴庆厦、罗自群:《语言接触研究必须处理好的几个问题》,载《语言研究》,2006年第4期,第1—7页。

郭净、段玉明、杨福泉主编:《云南少数民族概览》,昆明:云南人民出版社,1999年。

李强:《文化多样性与英语教学》,北京:中国社会科学出版社,2003年。

语言动力学中的经典文本误读问题研究

王庆奖　许炳梁

昆明理工大学

1. 引言

　　John Maynard Smith 等所著的《进化中的重大变革》一书提到:地球上存在两大生成系统,即生物和语言。生命的进化受制于前者;后者则导致了新的进化模式——人与人之间能够传递无限的非基因信息,并引发文明的不断进化。(转引自战菊 2007:155－160)20 世纪 90 年代以来,语言学通过"话语"研究的领域不断得以拓展,使得话语被视为语言、文化与社会关系网络的节点,并具备了文化性、社会性、政治性、历史性和实践性。(Torfing 2004:6－9;李智 2017:108－113;吴猛 2003:23)到了 21 世纪,话语理论的研究又有了新发展,如比利时 Nico Carpentier 提出话语理论分析方法(Discourse-Theoretical Analysis),并认为该方法主要用于宏观文本(社会文化的意义结构)和宏观语境(社会文化及其变迁),使得独立于话语之外的社会实践不可能存在。(转引自徐桂权、陈一鸣 2020:42－57)话语分析理论在某种意义上是对语言文本的一种认识,也是对话语文本力量的某种解释,但我们认为还有另外一种可能,即可以通过某种数量方式来认识文本的变迁以及推动文本变迁的力量。正如上述研究所示,既然话语具有社会实践性,那么不可避免的是构成这些实践性的是系统化的有机要素。这些要素由人的误读作为基本动力,与其他要素(语境、时间、空间等)相互作用,推动着历史向前进步,文明发展。于是,如何厘清这些要素之间的数量关系便成为本文主要探讨的主题。

2. 另一种语言动力学

　　生产、生活、生命的需求要求人们去寻找、发现并利用动力。自语言产生以来,人类作为自然界中的物种之一就依赖于语言而生存;人类语言的抽象性也成为人类物种与其他动物物种的一个主要区别;这种区别即是语言的动力源之一。语言是人类作为物种的一种存在方式,也是改变人类社会的主要力量。语言动力是通过语言所产生的力量并经由该力量而导致事物发生变化;人类借助语言活动而生产价值、利益和意义;或者由于使用语言而使得任务事项得以完成。与大自然中天体运动所产生的力量(如万有引力)不同,语言动力源起自于社会的语言互动,并通过互动产生力量,包括作用力与反作用力。语言动力包括认知动力、表述动力、构建动力、交流动力等,也即是说通过这些动力的利用,达到改变现状的目的。语言动力学就是针对语言动力的相关问题所展开的研究,其中包括语言内部结构的理论语言学研究、语言外部的社会语言学研究、语言决策的政治语言学研究以及语言与其他学科发生互动的跨学科研究等。如加利福尼亚大学圣地亚哥分校 McClelland 和 Elman(1986:86)在其文章《语言动力系统》(Language as a Dynamical System)中认为语言规则并非作用于符号,而是嵌入语言动力系统之中,该动力系统允许规则由某些空间领域(regions)向另外的空间领域运动,从而使得转换产生难度。Nowak 等人结合形式语言理论、学习理论和进化动力学,研究了学习语言与学习其他生成系统的异同,提出了语言演化和习得的动力学方程。(转引自战菊 2007:155-160)随着智能技术的发展,语言的动力学问题也逐渐开始受到重视并将其视为发展该技术必不可少的研究课题,如词计算的研究就是在语言动力学的基础上开展的。(王飞跃 2005:844-851)

　　动力学总体可以分为以自然力量为研究对象的自然动力学以及以社会力量为研究对象的社会动力学。本文所涉及的语言动力学是指源自社会发展需求,通过语言活动对历史进步起着重要作用的动力学。之所以需要开展这类研究,正如现象图示学(Phenomenography)所指出的那样,以量化方式来阐释人们对世界不同的感知以及人们对自身周边不同现象和情形的体验方式。(Marton & Pang 2008:535)在语言动力系统中,误读是一支不可忽视的力量,是导致人类社会变革的动力。文本的误读是语言动力源之一,是语言动力学必须研究的问题;语言动力学中文本的研究对语言本质的认识,对历史语言学甚至历史本身等方面的研究有着重要价值。Harold Bloom 强调了"误读"理念。在《影响的焦虑》中,Bloom 说道,任何一首诗都是前一首经典诗歌文本的误读,因而造就了后来的经典。(布鲁姆 1989:73)福柯在《词与物》中说道,(文本)(括号是否用在"话语"上)话语是一种"任由人们反复填充,不断变更,若隐若现"的空间。这个空间给人们在先前文本的基础上提供了施展想象的巨大余地,也是人类基于先前文本开展误读活动的条件。本文所涉及经典文本就是在人类文化史、文明史上有着重大影响、起着重大作用的文献经典,其经典文本误读以强调其所起到的作用为主,并不讨论该作用的消极与积极,或者说,经典文本是否积极或消极均在不同层面说明了语言的动力现象,也反映了语言的动力问题。

3. 误读再认识

较早的误读概念是意大利的 Embato Eco 于 1932 年所著的《误读》(2015)并在 Bloom 那里得到长足发展。Bloom 的误读理论在本质上承认文学史始终处于不断瓦解与修正的状态之中(in a perpetual state of disruption and revision)。此中文学史的活动指的是文学文本误读,也即文学历史文本误读。不过在他看来,误读主要指的是经典文本的误读,因此提出了强势误读与弱势误读之分;强势误读以经典文本为依赖对象,对后来读者(尤其是有技巧的读者,即"skilled reader")形成了焦虑;强势误读的手法是通过转喻而实现的;强势误读有着极为强大的文本生产能力。弱势误读,其文本则意义单一、难以转喻,且不具新文本的生产力。因此对误读理论的研究也大都关注强势误读,如张龙海就认为误读是有意偏离(张龙海 2010:57—67);虽认为误读有有意与无意之分,但有意误读显然才是重点(王庆奖 2003:67—69)。

3.1 文本误读过程

下图(图18-1,由上至下看)借用了 McClelland 和 Elman 对语言动力系统中语言处理过程的插图(1986),本文在其基础上进行了改造,并增加了 DT(Decided Text)这个层次。此外,McClelland 和 Elman 用圆圈表示每一个语言事项的节点,而本文则用方块表示文本。从最开始的 T_{input} 作为文本的输入单元,经过第二个层次 CT,即语境(Context),到第三个层次的文本输出;也就是说在 T 的基础上,经过不同语境(时代语境、所处环境等),所得到的是各种经过解释、修正、借鉴、模仿、转喻的文本,即误读文本;第三层次被误读了的众多文本是供选择的文本,最终会给第四个层次提供一个被选择的文本。

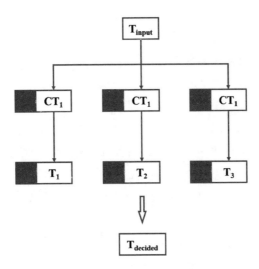

图 18-1　文本误读过程图

上述文本误读的过程表明,最初的文本(T_{input})为输入文本单元(input unit)具有显性特征;而语境则不是通过文本来显现的,因此具有隐性特征(hidden unit);所输出的文本单元(T_1,T_2,T_3)等与输入文本单元一样,具有显性特征;最后决定采纳的文本单元(DT)是由输出文本单元挑选出来的。在这个过程中,文本的语义在经历若干语境的过滤、洗礼而得到补充、修编,从而使得语义发生了变化;同时由于语义的变化也导致文本所蕴含的概念发生了变化。英国哲学家、历史学家、考古学家 Collingwood 区分了概念的一体两面,即内涵与外延(intension and extension)。他认为内涵与外延是一回事,因为概念在说明某个事物的同时也说明了另外的事物,但这个概念的存在却并非一回事,因为某个例证的存在并不能说明另一个例证的存在。(Collingwood 2005:50)由于文本不仅是语义的表达,也是概念的载体,因此 Collingwood 的观点也在一定程度上说明了概念本身在传递过程中所出现的嬗变,该传递过程即是误读的过程,概念的嬗变亦是误读的产物和结果。在我看来,输出的文本单元(T_1,T_2,T_3)虽然具有显性特征,但内涵与输入单元(T_{input})不再相同,所以才衍生出若干输出文本,隐形语境是导致若干文本输出的原因。此外,Collingwood 并没有明确指出导致出现若干文本的时间要素。

3.2 文本的历时性与共时性

本文认为任何文本都具有空间性和时间性,所以文本既可以是共时的,也可以是历时的;共时文本是在某一个时间点上出现、生产和解释的文本;历时文本则是在既往时间段中出现、生产和解释的文本。因此文本的误读从时间和空间来看可以分为两种,即基于时间的纵向历时误读(以下称历时误读),以及基于空间的横向共时误读(以下称共时误读)。历时误读的概念与 Bloom 所提出的误读概念基本相同,只是在局部有所区别。而共时误读则是受 Bloom 的启发而提出的文本误读。

历时误读指的是后人(今人)对先前文本(anterior texts)的模仿、理解、解读与修正,既是后人(今人)所产生文本对先前文本的引用,也是后人(今人)产生后续文本灵感的源泉;后人(今人)对先前文本的误读是通过 Bloom 所谓的"强势转喻"(strong troping)为手段,在不断地诱惑与防范、抵制与防备、拒绝与接受的过程中完成的。在有的人看来,先前文本即是人类对先前经验的图示化过程。Cook(1994:201-203)指出共时误读是指对他人(他者)文本的误读;是几乎同一空间内人际(inter-personal)、群际(inter-group)之间的文本理解、模仿、解读、借鉴与修正;也是人际群际间信息交往、思想交流、借以产生后续文本的媒介;还是对他者文本的回应与对话方式;此中的群际即指不同民族群体之间、不同社会群体和机构之间、不同国家之间的互动;因此共时误读既可能发生在同一文化语境中,也可能出现在不同国家民族之间的跨文化背景下;共时误读所借助的手段主要是广义上的翻译与转换。

共时与历时误读的关系可以如下坐标图(图18-2)显示:

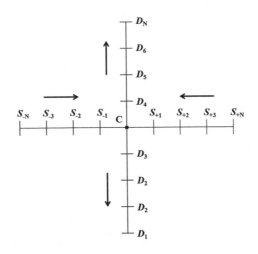

图 18-2 共时历时误读关系图

其中,(1)纵向坐标上的 D 系列表示历时的时间点,横向坐标上的 S 系列表示共时空间点,中点 C 表示文本的原点(原典),也表示 D 系列时间点与 S 系列空间点的接近程度。

(2)由 $S_{-N} \cdots S_{-3}$、S_{-2}、S_{-1} 到 S_{+1}、S_{+2}、$S_{+3} \cdots S_{+N}$,表示文本误读的空间,该空间指涉的不仅是地理、社会、文化等空间(包括语境),也指涉文本误读的主体和客体(谁在进行文本误读、针对谁误读以及误读内容等)。

(3)由 D_1、D_2、D_3 到 D_4、D_5、$D_6 \cdots D_N$,表示文本误读的时间,D_1 与 D_N 距离原点 C 越远,则表明对经典文本的误读程度越深,文本的厚度越多。

(4)箭头符号←和→表示力量运动的向量,即误读方向的向量。纵向的历时误读,其误读向量是外向的,也就是说,误读行为与误读文本之间的时间间隔越长,中间所积累的误读语境越多,误读的深度和力度越大(误读动力);误读行为与误读文本之间的间隔距离越短,其误读的冲突性、争议性越小,合法性越大;而从横向的误读(共时误读)空间来看,其向量与纵向的运动方向相反,即其误读越接近原点(原典)C,解读行为与文本语义就越接近,误读的空间越小,因为其中的冲突性和争议性也就越小。如果说横向的共时误读具有语义、概念等的人际传递特点,那么纵向的历时误读则具有语义、概念等的代际传递特点;人际误读的共时性导致误读力度减弱;代际误读的历时性导致误读的力度增强。

3.3 误读语境的宽窄度

误读与若干语境有着密切的关系,这些语境包括共时误读的社会、政治、经济等语境。所谓语境宽窄度指的是在文本共时误读时的宽容度。共时误读的宽窄度对新文本产生的种类及其选择有着重大影响,即误读语境存在宽度时,文本的生产量就大;误读语境存在窄度时,文本生产量就少;文本产量越大,误读的深度就越大;文本产量越少,误读的深度就越小。

在图 18-3 中,由下至上看,文本的输入(T_1)经历各种语境($CT_{-2} \rightarrow CT_{-1} \rightarrow CT_0 \leftarrow CT_{+1} \leftarrow \dots CT_{+n}$)的过滤和穿透,导致了出现新的,但是也比较单一的文本(T_2),显示了误读的深度和广度均不足。在此图中,"→"表示的是误读的向量在朝着语境(CT_0)靠近,而语境在不断收窄;下标的符号($-2, -1, +1, \dots +n$)表示该文本(T_1)无论是进行负面的误读还是正面的误读均不为该向量所容。

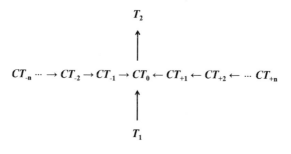

图 18-3 窄语境

在图 18-4 中,由下至上看,文本的输入(T_1)经历各种语境($CT_{-n} \dots \rightarrow$

$CT_{-2} \to CT_{-1} \to CT_0 \leftarrow CT_{+1} \leftarrow CT_{+2} \cdots CT_{+n}$)的过滤和穿透,导致了出现新的,但是也比较多元的文本(T_{1-1},T_{1-2},T_{1-3},T_{1-n}),显示了误读的深度和广度很大。在此图中,"→"表示的是误读的向量背离语境(CT_0),而语境在不断向外扩散;下标的符号(-2,-1,+1,…+n)表示该文本(T_1)无论是进行负面的误读还是正面的误读均为该向量所容。

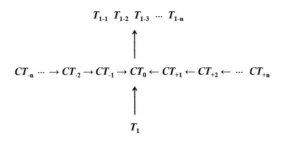

图 18-4　宽语境

宽窄语境的概念还包括以下元素:(1)误读主体,即发生主体和接受主体;(2)语境制度对语境的影响;(3)误读的历史条件,即误读的必要性和必然性。这几个元素构成一个比较完整的体系,并在体系内发生互动,从而形成了对文本误读的动力。误读主体的经历、理解力、叙事(叙事的方式、时间和空间)等因素对误读的效果有着重要影响,对误读语境的宽窄度有着显著影响。制度包括的内容很广泛,政治、文化和经济制度均可以纳入其中,这些制度背后隐藏着或保守或开放等势力。制度对误读语境的作用也是显而易见,因为误读代表着力量的一方,而制度的惯性则是力量的另外一方,双方力量的背离或接近可以释放误读的深度和广度,也就是说,语境的宽窄度是取决于制度的。而误读的历史条件指的是在历史的某一时间点上误读的必要性和必然性,即是否有必要误读,误读是否可以避免,以何种方式开展误读等。误读的历史条件不仅促发语境的发展,也对语境的宽窄度起着作用。

如果采取量化来对误读的文本进行计算,那就应该产生一个语境宽窄度系数,且该系统应能够很好地表达语境与文本之间的关系,因而出现如下等式:

$$① \ T_{co} = T \times Ct = (Ct_1 + Ct_2 + Ct_3 \ldots Ct_n) \times (t_1 + t_2 + t_3 \ldots t_n)$$

其中 T_{co} 表示文本误读的语境系数;$(Ct_1 + Ct_2 + Ct_3 \ldots Ct_n)$ 表示语境的宽窄度;$(t_1 + t_2 + t_3 \ldots t_n)$ 表示历经语境过滤后的文本数量;那么,$(Ct_1 + Ct_2 + Ct_3 \ldots Ct_n)$ 与 $(t_1 + t_2 + t_3 \ldots t_n)$ 之间的关系为正比倍数关系,即有多大的宽窄度就会有多少的经典文本误读,而反推过来,有多少的误读文本数量就会有多大的宽窄度。

4. 经典文本误读中的"编"与"变"

"每个社会都演化着自身的表达习惯,并随着时间的过滤融入语言,使该语言具备了某种特质。"(Delisle 1980:74)汉语中,文本的误读有着许多的命名,如"改编""编写""编译""互文""勘误""注释""解读"等。实际上,无论如何命名,其行为本质基本上就是改写(re-writing)。但是改写的过程如何发生、改写过程中的语义语用等是如何加工而发生演变的等这些问题需要得以厘清。

4.1 从"编"到"变"的过程与模式

在上述改写(编写)过程中,主要是通过三种模式提供误读的动力:一是转换;二是改写;三是演变。转换所提供的动力如②所示:

$$② \ Trans = tr\ P + tr\ F + tr\ M$$

②主要体现的是误读的过程,其中 Trans(translation)表示转换,包括概念的转换和跨文化场景的转换;$tr\ P$ 表示 transplantation,即通过符号而进行的概念移植;$tr\ F$ 表示 transformation,即在移植后对概念的改造;$tr\ M$ 表示 transmutation(variation),即在概念得以改造之后所发生的变异。这个过程可以说明的事实是:某个来自经典文本的观念 C_1 被拿来(移植),用以指代 C_2;而在此过程中 C_2 已经被改造而得以误读;最后,其误读的结果是成为 C_3,于是变异出现了。

上述②作为改写过程是通过时间的长度来实现的,即没有时间就不会实现由移植到变异的实现,这与图 18-2 中的纵向误读(历时误读)有异曲同工之处；而改写则体现的是通过空间而发生的行为，即改写行为是在一定空间内实现的。改写的动力手段或者其加工工具可以如③所示：

③ Rew= tro + par + fic + rev + ed

其中，Rew 表示 rewriting，即误读的手段是通过改写而形成；而改写则由以下几种方式得以实现，即转喻（tro = troping）、模仿（par = parodying）、虚构（fic=fictionalizing）、修正（rev = revising）和编辑（ed = editing）构成。

以上②和③给经典文本误读形成了基本的动力，其所带来的结果可由以下方程④来表示：

④ $Dynamic_1$ = Ev = T × (S + P + C) × Tm

即文本（T）的演变（Ev = Evolution）是来自语义的演变（S = semantics）再加上语用（P = pragmatics）和理念（C = concepts）的演变。其中，误读的动力来自经典文本的语义、语用以及观念的改变；语义、语用和观念的改变与演变程度则与误读程度成正比；由于演变具有很明显的时间特征，因此以时间的倍数（Tm）来表示应该是合理的。

从以上内容可以看出，经典文本误读的动力包括：(1)通过转换获取的动力；(2)通过改写获取的动力；(3)通过演变获取的动力。除了以上三种动力以外，还有由上述共时与历时误读所形成的以下两种动力，即⑤和⑥两个等式：

⑤ $Dynamic_2$ = DM = T (trans + Rew) + [(T×Ct⇒T_{co})× Tm]

在⑤中，DM 即历时误读（diachronic misreading）是由两部分组成，即前述的 T (trans + Rew) 和（T×Ct⇒T_{co}，即文本的误读系数）×Tm；也就是说，误读的动力来自共时误读中经典文本的转换和改写，以及经典文本宽窄语境再乘以时间；文本、语境和时间是倍数关系，之所以是倍数关系是因为文本间相距的时间越长，误读的程度就越深，而其中可能的原因就是历时误读存在代际误读的现象。

⑥ $Dynamics_3 = SM = T(trans + Rew) + \dfrac{T \times Ct \Rightarrow T_{co}}{Sp}$

在⑥中，SM 为共时误读（synchronic misreading），动力来自 T（trans+Rew），即文本的转换与改写，以及 $\dfrac{T \times Ct \Rightarrow T_{co}}{Sp}$ 文本的语境系数除以解释空间的系数（Sp）；也就是说，误读的动力来自共时误读中经典文本的转换和改写，以及经典文本宽窄语境再被空间所划分；文本、语境和空间是倍数关系；需要说明的是 Sp 与文本的语境系数之所以是分母与分子的关系是因为如前所述，共时误读过程中，空间越小，误读的程度就越少，其中的一个可能因素就是共时性中存在人际（群际）的误读。

4.2 经典文本误读的动力模型

综合上述误读的动力分析，本文认为在语言动力学中，经典文本误读所提供的动力模式如下：

⑦ $Dynamic = \{Ev = [T \times (S + P + C)] \times Tm\} + \{Dy_1^{DM} = [T(trans + Rew) + (T \times Ct \times Tm)]\} + \{Dy_2^{SM} = [T(trans + Rew) + \dfrac{T \times Ct \Rightarrow T_{co}}{Sp}]\}$

或者用如下表达式表述经典文本的误读动力，即

⑧ $\sum_{D=d1+d2+d2} \begin{matrix} D1 = T \times (S+P+C) \times Tm \\ D2 = T \times (Trans + Rew) + (T \times Ct \Rightarrow T_{co}) \times Tm \\ D3 = T \times (Trans + Rew) + \dfrac{T \times Ct \Rightarrow T_{co}}{Sp} \end{matrix}$

这个动力模型试图把经典文本误读的基本要素囊括入内，并表明各个要素之间的关系。通过该模型可以得出经典文本误读的以下几个要素：一是工具要素（Rew）；二是（加工）过程要素（trans）；三是演变要素（Ev）；四是（历史）时间要素（Tm），五是（语境）空间要素（Ct）。在几个要素中，首先时间和空间扮演着重要角色，时间的长短可以增加误读的深度和动力，而空间的宽窄既可以增加，也可以减少误读的广度；其次文本误

读的加工过程及其所采用的工具对语义、语用和观念的演变有着直接的联系;最后,从人类的历史经验来看,以上所有要素几乎必须同时存在才可以形成对经典文本的误读动力,从而推动着经典文本由"编"到"变"发生。

但是以上要素不能完全解释某些内在的误读动力,如误读的动机选项、历史条件的必要性和必然性、误读语境的具体情节、误读效度与效果等。这些问题的存在要求更多的学科知识来支撑以上模型的合法性与合规性,并对其进行更为完整的解释,从而发现经典文本误读动力之所在,即使经典文本误读动力本身也必须经过跨学科的"误读"。即使宽窄语境的概念可以包括误读主体(即发生主体和接受主体),语境制度对语境的影响,误读的历史条件(即误读的必要性和必然性),这个模式也无法衡量误读语境中的主体感受。

4.3 个案讨论:《圣经》文本的误读

西班牙学者 Paz 认为:"这个世界上的所有文本均与先前的文本不同,都是经过一遍又一遍地转化形成。每一个文本都是独一无二的,但同时又转自其他文本。由于本质上看语言本身从一开初就是转自非语言的世界,每一个符号、每一个词组均转自另外一个符号或另外一个词组,因此没有一个文本是完全原创的。"(Paz 1992:154)此外,本引述中 Paz 的观点与 Kristeva 的互文理论不谋而合,如她说,每一个文本自一开始就处于其他文本的统辖之下。(转引自胡宝平 2005:91-94)也就是说,互文是形成改写的基础和重要手段,互文是不同文本之间相互转换的结果,不同空间下的互文与不同时代的互文不断地叠加在经典文本之上,从而形成了经典误读,在这方面,历史学理论家克罗齐的名言"一切真历史都是当代史"便很好地给予了注脚,如图 18-2 所示的那样(D_1 与 D_N 距离),互文与误读发生着千丝万缕的联系。

德国存在主义哲学家卡尔·雅斯贝尔斯曾经写道:"我们把西方人使人得以充分发展的基础归功于古典世界在西方,自我的每一次大提升,都是由于与古典世界的重新接触而引起的。"(转引自斯特龙伯格 2004:13)欧洲人在误读《圣经》文本时,最初对人的解读是"人"并不能自主,命运完全由上帝掌握,这种解读恐怕是原旨主义式(originalist)的阅读方式。但在莎士比亚的时代,他便在《哈姆雷特》中写道:"人类是一件多么了不起的杰作!在理性上多么高贵!在才能上多么无限!多么文雅的举动!在行为上多么像一个天使!在智慧上多么像一个天神!宇宙的精华!万物的灵长!"(莎士比亚 1978:49)薄伽丘还借书中绮思梦达之口表达了人类的平等观念:"我们人类的骨肉都是用同样的物质造成的,我们的灵魂都是天主赐给的,具备着同等的机能、同样的效用、同样的德性。我们人类向来是天生一律平等的……"(卜伽丘 1981:267)。如果与原旨主义的解读方式相比,那么该经典文本的阅读动力则为 $Dynamic_2$,其误读模式则为:

$$Dynamic_2 = DM = T(trans + Rew) + [(T \times Ct \Rightarrow Tco) \times Tm]$$

其中包含了乘以倍数的时间要素(Tm)。而如果在同一时期,依然在某教会存在这原旨主义的阅读方式,那么该经典文本的阅读动力为 $Dynamic_3$,其阅读模式则为:

$$Dynamics_3 = SM = T(trans + Rew) + \frac{T \times Ct \Rightarrow Tco}{Sp}$$

其中,包含了除以倍数的空间要素(Sp)。路德主张人人有权读《圣经》,人人有权直接与上帝沟通,实际上就是主张误读权力的下放,体现在上述模式中就是(trans+Rew)即文本转换与改写,最终使得文本产生变异,也即由于不同的国家、语言、文化、心理、意识形态、历史语境等因素,在译介、流传、接受的过程中,存在着语言、形象、主题等方面所产生的变异。(曹顺庆 2013:54—60)这种改写与转换所带来的变异实际上是宣布基督徒是自由的,如同变异理论试图解释的那样,个体基于自身视角来看待、理解和体验这个世界。(Orgill 2012:2608—2611)于是,其思想和主张引发了德国和全欧洲轰轰烈烈的宗教改革运动。启蒙运动中的科学发现以及知识构建加大了对《圣经》的误读,使得人类生活世俗化,用理性的光辉映照出一个民主、科学的光明时代,也将西方自然法理论中的核心价值诸如天赋人权、自由、平等观念广泛张扬并付诸实施,从而产生巨大影响。

5. 结语

通过上述讨论,本文认为:(1)经典文本误读由时空关系中的过程要素、宽窄要素、行为要素和思想要素等诸多要素构成;(2)同时,这些要素经由一定时间和空间中的不断整合互动,形成了经典文本误读的动力学模型;(3)"编""变"之间有着紧密联系,"编"是过程和手段,也是因,"变"是结果和产物。该结论意味着:误读与时俱进,不断地调整人与自然的关系,人与人的关系以及人与神的关系,使得人类从迷信和教条当中解放出来;误读增加了文本的积累,文本的厚度、深度与广度也增加了,使得人类能够从丰富的历史经验中有了更多的选择;误读不断地修正人们的世界观和价值观,不断地适应世界和适应自身的需求,使得历史文明进步有了推动力。

参考文献

Collingwood, R. G. *An Essay on Philosophical Method: Revised Edition*, Oxford: Oxford University Press, 2005.

Cook, G. *Discourse and Literature*, Oxford: Oxford University Press, 1994.

Delisle, J. *Translation: An Important Approach*, Ottawa: University of Ottawa Press, 1980.

Marton, F. & Pang, M. F. "The Idea of Phenomenography and the Pedagogy for Conceptual Change," S. Vosniadou (Ed.), *International Handbook of Research on Conceptual Change*, London: Routledge, 2008: 533—559.

McClelland, J. L. & Elman, J. L. "The TRACE Model of Speech Perception," *Cognitive Psychology*, 1986, 18(1): 1—86.

Orgill, M. "Variation Theory," N. Seel (Ed.), *Encyclopedia of the Sciences of Learning*, New York: Springer, 2012: 2608—2611.

Paz, O. "Translation of Literature and Letters," R. Schulte & J. Bignuenet (Eds.), *Theories of Translation from Dryden to Derrida*, trans. Irene del Corral, Chicago: University of Chicago Press, 1992: 152—162.

Torfing, J. "Discourse Theory: Achievements, Arguments and Challenges,"

D. Howarth & J. Torfing (Eds.), *Discourse Theory in European Politics: Identity, Policy and Governance*, New York: Palgrave Macmillan, 2004: 1—32.

卜伽丘:《十日谈(选本)》,方平、王科一译,上海:上海译文出版社,1981 年。

哈罗德·布鲁姆:《影响的焦虑》,徐文博译,北京:生活·读书·新知三联书店,1989 年。

曹顺庆:《东西方不同文明文学比较的合法性与比较文学变异学研究》,载《外国文学研究》,2013 年第 5 期,第 54—60 页。

胡宝平:《布鲁姆"诗学误读"理论与互文性的误读》,载《外语教学》,2005 年第 2 期,第 91—94 页。

李智:《从权力话语到话语权力——兼对福柯话语理论的一种哲学批判》,载《新视野》,2017 年第 2 期,第 108—113 页。

莎士比亚:《哈姆莱特》,朱生豪译,北京:人民文学出版社,1978 年。

罗兰·斯特龙伯格:《西方现代思想史》,刘北成、赵国新译,北京:中央编译出版社,2004 年。

王飞跃:《词计算和语言动力学系统的基本问题和研究》,载《自动化学报》,2005 年第 6 期,第 844—852 页。

王庆奖:《文本、文化与颠覆》,载《学术探索》,2003 年第 6 期,第 67—69 页。

吴猛:《福柯话语理论探要》,复旦大学博士学位论文,2003 年。

徐桂权、陈一鸣:《后马克思主义视野下的媒介话语分析:拉克劳与墨菲话语理论的传播适用性》,载《新闻与传播研究》,2020 年第 2 期,第 42—57 页。

战菊:《形式语言理论、学习理论与演化动力学——语言进化论框架下的英语学习》,载《吉林大学社会科学学报》,2007 年第 2 期,第 155—160 页。

张龙海:《哈罗德·布鲁姆论"误读"》,载《当代外国文学》,2010 年第 2 期,第 57—67 页。

三语教育生态条件下的云南藏族聚居区外语教育政策研究

彭庆华　原一川　冯智文　夏百川
云南师范大学

1. 引言

外语课在我国少数民族地区基础教育阶段的普遍开设使三语教育成为各级教育部门和外语界关注的热点问题。少数民族学生除了学习汉语和母语以外,还要学习一门外语,这无疑给他们的语言学习增加了难度。三语教育成了影响我国少数民族地区中小学教育质量和教育发展的关键因素。三语教育之所以是我国少数民族地区教育研究的棘手问题,最主要的表现是外语教育质量低效,且影响了少数民族学生的教育发展和成长。那么,导致少数民族地区外语教育质量低效的原因又是什么呢? 笔者在研究中发现,少数民族地区外语教育质量低效的主要缘由之一是缺乏科学合理的外语教育政策,也就是相关部门和学校没有遵循"因地制宜""因材施教"的教育理念来规划、实施外语教育。胡文仲(2001:250)指出,外语教育规划是涉及外语教育全局性的工作。系统、科学的外语教育政策体系是提高外语教学质量的保障,外语教育政策的核心是外语教育规划。鉴于此,本论文研究以云南省迪庆藏族自治州的三语教育为研究对象,采用田野调查的研究方法对云南藏族聚居区三语教育生态环境进行实地的调查与评估,以国内外有关外语教育政策与规划研究的理论成果为分析框架,揭示藏族聚居区外语教育实践中存在的语言教育政策问题,在此基础上,讨论三语教育生态条件下的云南藏族聚居区外语教育政策,以期为我国少数民族地区外语教育与三语教育研究提供一定的理论参考和借鉴。

2. 研究方法

2.1 调查对象

云南省迪庆藏族自治州管辖 1 个县(德钦县)、1 个自治县(维西傈僳族自治县)和 1 个县级市(香格里拉市)。本研究选取云南迪庆藏族自治州藏文中学,香格里拉市和德钦县 6 所中小学的师生和部分学生家长,以及迪庆州、香格里拉市和德钦县教育局 3 个教育主管部门的公务员为调查对象。考虑到研究的成本与可行性,笔者采用分层随机抽样方式对研究对象发放调查问卷。所抽取的样本对象情况如下:学生为 2012 人,其中藏族学生 1836 人,占全部被试者的 91.3%;汉族学生 176 人,占 8.7%。教师样本 180 人,其中藏族教师 106 人,占全部被试者的 58.9%;学生家长样本 156 人,其中藏族父母 146 人,占全部被试者的 93.6%。访谈对象样本选自迪庆州、香格里拉市和德钦县教育局公务员 8 人,6 所中小学校的教师及校领导 15 人。

2.2 调查工具

本研究调查地点涉及 3 个州县市教育局和 6 所中小学校,调查对象 2371 人,所以作者采用的研究方法主要为问卷调查和访谈。问卷调查内容包括云南藏族聚居区三语教育语言生态评估和被试对三语及外语教育的态度与看法。问卷调查的第一部分内容主要依据肖自辉、范俊军(2011:275—276)的《语言生态的监测与评估指标体系量表》进行编制,第二部分内容则主要借鉴 Feng & Adamson(2015:182—193)提供的三语教育问卷以及 Gardner(1985:177—179)、Dornyei(2005:15—18)的二语/外语学习态度量表,并根据具体情况对上述量表与问卷进行适当改编。访谈内容主要涉及云南藏族聚居区中小学三语教育的现状和基本特征,因此,采访提纲为自编。

2.3 数据统计与分析

本研究主要采取的数据统计与分析方法是：(1)问卷调查数据采用SPSS18.0统计软件，具体分析的内容有：相关调查工具的项目分析及信度、效度检验；学生、教师和家长对三语教育语言生态评估指标的测量数据及其影响因素变量的多元统计分析等。(2)访谈文本分析采用意义单位方法，主要考察和定性分析教育行政部门、学校以及相关部门或单位的三语教育政策和实施情况，以弥补定量数据分析的不足。

3. 云南藏族聚居区三语教育生态

3.1 藏语教育生态

根据本研究对藏语的语言生态状况评估，其评估得分6.5434，等级为3级，定性评估为一般，也就是说藏语语言生态环境能使该语言继续生存，但缺乏发展条件，语言的传承和使用范围有限。藏语语言生态评估结果为一般的主要原因有：(1)毗邻语言汉语的声望与势力的强势；(2)藏语使用人口呈减少趋势；(3)藏语使用语域的狭窄，即藏语使用主要在乡村，在传统的民俗活动和仪式中，以及相当部分在家庭中等。但从受访者对藏语的语言态度以及以下介绍的藏语文教育情况来看，藏语仍然是具有较强活力的语言。藏语是藏族学生的母语，是第一习得的语言，是主要家庭和社区通用语。根据笔者的调查，98%以上的藏族学生都能熟练地使用藏语，而且对藏语的认可度比较高，大多数被试藏族学生对三语学习重要性的先后排序是：藏语、汉语、英语。

除此之外，藏族聚居区的藏语文教育有比较稳定的传统文化习俗和传统仪式，藏传佛教成为迪庆藏族聚居区人民的精神支柱之一，且在日常生活中占有重要地位。在传统习俗和传统仪式活动中，藏语是最主要的交流工具。再者，藏族聚居区已初步形成小学、初中、高中相互衔接和较为完整有序的双语教育体系。为了传承和保护藏语言文化，藏族聚居区政府制定了一系列有关藏语文教育和双语教育的政策，比如1980年下发了《关于重视和加强藏语文教育及使用藏文的决定》,1994年挂牌成立迪庆州藏文中学,2010年印发了《迪庆州推进藏区中小学藏语文教育教学工作实施方案》,2012年制定了《2013年—2015年迪庆州藏汉双语教师培训方案》等。

截至2015年7月底,全州实行藏汉双语教学的小学共有15个(香格里拉市9个,维西县2个,德钦县4个),190个教学班,在读学生5935人(香格里拉1716人,维西县490人,德钦县3729人)。实行藏汉双语教学的中学2个(迪庆州藏文中学、德钦县中学)。各级各类学校双语教育的发展保障了藏族聚居区藏语文教育的有效实施和开展。目前,藏族聚居区有95%以上的人能熟练地使用藏汉双语。

3.2 汉语教育生态

汉语在藏族聚居区的语言生态状况评估得分是7.4658,等级为2级,定性评估为良好,即汉语语言生态环境满足语言的持续生存,语言能够在一定范围内稳定地传承和使用。当然,这仅仅是对受访者使用汉语时的一种印象性或感受性的评估。作为通用语言或官方语言,汉语(普通话)不存在以上所说的持续生存、在一定范围内稳定地传承和使用,汉语的推广与使用无论是在民国时期,还是在新中国成立以后,都是政府语言政策与规划的主要目标和任务。从20世纪50年代起,国家推行的汉语拼音方案以及几次实施的汉字简化工作方案,其目的就是有效地统一和推广汉语或普通话在全国各地的使用。由于云南藏族聚居区各级政府、教育行政部门及各民族人民的共同努力,汉语在藏族聚居区得到了全面的推广普及。根据本研究的调查,藏族聚居区已有90%以上的藏族人民不是文盲,这在一定程度上说明汉语在藏族聚居区的普及程度。

藏族聚居区中小学校的语文课程一直严格按照国家规定的课程标准开设。小学一年级语文课每周8节课时,初中和高中语文课每周6节课时。中小学语文教材与全国其他地区一致,即使用人民教育出版社出版的统编教材。小学语文教师95%以上为大专学历及以上,年龄30岁以下占37%,31岁至41岁占40%,少数民族教师占80%以上。中学语文教师的学历均在大专学历以上,本科学历占80%以上,年龄大多在25岁至35岁之间,少数民族教师占70%以上。小学语文教学质量由各县市统一安排检测,初高中语文教学质量的检测由藏族聚居区自治州统一组织,初高中语文在所有学科检测中成绩较好。

3.3 英语教育生态

英语语言生态状况评估得分4.6432,等级为第4级,定性评估为较差,即英语语言生态环境勉强使语言生存,但持续动力不足,语言传承和使用范围很有限。作为藏族学生的第三语言和外语,英语学习的语言生态条件或环境都无法与藏语和汉语相比。英语在云南藏族聚居区虽然和国内其他地区一样属于外语(EFL),但英语学习的语言生态环境与国内其他地区相比存在巨大的差异。比如家庭影响、公共标识语、社区对外开放程度以及社会上开办的各种外语培训等语言学习环境都不利于藏族聚居区中小学生的英语学习。根据易晓琳(2009)、赵剑宏(2013)的研究,在造成少数民族英语教学质量低效的诸多因素中,家庭因素排在首位。影响因素主要包括三个方面:父母学历过低,无法给孩子提供有效的英语辅导;家庭对孩子的英语学习投入不足;父母对待英语的负面态度等。调查数据显示,藏族学生父母的文化程度60%为小学,26.9%为初中,而且他们大多数都没有学过英语,他们不仅不能给子女一定的学习辅导,而且很难认识到英语作为国际通用语对孩子未来的作用与意义。家庭教育在基础教育中的作用不言而喻,家长对子女学习的一点辅导或督促都会起着不可替代的重要作用。

藏族聚居区外语语言生态条件较差可以说是我国少数民族地区三语教育存在的客观现实,这意味着学校教育和课堂教学对藏族聚居区学生的外语学习有重要意义和作用。那么云南藏族聚居区中小学英语教学的情况又如何呢?与语文课一样,藏族聚居区学校严格按照国家规定的课程标准开设英语课。课程安排、教材使用、师资队伍及教学效果等情况为:(1)从小学三年级开始设置英语课,每周2节课时;初中和高中英语课每周6节课时。(2)中小学英语教材与全国其他地区一致,即使用人民教育出版社出版的统编教材。(3)小学英语教师均为大专及以上学历,年龄多在20岁至30岁之间,少数民族教师占80%以上。中学英语教师的学历均在大专以上,本科学历占 80% 以上,年龄大多在 25 岁至 35 岁之间,少数民族教师占 70% 以上。(4)小学英语教学不组织统一的检测与考试,初高中英语教学质量的检测由藏族聚居区自治州统一组织,英语教学质量不太理想,即英语在初高中各学科的统测中成绩较低。

4. 藏族聚居区外语教育质量寓于科学合理的语言教育政策

从藏族聚居区三语教育生态的调查与评估中我们看到,藏汉双语具有良好的语言教育生态环境,藏族聚居区中小学校的教学语言以汉语为主,藏语辅之,这凸显了汉语文教育在藏族聚居区语言教育中的地位与优势。外语教育质量是藏族聚居区三语教育的难点和主要问题。笔者提出的论点是,藏族聚居区外语教育质量低效的主要缘由之一是缺乏科学合理的外语教育政策与规划。因此在这一节里,本论文首先介绍国内外相关外语教育政策与规划研究理论,并以此为分析框架讨论藏族聚居区中小学外语教学实践中所折射出的语言教育政策问题,针对问题,讨论三语教育生态条件下的云南藏族聚居区外语教育政策。

4.1 外语教育政策与规划研究的理论依据

Kaplan 和 Baldauf(1997:123—141)在其提出的语言规划理论中指出,外语教育政策规划属于习得规划的一个部分。习得规划是关于语言学习与教学的政策规划,它分为目标形式上的政策规划和目标功能上的培育规划。在形式上,习得规划包括语言确定、教学人员、课程建设、教材教法、资金来源、社区关系和测试评估等 7 个方面的政策规划。在功能上,习得规划涉及语言习得、语言维护、外语或二语和语言变迁等 4 个方面的培育规划。Kaplan 和 Baldauf 的习得规划理论适用于第一语言(母语)、国家或地区通用语、第二语言或外语等不同类型的语言教育政策规划研究。我们可以根据 Kaplan 和 Baldauf 的习得规划理论考察云南藏族聚居区三语教育之间每一种语言在教学中的地位问题,以及探讨云南藏族聚居区中小学英语教育实践中存在的教学目标、教学内容与教学评估单一,师资队伍薄弱,教育资源不足等方面的问题。

有关外语教育政策与规划的研究,近年来我国学者康建刚(2010)、张治国(2012)、彭庆华和张彪(2015)等也提出了可借鉴的外语教育规划与政策研究的理论分析框架。康建刚(2010:194)认为,外语规划研究应该包括 6 个方面的内容:外语能力规划、外语人口规划、外语语种规划、外语教育规划、外语资源利用规划以及身份认同规划。在 6 个方面的内容中,外语教育规划是实现外语规划的最直接和有效的手段,外语教育规划内容从微观层次上可细化为:外语教师教育规划、外语教学法规划、外语教材规划和外语考试规划等。

虽然张治国(2012:91)在比较中美外语教育政策时主要从自上而下的宏观层面阐述外语教育政策,但在涉及学校外语教育问题时张治国认为,外语教育政策研究包括外语语种选择、外语课程设置、外语课程标准、外语教学法、外语教师专业标准等方面的问题。

彭庆华和张彪(2015:50)认为,外语教育规划旨在解决我国外语教育中出现的费时、低效问题,没有系统科学的外语教育规划导致我国的外语教育目标不科学、外语师资水平较低、教学方法和教育内容不一致,以及外语考试的能力评价标准不完整等一系列负面结果。为此,本论文从课程设置、教师教育、教材规划、教学方法、教育资源和考试规划等层面分析、讨论藏族聚居区在开展实施中小学外语教学过程中存在的语言教育政策问题。

4.2 藏族聚居区外语教育实践中折射出的语言教育政策问题

藏族聚居区三语教育生态的调查与评估已显示藏族聚居区的外语教育生态条件较差。可以说,外语教育生态条件较差致使藏族聚居区外语教育质量低效,但这仅仅是问题的一面,更深层的原因是藏族聚居区在开设中小学外语教学的过程中缺乏适宜于藏族聚居区语言教育生态环境的外语教育政策。具体表现在以下几个方面:

(1)课程设置。课程设置规划关系到藏族聚居区何时开设外语课程。是小学三年级开始,还是四年级、五年级,甚至是初中开始教外语,藏族聚居区政府和教育行政部门在外语教育政策与规划上必须考虑藏族聚居区学生的第一、第二语言能力及认知能力。笔者以为,对于何时开设外语课,在哪个年级开始设置外语课,藏族聚居区政府及教育行政部门应该根据不同地区的语言生态环境,学生的认知语言能力和智能水平制定弹性的外语课程设置方案。

(2) 教材规划与使用。藏族聚居区中小学英语课程教材的使用与全国其他地区一致,即使用人民教育出版社出版的统编教材,这毫无疑问违背了"因地制宜""因材施教"的教育规律,也忽视了语言环境在语言教育中的重要作用。如果国家也像制定《民族中小学汉语课程标准(义务教育)》(2013)一样,制定相应的少数民族中小学英语课程标准,那外语教学目标、教学内容以及教材规划与选用就更适宜于少数民族地区的语言教育生态环境和学生的认知能力。

(3) 师资队伍。英语教师队伍年轻化,藏族教师数量少。藏族聚居区小学英语教师的年龄多在20岁至30岁之间,初高中英语教师的年龄多在25岁至35岁之间,这意味着藏族聚居区中小学英语教师年轻化现象严重,缺乏有教学经验的专家型教师。而且在调查中笔者发现,60%以上的受访家长和教师希望学校招聘更多本民族的英语教师,因为他们认为藏族英语教师更能理解本民族学生的英语学习习惯(见表19-1)。

表19-1 "您对外语师资队伍的看法"的选择频次分析

选项	被试	非常不同意 人数及比例(%)	不同意 人数及比例(%)	无意见 人数及比例(%)	同意 人数及比例(%)	完全同意 人数及比例(%)
学校应聘用更多的藏族教师,因为他们更理解藏族学生的需求。	学生	54(2.95)	185(10.1)	573(31.28)	640(34.93)	380(20.74)
	家长	0(0)	7(4.49)	53(33.97)	54(34.62)	42(26.92)
	教师	6(3.33)	19(10.56)	46(25.56)	65(36.11)	44(24.44)

(4) 教学方法与考试评价标准。虽然本研究为对藏族聚居区中小学英语教学方法和考试方式进行的系统调查,但教什么往往影响到怎么教,更重要的是关系到考什么和怎么考的问题。藏族聚居区中小学外语教材使用及教学内容与全国其他地区一致,这必然影响外语教师在教学方法上的选择,同时也制约当地教育部门和学校对外语教学的评价和评估。

教学目标与教育生态不一致会导致考试评价标准的不合理。另外,藏族聚居区外语教师队伍年轻化、学缘结构单一,这在一定程度上决定了藏族聚居区中小学校的外语教学水平,而外语教学水平的高低又取决于教师在外语教学过程中所使用的教学方法。

(5)教育资源。当今社会,现代教育技术发展迅猛,多媒体教学已成为各学科教学的必备手段。外语教学更是不能例外,多媒体教学资源是EFL学生学习英语最方便、有效的通道或路径;学生可以借助现代化的教育资源学习各种真实、地道、有趣的英语。然而现代教育技术却是藏族聚居区外语教育的短板,无论是学生、家长,还是教师都认为,学校应该添置更多电脑、语音实验室等教学设备(见表19-2)。

表19-2 "您对现代外语教育技术的看法"的选择频次分析

选项	被试	非常不同意 人数及比例(%)	不同意 人数及比例(%)	无意见 人数及比例(%)	同意 人数及比例(%)	完全同意 人数及比例(%)
更多的教学设备如电脑、语音实验室等,应该提供给我们的学校	学生	44(2.39)	91(4.95)	341(18.53)	574(31.2)	790(42.93)
	家长	0(0)	2(1.28)	18(11.54)	57(36.54)	79(50.64)
	教师	1(0.56)	2(1.11)	8(4.44)	64(35.56)	105(58.33)

4.3 三语教育生态条件下的云南藏族聚居区外语教育政策

第一,云南藏族聚居区外语教育政策研究首要关注的问题应该是藏语、汉语和英语三种语言教育在地方经济文化发展与学习者个体需求中的作用及关系问题。戴庆厦(2007:63)指出,少数民族除了学习母语和汉语外,还要学习一门外语,这无疑加重了少数民族学生语言学习的负担,如何安排这三者的关系,是必须探索的一个新问题。少数民族三语教育的目标是普及汉语,保护母语,学习外语,促进教育公平,培养少数民族学生跨文化交际的意识和能力。作为少数民族学生个体的语言教育,藏语是藏族学生的母语(第一语言),是地区通用语,主要在家庭和社区使用;汉语是他们的第二语言,但汉语普及推广是藏族学生教育发展与成长的保障；英语是他们的第三语言，缺乏语言使用的环境，一般情况下主要在学校和课堂上使用。在三语教育中，藏语教育主要靠社区、家庭来承担，这也是国内外学者(Fishman 1991；张学谦 2013)对少数民族语言教育与传承研究发现的一种新趋势。汉语教育应融入社会实践的各个领域，大力推广普通话是各级教育行政部门和学校的首要职责和任务。外语语境下，藏族聚居区的英语教育主要依靠教师在课堂上的教学与练习。

在准确定位藏族聚居区三种语言教育之间的关系以及三种语言在现实生活中的作用与地位的基础上，相关部门应借鉴国内外学者对语言能力及多语能力研究的最新成果，根据藏族学生的双语水平（母语和汉语水平），研制云南藏族聚居区外语教育的培养目标和课程设置方案。同时，自治州政府应该允许各级各类学校根据藏族学生的个体需求和学能情况制定弹性的外语培养目标和课程设置。国内外学者(Stern 2003；王蓓蕾 2003；束定芳、庄智象 2008)认为，第二语言或外语学习与年龄大小并无直接关系，成功有效的第二语言或外语教学与师资情况、教学内容、学习时间的投入、动机和兴趣等因素有着密切的联系。这在一定程度上为藏族聚居区政府及教育行政部门科学合理地设置中小学英语课程提供了一定的理论依据和参考。

第二，教师队伍建设是藏族聚居区外语教育政策研制的关键问题。冯向东(1987:58—59)指出，在教与学的矛盾中，矛盾的主要方面是教而不是学，在教学活动中只有通过教师的"教"，才能激发起学生的"学"。教师是决定一所学校有效开展教学活动和保证教学质量的决定因素，建立一支结构合理的教师队伍是办好学校的首要条件。在藏族聚居区三语教育中，与藏语和汉语教育相比，外语教育的师资队伍结构最不合理。这种不合理的现象主要表现在教师队伍年龄结构年轻化，职称结构偏低，缺乏教学经验以及把握教学各个环节的教学能力。另外，藏族聚居区中小学外语教师队伍的学缘结构单一，层次水平较低，缺少高水平大学毕业的学生或优秀大学毕业生进入藏族聚居区的中小学外语教师队伍中。在族缘结构上，本族语教师偏少。

藏族聚居区中小学外语教师队伍结构不合理的现象意味着，藏族聚居区外语教育发展的首要任务是建立一支外语水平较高、教学实践能力较强以及懂藏语的教师队伍。这就需要国家和各级政府部门对藏族聚居区教育的支持和投入，国家和各级政府应该制定相应的政策，一方面是积极鼓励高校毕业生到少数民族地区工作；另一方面是通过定点招生、订单式培养的途径，培养一支既懂本民族语言又掌握一门外语的、本土化的师资队伍。

第三，现代信息技术设备的投入是当前藏族聚居区外语教育政策规划的重点之一。习近平总书记在第32个教师节考察北京市八一学校时指出，要优化教育资源配置，逐步缩小区域、城乡、校际差距，特别是要加大对革命老区、民族地区、边远地区、贫困地区基础教育的投入力度，保障贫困地区办学经费，健全家庭困难学生资助体系（霍小光、张晓松 2016）。调查数据显示，教育设备与教育信息技术的短缺是影响云南藏族聚居区中小学外语教学质量的重要因素之一。在现代信息社会里，多媒体、互联网以及微博、微信等信息技术已成为外语教学中不可或缺的教学手段与工具，甚至有计算机网络教学从"辅助"走向"主导"之势。这种"主导"不是指计算机将完全替代教师，而是指计算机在构建生态化教学环境中是一个必不可少的有机组成部分。（陈坚林 2010：192）外语教学中教材必须融合进现代信息技术，充分发挥超强的计算机功能，真正使计算机成为学生在外语学习上的学伴。外语在少数民族地区三语教育中的最大劣势就是缺乏语言学习与使用的环境，而现代信息技术能够提供大量真实和多元的外语学习环境。很显然，与城市里的中小学生相比，少数民族地区的学生更需要借助现代化的信息技术和网络设备来学习外语，现代信息技术对少数民族地区三语教育及外语教育发展具有特殊的意义和作用。

云南藏族聚居区现代信息技术设备与资源的不足严重影响了中小学外语教学改革与教学质量的提高，同时阻碍了藏族聚居区三语教育的发展。因此，国家与地方政府及教育主管部门应该针对少数民族地区教育设备和信息技术不足的现象，制定相应的政策，加大对少数民族地区现代信息技术投入的力度，改善其办学条件。现代化信息技术与资源的投入一方面能促进藏族聚居区中小学外语教学各个环节的改革，改善教学效果；另一方面，能够弥补藏族聚居区中小学外语师资力量的不足，因为当地教育行政部门可以借助现代信息技术提升现有教师队伍的专业素质和教学水平。

5. 结语

外语教育是云南藏族聚居区三语教育研究的难点。探究这一难点问题的第一要务应该是以三语教育生态条件和国内外语言教育政策与规划研究的理论成果为参照规划和开展外语教育。原一川、钟维、吴建西等(2013:18)指出,没有系统科学的外语教育规划导致我国外语教育目标不科学、外语师资水平较低、教学方法和教育目标不一致,以及外语考试的能力评价标准不完整等一系列负面结果。因此,如何因地制宜地制定符合少数民族地区实情且科学有效的外语教育培养目标、外语考试评价标准,以及编制出适合少数民族学生认知思维特点的大纲、教材等微观层面的外语教育政策与规划,这是教育行政部门和语言政策制定者下一步的任务。

少数民族三语教育研究是一项复杂而艰巨的工程,它涉及范围广,需要多学科交叉融合才能顺利有效地进行。本文以国内外语言生态评估、三语教育、二语或外语学习以及外语教育政策与规划等研究成果为理论分析框架,对云南藏族聚居区三语教育生态进行了评估,对藏族聚居区外语教育质量,特别是外语教育质量低效所折射出的语言教育政策问题进行了剖析,并针对问题讨论了三语教育生态条件下云南藏族聚居区外语教育政策研究应注意的问题。

云南藏族聚居区主要指云南省迪庆藏族自治州,是世界著名的香格里拉所在地,位于云南省西北部,滇、藏、川三省区交界处。2003年以来,云南藏族聚居区从小学三年级就开设了英语课程,自此三语教育就成为云南藏族聚居区教育领域的新问题。弄清藏族聚居区三语教育的语言生态现状及外语教育问题,不仅能为云南藏族聚居区制定科学合理的外语教育政策提供理论参考,而且还能为其他少数民族地区的三语及外语教育研究给予一定的启示。

参考文献

Dornyei, Z. *The Psychology of the Language Learner: Individual Differences in Second Language Acquisition*, New Jersey: Lawrence Erlbaum Associates, 2005.

Feng, A. & Adamson, B. (Eds.) *Trilingualism in Education in China: Models and Challenges*, New York: Springer, 2015.

Fishman, J. A. *Reversing Language Shift*, Clevedon: Multilingual Matters, 1991.

Gardner, R. C. *Social Psychology and Second Language Learning: The Role of Attitudes and Motivation*, London: Edward Arnold, 1985.

Kaplan, R. B. & Baldauf, R. B. *Language Planning from Practice to Theory*, Clevedon: Multilingual Matters, 1997.

Stern, H. H.:《语言教学的基本概念》(*Fundamental Concepts of Language Teaching*). 上海:上海外语教育出版社,2003年。

陈坚林:《计算机网络与外语课程的整合——一项基于大学英语教学改革的研究》,上海:上海外语教育出版社,2010年。

戴庆厦:《中国少数民族双语的现状及对策》,载《语言与翻译》(汉文),2007年第3期,第61—64页。

冯向东:《论教师在教学中的主体地位》,载《高等教育研究》,1987年第1期,第58—62页。

胡文仲:《我国外语教育规划的得与失》,载《外语教学与研究》,2001年第4期,第245—251页。

霍小光、张晓松:《习近平考察北京市八一学校》,http://www.81.cn/sydbt/2016-09/09/content_7250318.htm,访问日期:2022年9月28日。

康建刚:《中国外语规划与政策》,载《中国电力教育》,2010第19期,第193—195页。

彭庆华、张彪:《外语教育规划的微观研究——以云南边疆少数民族地区外语教育发展为例》,长春:吉林大学出版社,2015年。

束定芳、庄智象:《现代外语教学——理论、实践与方法》(修订版),上海:上海外语教育出版社,2008年。

王蓓蕾:《外语学习有最佳起始年龄吗》,载《外语界》,2003年第3期,第69—74页。

肖自辉、范俊军:《语言生态的监测与评估指标体系——生态语言学应用研究》,载《语言科学》,2011年第3期,第270—280页。

易晓琳:《中美少数族群学生学业成就归因理论比较研究》,西北师范大学硕士学位论文,2009年。

原一川、钟维、吴建西、饶燿平、范庆江:《三语背景下云南跨境民族外语教育规划》,载《云南师范大学学报》(哲学社会科学版),2013年第6期,第18—25页。

张学谦:《新加坡语言地位规划及其对家庭母语保存的影响》,载《台湾国际研究季刊》,2013第1期,第1—32页。

张治国:《中美语言教育政策比较研究——以全球化时代为背景》,北京:北京大学出版社,2012年。

赵剑宏:《蒙汉双语教育背景下蒙古族学生英语学习研究——以锡林郭勒盟蒙古族中小学为个案》,中央民族大学博士学位论文,2013年。

* 本文系国家社科基金项目"云南藏区三语教育语言生态评估与外语政策研究"(14BYY068)的阶段性成果。

云南少数民族地区中小学英语教学现状与对策研究

原 源　万向兴　冯智文　原一川

云南师范大学

本研究以《国务院关于加强教师队伍建设的意见》《国家中长期教育改革和发展规划纲要(2010—2020年)》《中小学教师专业标准(试行)》以及云南省人民政府下发的有关加强中小学教师队伍建设的文件为依据,立足于云南少数民族欠发达地区,以8个少数民族自治州的1518名中小学英语教师和7531名中小学生为样本,进行了实证定量问卷调查和定性访谈,通过书面、微信和电话采访了省教育厅教育科学研究院、州教育局英语教研员和一线英语教师共23位。课题组还在4个县观摩了16节英语课,使用SPSS22.0软件对李克特5级量表收集的定量数据进行了处理分析。通过对这些地区中小学英语师资队伍现状和英语教学现状进行摸底调查,本研究旨在发现问题,找出影响英语教学的因素,提出有针对性的策略和建议,力图为少数民族地区中小学教育的发展做出贡献。

1. 本研究国内外发展概况和发展趋势

1.1 国外研究现状

国外二语及外语教育起步很早,不管从理论上还是实践上来说都比较成熟,一些典型西方移民国家的相关研究领先,如加拿大、美国、澳大利亚和德国等,形成了具有本国特色的语言教学体系。20世纪60—70年代在西方部分国家兴起了多元文化教育,多语种的教学研究在此背景下产生。(Ellis 1998) Jessner (2006) 认为三语习得研究的历史最早可追溯到 1963 年 Vildomec 所做的一项学习多种语言的研究,并论述了多语学习者在语言学习方面的优势。Feng & Adamson (2015) 论述了中国少数民族地区三语/多语教育的模式和挑战,他们主编的论文集《中国的三语教育:模式和挑战》(Trilingualism in Education in China: Models and Challenges)是近年西方国家研究中国少数民族地区外语/多语教育的代表作。

1.2 国内研究现状

国内在改革开放后,开始重视基础教育阶段的英语教学和研究。1985 年国家教委(现为教育部)在全国进行了一次中学英语教学情况抽样调查,共调查了 15 个省市的 105 所中学,7 万余名学生。这一时期相关著作中的代表作有《英语教学的现状与改革:全国中学英语教学调查西南研究报告》(张正东 1987)。2001 年张正东等又出版了《英语教学的现状与发展:全国高中英语教学调查研究结题报告》。以"中小学英语教学"为主题检索词,输入"中国知网"(CNKI)检索栏(2021 年 2 月 22 日访问),结果显示 CSSCI 源刊 56 条,涉及课程标准和设置(程晓堂、龚亚夫 2005;夏侯富生 2005;鲁子问 2006;张思武 2010;刘道义、郑旺全 2018),教学方法(汤红娟 2009;王蔷、敖娜仁图雅 2015),教师专业发展(程晓堂、孙晓慧 2010;李洁 2016;梅那 2020),信息化教学(曹文等 2015;贾积有 2019)等。

我国对少数民族地区的英语教学的研究比较晚,近些年来随着对少数民族地区英语教育重视程度越来越高,少数民族学生英语学习的特殊性已经引起了学界的重视。2002 年 7 月,教育部和国家民委召开的第五次全国民族教育工作会议强调要搞好少数民族地区的外语教学,这标志着中央已对少数民族外语教学给予了高度重视。张正东(1987)开启了少数民族地区基础教育英语教学研究的先河。李少伶和周真在 2005 年主编出版的《少数民族地区英语教学改革研究》。原一川等(2009),Yuan & Hu(2015)探讨了云南少数民族/跨境民族学生的英语学习动机和策略以及三语教育现状和政策,姜秋霞、刘全国、李志强(2006),刘全国、姜秋霞

(2010)讨论了西北少数民族地区中小学英语教育的问题和困难以及对策,张贞爱(2012)对延边朝鲜族学生的三语/四语教育语言迁移开展了调查,李强(2010)阐释了外语教育与少数民族文化传承的关系,曾丽(2011)论述了儿童三语习得中元语言意识的发展对我国少数民族外语教育政策制定的启示,强巴央金(2011)就西藏中小学英语教学现状及对策进行了研究,王文斌(2020)讨论了少数民族基础外语教育的思想自觉和自觉行为,鲁子问(2020)对少数民族地区中小学英语教育研究进行了文献述评,冯智文、原一川(2020),杨旭、刘瑾(2020)讨论了扶贫攻坚背景下的西南少数民族地区中小学英语教学改革的现状。根据目前的文献,还没有发现对云南少数民族地区中小学英语教学现状全面的、大样本的和深入的研究成果。

2. 存在的问题及现状分析

基于实证调查获取的数据,笔者认为,云南少数民族地区中小学教育阶段的英语教学存在以下问题。

2.1 对小学英语教学不够重视

第一,小学英语教师数量严重不足,师资质量不理想,尤其是乡镇和村寨小学校。尽管教育部规定,从 2001 年起,有条件的小学在三年级开始开设英语课程,每周 3 节。但是根据实际调查,云南少数民族聚居区除部分县城小学每周教授 2 节英语课外,广大乡镇和村寨完全小学直到近几年才开设英语课,有些地方在去年开设,还有些边远山区小学至今没有开英语课,并且 90% 的学校都由担任班主任的非英语专业毕业的年轻教师兼任英语课的教学。尽管各地教育部门都采取多种方式,包括使用互联网、对教师进行英语培训,但是,因为大多数的教师不是英语专业毕业,他们的英语听、说、读、写、译的基本功达不到教学要求。

第二,小学英语教师的地位偏低。我们在采访中得知,因为英语是小学的新兴学科,在广大农村地区,特别是少数民族地区,英语被认为是副科,每周只有 2 节课,远远完不成教学任务,不如语文和数学受到学校和家长的重视。因此,近60%的小学英语教师认为其自身地位较低。

第三,80%的小学外语教学设备缺乏,增加了教师的教学负担。因为学校经费紧张,英语不是主科,外语教学设备陈旧,互联网条件不具备,没有现代化的教学手段,引入不了优质教学资源,从而大大增加了教师的工作量。

第四,边境少数民族地区50%的乡镇小学和90%左右的村寨小学还没有开设英语课,或有的地方开设了几年后又停止了。

第五,少数民族双语教育成效不理想,小学英语教师的成就感低。受试小学教师的职业成就感的均值为2.4,没有达到一般水平(均值=2.6—3.4)。因为少数民族小学生在家和校外讲民族语,在学校要学汉语,三年级开始又要学习英语,这对部分少数民族小学生可能是一种负担,学习动机不强,学习效果差,很多教师的职业挫败感严重。

2.2 部分中学英语教师专业知识和专业能力不强

第一,40%左右的中老年教师是专升本毕业,且通过函授和远程教育获得本科文凭,因而造成英语语言知识(语音、语法和词汇)和语言技能(听、说、读、写、译)不足。

第二,我们在访谈中了解到,因长期缺乏英语语言环境,如接触英语为母语的外籍教师、网络英语学习资料,同时随着年龄的增长,中学英语教师英语知识遗忘率上升,从而导致其英语专业技能的严重衰退,以至于有些教师不能用英语与外国人交流。

第三,40%的教师为了抢教学进度,只用汉语授课,有的甚至连课堂英语用语都不流利。

第四,除了课本和部分辅导资料外,30%的教师不接触其他的英语资源,英语语言知识和技能"侵蚀"现象严重(英语听、说、读、写、译的技能退步),出现了"教初中就只有初中英语水平,教高中的只有高中英语水平"的现象。

2.3 英语课程教学策略与教学方法陈旧

中学阶段,英语教师不但要具备扎实的专业知识和技能,还需要运用合适的教学方法组织课堂教学,创造性地处理教学内容和开展相关活动。大数据和"互联网+"等信息技术不断应用于课堂教学中,这就要求英语教师学习新技术,提高英语教育信息技术的应用能力。但因为教学任务繁重,平时实际上都在赶课,80%的教师心存顾虑,担心新的教学策略和教学方法会影响英语成绩。所以,这些教师坚持传统的教学理念和方法,墨守成规。

2.4 英语教师的专业发展意识淡薄

教师的专业发展的核心在于自身,而只有教师专业发展的自我意识强时,才有利于英语教学质量的保障。在调查中,笔者发现,部分英语教师满足于现状,不愿自修,自我发展意识不强。主要原因有:

第一,年龄因素。中学教师60%是中年人,中年教师上有老下有小,生活压力大。

第二,性别因素。中小学英语教师80%左右是女性。受传统思想影响,女教师对职业追求的雄心要小一些,更容易将生活的意义寄托于家庭,而不是事业。再加上女教师中青年人多,生二胎的多,女性更多地担负了相夫教子的角色,在很大程度上影响了女教师的专业发展。据我们调查,近一半的英语教师连中央电视台的晚七点新闻联播或晚十点晚间新闻都不看,故国内外实时背景知识欠缺。这使得英语女教师这一群体在所有学科中非常特殊,贡献很大,但自我发展意识却最差。

第三,知识结构不足的因素。大部分大学英语专业的学生,四年中都贯穿了语音、语法和词汇的语言知识的学习以及听、说、读、写、译的技能训练。这其实是一种职业技术训练。而人文知识教育,如英美文学和文化以及英语国家概况等课程的开设的课时量十分有限。故,英语专业,特别是师范院校英语专业毕业的学生,相比文史哲、政法和经济等专业,其人文素养很不理想,这是中小学英语教师的最大短板。

2.5 中学英语教师的教学任务十分繁重,常年超负荷工作

一般英语教师的正常工作量是周课时12节,早晚自习8节。但近70%的教师的周课时数超20节(不含早晚自习),还有30%左右的教师担任班主任。大多数的乡镇中学周末还要上课,英语教师整天疲于奔命,普遍感到负担重,压力大。这在很大程度上影响了教师的专业发展和教学效果。

曾天山等指出,云南少数民族地区教育质量与教育发达地区的差距主要反映在教师质量差距上,缺乏进得来、干得好、稳得住的一专多能教师,"滇西片区英语学科就是贫困地区教育质量最大的差距之一"(曾天山、吴景松、崔吉芳 2018:15)。根据教育部第四批滇西扶贫总队对滇西片区 9 州市 47 县的中小学英语教学状况进行的调查,相当多县的小学没有开设英语课程,开设英语课程的大多数在三年级以上开设,每周 2 次占大多数,师生比过大,专业师资奇缺。(曾天山、吴景松、崔吉芳 2018)本研究的发现与曾天山等对滇西连片欠发达地区英语教学的研究结果是基本一致的,甚至发现情况还更严重。

云南省委省政府提出,落实教育公平,让云南少数民族地区的孩子接受和发达地区的一样的教育,不让一个少数民族的学生掉队。而云南少数民族地区,特别是欠发达地区的英语师资队伍建设不平衡,英语教学滞后,严重影响了中考和高考成绩,造成这些地区的升学率低。升学教育反映一个地区的教育竞争能力,基础阶段英语教育质量不高,直接影响到上大学的后继学习质量和毕业就业、创业能力,这也是省内外高校普遍存在的一个问题。云南籍学生与教育发达地区学生的差距主要体现在英语水平上,这也是业内外的一个共识。

云南少数民族地区英语教学效果不理想的原因很复杂。笔者认为,主要是因为经济不发达,教育整体发展不平衡。英语学科有其自身的规律和特殊性,即需要较多的投入和外语学习环境。所谓投入,第一要投入大量的时间,每天至少不能少于 2 小时;第二,购买设备的投入,如手机、电脑、无线上网宽带等;第三,上网远程学习等。事实上,据调查,发达地区英语好的孩子,除了在校内的英语课上表现优秀,家庭条件好,更多的是在周末和寒暑假出国参加英语冬夏令营,或请来自英、美的外教作家教。在云南少数民族欠发达地区,孩子们基本上没有这样良好的外语学习的外部条件,他们只能依靠英语教师,在校内学习英语,这也是唯一的英语学习渠道。在这种背景下,英语师资队伍的质量和水平将发挥举足轻重的作用。所以,各级政府和教育管理部门一定要认真学习贯彻习近平总书记关于扶贫攻坚和教育扶贫的指示精神,对少数民族欠发达地区的中小学英语教师队伍的建设和英语教学予以高度的重视,加大资金投入和增加英语教师编制,采取强有力的、超常规的和切实可行的措施,真正解决这一长期困扰云南少数民族地区基础教育的难题。

3. 关于加强少数民族地区中小学英语师资队伍建设的建议

3.1 当务之急是要重视小学英语教学

教育部2001年发文,要求小学从三年级开设英语课,且每周三课时。据调查,还有很多乡镇和村级小学三年级及以上还没有开设英语课;近年开设了英语课的学校,几乎没有英语专业毕业的专任教师,大多数是由班主任兼任,一般一周只有两课时。笔者建议,至少每周上四课时,以此补齐乡村没有课外英语学习环境的短板。所以,广大农村小学开齐开全英语课以及配齐英语专业毕业的教师是当务之急。否则,小学英语基础没有打好,就会拖初中英语的后腿,初中英语差,无疑直接影响高考成绩和大学录取率。

3.2 充分运用信息技术提升英语教师的专业水平,加强教师自我发展的意识

大多数乡村小学现在的英语教师都是非英语专业教师兼任,要配齐专业教师可能需要一个过程。因此,须充分利用智慧教育平台对这批教师进行在职在岗英语语言知识和语言技能的培训,特别是语音语调的学习,还要参加英语语音过关测试,取得相关合格证后才能上岗,这样才能帮助这些教师迅速提升英语教学水平。

3.3 要名副其实地减少中学英语教师的工作量,减轻职业压力

目前云南少数民族中学英语教师的工作量严重超负荷:大班教学,加上作业批改和辅导、担任班主任等,实际上整天是疲于奔命,基本没有时

间做教学研究以及英语语言知识和专业技能的自修。所以,笔者建议,在不兼任其他工作的前提下,中小学英语教师的周课时须控制在 20 节以内,包括早、晚自习。这样,英语教师才有比较充足的时间备课,批改作业,个别辅导和自修,提高教学效果。外语学习强调语言环境和持之以恒的练习和实践,要保证英语教师每天至少一小时的时间利用智慧教育平台等网络资源进行英语听、说、读、写、译技能的自主学习。这是英语专业的特殊性决定的,也是区别于其他专业的关键之处。

3.4 重视提高英语教师的在职培训成效

第一,增强网络培训的实效。云南省中小学英语教师全员接受远程学科培训,每年有必修的学习课时,还与职称晋升挂钩,这激发了各级英语教师的岗位培训的积极性。但从实际调查结果来看,其效果差强人意。原因是,英语教师的负担太重,基本上没有时间和精力在业余时间认真完成学习任务,普遍存在"走过场"的现象,即一天到晚开着网络,实际在上课、批改作业或备课。考试时由同事帮忙,在一旁上网查阅资料,提供答案。所以,有关远程培训机构要开发更加有效的管理软件,设计适当的切实可行的培训课时量,增强培训效果。另外,管理部门要切实减轻教师的负担,以便教师有时间、有精力参加在岗进修学习。

第二,增加面授学习。要利用两个假期,由各县教育局负责,依托大专院校外语学院(特别是外教资源)和有资质的高水平培训机构(如外语出版社),每年抽出两周时间,对英语教师进行全员集中面授培训,主要内容为英语专业技能,特别是口语表达能力和新的教学法的培训。据我们的调查,在当地集中面授的形式比较受教师的欢迎,效果也是在所有培训方式中比较理想的。优势是教师在家附近学习,既可以休整,又可以照顾家庭,学习安心,精力集中,也减少了经济负担。

3.5 引进优质师资培训资源,推进英语教学改革

目前"国培计划"和"省培计划"等项目对欠发达地区的英语骨干教师进行了数轮的培训,取得了一定的成效。但是,"国培计划"资源有限,省内外语院校(包括师范院校)本身的教学科研和学科建设任务繁重,不可

能抽出大量的人员和精力帮助做培训工作,不能满足广大少数民族欠发达地区农村中小学英语教师迅速提高英语专业能力的需求。要在短时间扭转这一局面,如果仅仅依靠省内师范院校和省内自身的资源,会显得困难重重。所以,我们必须寻求发达地区英语教学和研究的高校和机构的支持,相信处在发达地区且在英语教学与研究方面拥有强劲实力的大学或机构能够在师资培养、课程建设、教学科研以及学生活动等方面为云南少数民族地区基础教育阶段的英语教学提供帮助。

本文运用实证定量问卷调查和定性访谈的混合方法,对云南八个少数民族自治州中小学英语教学和英语师资队伍的现状进行了调查分析,就加强少数民族地区的中小学英语师资队伍建设提出了建议,旨在加强英语师资队伍建设,提高基础教育阶段英语教学质量。

参考文献

Ellis, R. *The Study of Second Language Acquisition*, Oxford: Oxford University Press, 1998.

Feng, A. & Adamson, B. (Eds.) *Trilingualism in Education in China: Models and Challenges*, New York: Springer, 2015.

Jessner, U. *Linguistic Awareness in Multilinguals: English as a Third Language*, Edinburgh: Edinburgh University Press, 2006.

Yuan, Y. Hu, D., Li P., Zhu H., Wang J., Shang Y. & Ba H. "A Survey Report on Trilingualism and Trilingual Education in Yunnan," A. Feng & B. Adamson (Eds.), *Trilingualism in Education in China: Models and Challenges*, New York: Springer, 2015: 175—198.

曹文、胡增宁、李辉、许新:《中国中小学英语网络教学的现状研究》,载《外语电化教学》,2015年第4期,第41—46页。

程晓堂、龚亚夫:《〈英语课程标准〉的理论基础》,载《课程·教材·教法》,2005年第3期,第66—72页。

程晓堂、孙晓慧:《中国英语教师教育与专业发展面临的问题与挑战》,载《外语教学理论与实践》,2010年第3期,第1—6页。

冯智文、原一川:《语言扶贫背景下云南边疆民族地区基础外语教育调查研究》,载《云南师范大学学报》(哲学社会科学版),2020年第5期,第31—40页。

贾积有:《平板电脑在中小学英语课堂教学中的应用探究——基于6个省市9节中小学英语课程视频的分析》,载《现代教育技术》,2019年第11期,第74—79页。

姜秋霞、刘全国、李志强:《西北民族地区外语基础教育现状调查——以甘肃省为例》,载《外语教学与研究》,2006年第2期,第129—135、161页。

李洁:《中小学英语教师职前培训有效模式构建探究》,载《山东社会科学》,2016年6月,第344—345页。

李强:《外语教育与少数民族文化传承的关系》,载《民族教育研究》,2010年第3期,第80—82页。

李少伶、周真主编:《少数民族地区英语教学改革研究》,昆明:云南大学出版社,2005年。

刘道义、郑旺全:《改革开放40年中国基础英语教育发展报告》,载《课程·教材·教法》,2018第12期,第12—20页。

刘全国、姜秋霞:《我国民族地区外语三语教学理论的本土化阐释》,载《西北师大学报》(社会科学版),2010年第3期,第97—100页。

鲁子问:《英语课程标准结构的社会发展适应性比较研究》,载《课程·教材·教法》,2006年第5期,第87—91页。

鲁子问:《我国民族地区外语教育研究进展》,载《兴义民族师范学院学报》,2020年第5期,第111—116页。

梅那:《我国中小学英语教师语言评价素养参考框架构设》,载《中国出版》,2020年第9期,第71页。

强巴央金:《西藏中小学英语教学现状及对策研究》,载《西藏大学学报》(社会科学版),2011年第3期,第163—169页。

汤红娟:《论中小学英语教学的数理逻辑化》,载《外语学刊》,2009年第5期,第175—178页。

王蔷、敖娜仁图雅:《中小学生外语阅读素养的构成及教学启示》,载《中国外语教育》,2015年第1期,第16—24、104页。

王文斌:《少数民族基础外语教育的思想自觉和自觉行为》,载《云南师范大学学报》(哲学社会科学版),2020年第5期,第22—30页。

夏侯富生:《新英语课程标准与我国高等师范院校英语专业教学改革》,载《课程·教材·教法》,2005年第2期,第73—78页。

杨旭、刘瑾:《贵州民族地区基础教育外语教师教学能力调查研究》,载《云南师范大学学报》(哲学社会科学版),2020年第5期,第41—49页。

原一川、胡德映、冯智文、李鹏、尚云、原源:《云南跨境民族学生三语教育态度实证研究》,载《民族教育研究》,2013年第6期,第80—87页。

原一川、L. Lloyd、尚云、袁开春、黄炜:《云南少数民族学生英语学习动机与英语成绩关系实证研究》,载《云南师范大学学报》(哲学社会科学版),2009年第1期,第81—88页。

曾丽:《儿童三语习得中元语言意识的发展对我国少数民族外语教育政策制定的启示》,载《外语教学与研究》,2011年第5期,第748—755、801页。

曾天山、吴景松、崔吉芳:《滇西智力扶贫开发精准有效策略研究》,载《西北师大学报》(社会科学版),2018年第3期,第5—17页。

张思武:《〈中小学英语真实任务教学实践论〉学风批评——〈英语课程标准〉任务型语言学习研究四题之后(上)》,载《四川师范大学学报》(社会科学版),2010年第6期,第85—92页。

张贞爱:《英、汉、朝语功能句式对立与语序作用值》,载《东疆学刊》,2012年第3期,第42—50、111页。

张正东主编:《英语教学的现状与改革:全国中学英语教学调查西南研究报告》,重庆:西南师范大学出版社,1987年。

张正东、陈治安、李力主编:《英语教学的现状与发展:全国高中英语教学调查研究结题报告专著》,北京:人民教育出版社,2001年。